商用车产教融合一体化活页式系列教材

商用车文化与从业人员职业素养

谢宪毅　武光华　金立生　主　编
杨　舟　张东伟　副主编
周新勇　主　审

人民交通出版社股份有限公司
北　京

内 容 提 要

本书为商用车文化专题教学参考用书，共分五个项目。从商用车与乘用车技术特点差异的角度入手，分析商用车与乘用车在技术特点上的差异性和整车、零部件设计开发思路上的区别；从产品使用性和技术差异的角度出发，探析商用车和乘用车的区别与联系；从行业、企业、产品的维度，阐述国内外商用车文化的差异性；从商用车行业特殊性的角度出发，详细阐述商用车从业人员职业素养与商用车相关专业学生职业生涯规划等内容；从汽车行业“新四化”的角度出发，讨论商用车的社会需求、行业发展、后市场发展现状与前景等。

本书适用于汽车相关专业低年级本科学生使用，亦适用于中职、高职汽车相关专业学生使用，同时可供商用车行业从业人员作为参考书使用。

图书在版编目(CIP)数据

商用车文化与从业人员职业素养/谢宪毅，武光华，金立生主编. —北京：人民交通出版社股份有限公司，2022.12

ISBN 978-7-114-18245-7

Ⅰ.①商… Ⅱ.①谢… ②武… ③金… Ⅲ.①商用车辆—职业教育—教材 Ⅳ.①U469

中国版本图书馆 CIP 数据核字(2022)第 181838 号

书　　名：商用车文化与从业人员职业素养
著 作 者：谢宪毅　武光华　金立生
责任编辑：齐黄柏盈
责任校对：赵媛媛　魏佳宁
责任印制：刘高彤
出版发行：人民交通出版社股份有限公司
地　　址：(100011)北京市朝阳区安定门外外馆斜街 3 号
网　　址：http://www.ccpcl.com.cn
销售电话：(010)59757973
总 经 销：人民交通出版社股份有限公司发行部
经　　销：各地新华书店
印　　刷：北京市密东印刷有限公司
开　　本：787×1092　1/16
印　　张：12
字　　数：307 千
版　　次：2022 年 12 月　第 1 版
印　　次：2022 年 12 月　第 1 次印刷
书　　号：ISBN 978-7-114-18245-7
定　　价：45.00 元

商用车产教融合一体化活页式系列教材

编审委员会

《商用车文化与从业人员职业素养》编委会

主　　编：谢宪毅　武光华　金立生

副 主 编：杨　舟　张东伟

参编人员：李明达　雒国凤　程　萌　王勇勇

主　　审：周新勇

一本好的教材，是专业课程教师教学成功的一半；也是学生学好专业知识的基本保障。基于这种认识，在中国交通教育研究会的教育科研规划中，我们把组织编写系列交通专业课程教材、为专业课程教学提供高质量的范本作为四项重点工作之一。

商用车作为现代经济社会发展的重要生产工具，形成了多品牌、多车型、多使用场景的庞大市场。目前，我国作为世界第二大经济体，是世界上最大的商用车市场，2020年商用车产销量分别达到523.1万辆和513.3万辆，创历史新高。商用车后市场是涵盖整车、发动机、零部件、经销商、维修企业、保险、商用车驾驶员等多种行业业态的庞大市场，发展潜力巨大。随着"一带一路"建设的高质量发展，商用车海外市场布局也不断扩展，我国商用车出口量逐年增加，商用车海外市场对商用车售后配件和服务需求也相应大增，发展前景看好。

经济社会高质量发展，需要高质量人才来保障。从我国商用车后市场的整体情况看，从业人员保守估计在百万以上。由于全国开设商用车技术服务相应专业的院校相对较少，以及其他一些原因，目前该行业从业人员在知识、技能和素养方面远远不能适应行业高质量发展的需要。近年来，各大商用车企业和职业院校强强联合，深度推行产教融合和校企合作，在专项技能人才培养及教学资源开发方面进行了大量的探索研究。在理实一体化教学、模块化教学、多媒体教学及科研等方面都进行了不同程度的探索应用。但是，由于积累的问题较多，真正能用在商用车从业人员人才培养、技术考核评价方面实用、好用的教材和教学资料还较少，特别是能体现当今一体化教学思想的就更少，还远远不能满足培养大批高素质技术技能人才的实际需要。中国交通教育研究会和北京福田戴姆勒公司共同组织编写商用车系列教材，就是为改变这种状况做的一件实实在在有意义的工作。

众所周知，职业教育是一种教育类型。在专业培养计划中突出职业岗位技能训练，通过校企合作加强职业岗位技能训练、职业精神培养，这是职业教育取得成功的重要一环。因此，在职业教育专业课程教材编写方面，强调校企合作，及时把企业生产和服务一线的先进技术标准、服务规范和基本要求引入教材之中，这是职业教育专业课程教材编写应该遵守的基本规则。从组织本套系列教材的编写过程和结果来看，校企合作双方编写者，就是按照这个基本规则来精心组织编写工作的。

为保证本套教材的编写质量和实用性，我们组织了山西交通技师学院、山东交通技师学院、宁波技师学院、吉林工程师范学院、燕山大学、西安航空职业技术学院、广州交通技师院校、广西交通技师学院、四川交通技师学院和嘉兴市交通学校的20多位教授、副教授、高级工程师、博士；企业方面组织了北京福田戴姆勒公司、福田康明斯发动机公司、安莱(北京)汽车技术研究院、北京教盟博飞的技术专家和技能大师。在内容上,基本理论知识系统完整,技术知识方面,系列教材融入了福田戴姆勒公司、福田康明斯发动机公司、采埃孚变速箱公司、潍柴发动机集团、陕西法士特变速箱公司等一批企业的先进技术标准和服务规范。编写工作力求将基本理论和技术知识与先进技术标准和服务规范、实际操作经验有机融合,让院校学生和企业职工能从理论技术、标准规范和实战经验三个维度获取知识,系统性提高专业素养。

在编写过程中,组织了多次研讨会、评审,校企双方参加编写工作的专家、骨干教师和技术技能大师们,本着力求编写出一套受欢迎的好教材的意愿,对编写工作认真负责、踏实严谨、精益求精;对编写中遇到的相关理论、技术和表达方式等问题深入探讨、坦诚交换意见,力求准确实用。从教材内容看,基本理论知识完整系统,技术知识先进,标准规范和实战经验实用可靠,完全符合组织系列教材编写时所设定的要求。可以说,这是一套具有开创性和实用性的好教材,达到了目前同类教材的先进水平。

在组织编写本套教材的工作中,中国交通教育研究会机动车职业教育发展研究中心副秘书长王勇勇主任、北京福田戴姆勒汽车有限公司网络培训部周新勇部长和北京教盟博飞李洪港总经理做了大量组织协调沟通工作;中国交通教育研究会机动车职业教育发展研究中心执行主任/山西交通技师学院刘兴华院长和卫云贵主任、燕山大学金立生教授、西安航空韩斌慧教授、宁波技师学院刘庆华教授(重型车辆维修世赛项目专家组组长)和高吉技能大师(重型车辆维修世赛项目国家教练)、吉林工程师范学院武光华博士和谢宪毅博士、山东交通技师学院郇延建主任、技能大师洪钺程和李华均等同志,充分发挥了组织领导和理论技术把关的作用;人民交通出版社股份有限公司的编辑为系列教材出版提供了相关指导;北京福田戴姆勒汽车有限公司和人民交通出版社股份有限公司为系列教材编写、出版提供了资助。没有他们的努力和支持,系列教材编写和出版是不可能的。在此一并表示衷心的感谢!

系列教材的出版,只是编写工作的一个节点。教材好不好、质量高不高,如何改进,要听取各方面的意见建议。希望看到教材的领导、专家、学者不吝赐教;特别是使用教材的院校和企业的老师,能多多听取并综合学生与职工的意见,提出修改意见建议。系列教材编写工作的目标是,经过校企合作双方参编人员的共同努力,不断修改完善,通过"使用——修改——再使用——再修改"这样的良性互动,打造一套深受院校和企业欢迎的精品教材,为提高商用车技术服务行业从业人员素质做一件实事,为加快交通强国建设作出我们应有的贡献。

刘卫民

2022 年 6 月

序二

随着国民经济建设的蓬勃发展,我国汽车产业也取得了较大的发展,已建成全球规模最大、品类齐全、配套完整的汽车产业体系,成为制造强国建设的重要支撑。商用车产业作为汽车产业的重要分支,对我国各行各业的发展,起着重要作用,为我国社会发展、经济建设做出了突出贡献。福田戴姆勒汽车作为商用车的龙头企业,已领跑商用车领域15年,取得了辉煌的成绩,面对国际行业竞争加剧的严峻形势,突出以满足客户需求为引领,在国内外市场竞争中保持优势、立足长效,呈现出“智能、高效、绿色、互联、安全、共享”的六大发展势头,提出了“3.2.1闪修”服务理念,以提升客户服务满意度这个核心,让用户体验更高效、更便捷的“全方位、全领域、全周期”的三全服务。

目前,商用车全产业链的研发、制造、销售、服务等环节已经形成了种类相对齐全、配套相对完整的产业体系,商用车产业正处在转型升级和高质量发展的关键时期。在日益严格的环保、安全、节能等法规和国际产品技术竞争形势加剧等因素的影响下,商用车市场集中度不断提高,整体市场呈现创新技术、多元模式、精细运营的趋势,但同时也出现了商用车产业人才极度短缺和整体技术能力偏低的现状,尤其是实用型高技能人才缺口较大。行业的发展及对人才的需求对商用车技术人才的培养提出了新的挑战,特别是新一轮科技革命和产业变革,对商用车人才素质提出了更高要求。

“十四五”时期是我国“两个一百年”奋斗目标的历史交汇期,是我国汽车产业实现转型升级、迈向汽车强国的关键窗口期,在“十四五”规划和2035年远景目标纲要中,着重提出了深入实施汽车强国战略。商用车产业作为汽车产业的重要组成部分,其商用车技术人才队伍的建设与培养成为转型升级与发展的关键成功因素,是解决“高级工、现代型、复合型”技术技能人才数量不足和质量偏低的重要途径。为此,需要充分发挥政府、企业、学校多方优势资源,坚持立德树人,优化职业教育类型定位,深化产教融合、校企合作,深入推进育人方式、办学模式、管理体制、保障机制改革,大力建设现代产业学院,稳步发展职业教育,推动职普融通,增强职业教育适应性,加快构建现代职业教育体系,实现培养和教育更多商用车高素质技术技能人才、能工巧匠、大国工匠提质增效,成功转型迈入商用车产业高质量发展的快速轨道。

2021年4月,全国职业教育大会在京召开,习近平总书记作出重要指示:“在全面建设社会主义现代化国家新征程中,职业教育前途广阔、大有可为”❶。为解决商用车服务

---

❶ 习近平对职业教育工作作出重要指示强调　加快构建现代职业教育体系　培养更多高素质技能人才能工巧匠　大国工匠[N].人民日报,2021-04-14(01).

行业中存在的人力痛点问题,急需打造一套商用车领域的优秀教材丛书;其内容应能以市场人才需求为导向,并紧跟企业的技术进步和产品迭代。在中国交通教育研究会、福田戴姆勒汽车、人民交通出版社股份有限公司和编者的共同努力下,经过多次教材开发研讨、评审和修订,出版了这套“商用车产教融合一体化活页式系列教材”。希望本套教材的应用,能为中国职业教育在商用车领域的发展和提升做出贡献。

北京福田戴姆勒汽车股份有限公司

2022 年 6 月

当今世界正经历百年未有之大变局,新冠肺炎疫情的暴发,中美贸易战、技术战持续升级,我国发展的外部环境呈现更多不稳定性、不确定性。中国经济已由高速增长阶段转向高质量发展阶段,正在贯彻新发展理念,构建国内大循环为主体,国内国际双循环的新发展格局。新一轮科技革命、产业革命快速推进,新技术、新业态、新产品、新模式不断涌现,电动化、智能化、网联化、共享化和数字化加速产业各领域和各环节的深度变革和创新发展。汽车工业作为产业关联度高、科技集中性强的现代化产业,是国民经济发展的重要支柱产业,已成为国家实施制造强国战略、“双碳”战略,打造双循环新格局,实现自主可控、安全高效发展,增强国际竞争力的重要力量,受到党中央国务院的高度重视。各国为抢占发展制高点的战略竞争全面展开,国际高等教育格局发生深刻变化,我国高等教育进入普及化阶段,迎来良好的发展机遇,教育的基础性、优先发展的地位进一步确立,实施科教兴国、人才强国、创新驱动发展和可持续发展战略,提高质量、促进公平、优化结构成为教育现代化的攻坚战,从而实现科技强国、技能强国、制造强国的奋斗目标。

在我国汽车产业实现转型升级、迈向汽车强国的关键窗口期,商用车行业迎来了前所未有的发展期。随着人民生活水平不断提高,人们对商用车的需求越来越多,伴随着物流、仓储、矿山、机场、港口等行业的快速发展,快递、冷链运输等细分市场的快速增长,商用车行业正在步入发展的高速期。同时,随着蓝天保卫战的持续推进,国六排放标准的全面实施,商用车后市场各环节的不断贯通、融合,人才缺口急剧扩大。目前,国内商用车系列丛书及参考资料缺乏,虽然有个别几本商用车方面书籍,但却没有自成体系,出现了“学生无教材可用,从业人员无资料可学”的状态。因此,为适应商用车行业发展人才需求,推广商用车新技术,需教育先行,教材入手。教材作为教育的有力抓手,作为学生学习、人员从业的重要工具,人民交通出版社股份有限公司高度重视,组织了全国十余所高等学校编写“商用车系列规划教材”,并于2019年4月召开了第一次编写工作会议,确定了商用车教材编写的总体思路,于2020年11月召开了第二次编写工作会议,全面审定了商用车教材的编写大纲,于2021年7月召开了第三次编写工作会议,全面审定了商用车教材初稿,并成为目前全国发起最早的首套商用车系列教材。在编者和出版社的共同努力下,目前这套规划教材陆续出版。

这套教材包括《商用车柴油发动机故障诊断与检修(上)》《商用车柴油发动机故障诊断与检修(下)》《商用车底盘故障诊断与检修(上)》《商用车底盘故障诊断与检修(下)》《商用车电气设备故障诊断与排除》《商用车空调系统故障诊断与排除》《商用车维护》《商用车营销》《商用车文化与从业人员职业素养》《商用车智能网联技术》10门课程,涵盖了商用车方向主要专业核心课程。该套教材以福田戴姆勒、福田康明斯、潍柴、法士特、采埃孚等世界知名企业为依托,以最新的国六商用车产品为基础,大力推广商用车主流新技术,以“项目载体、任务驱动、工单引领”为编写风格,融入大量课程思政元素,以培养应用复合型、技术技能型人才为主,体现出“重应用”及“加强创新能力和工程素质培养”的特色,突出学习方法、学习能力、专业能力和社会能力全面发展为目的,培养小组合作分析问题、解决问题、归纳总结等能力,按照咨询、决策、计划、实施、检查、评估完整的行动过程进行设计,并配以视频、动画等数字化教学资源,充分考虑知识体系的完整性、准确性、正确性和适用性,做到通俗易懂,图文并茂。

为方便教师教学、学生自学、从业人员参考,本套教材配有多媒体教学课件,课件中除教学内容外,还有图片、动画等内容,以增加学生的感性认识。

反映汽车行业中商用车领域的最新研究成果、最新的标准或规范,体现教材的系统性、完整性和应用性,是本套教材力求达到的目标。在企业、高校及所有编审人员的共同努力下,商用车系列规划教材的出版,必将为我国高等学校汽车类相关专业建设起到重要的促进作用。

“商用车产教融合一体化活页式系列教材”编审委员会

2022 年 6 月

目前,我国汽车保有量和年产销量位居世界第一位,已是名副其实的汽车大国。

按照我国汽车行业相关标准和法律法规,可以将汽车划分为乘用车和商用车两大类。随着人们生活水平的提高和我国汽车工业的发展进步,国内乘用车保有量近10年来呈现急剧增加趋势,这为人们出行效率的提升和生活品质的提高提供了有力保障。但我们在关注乘用车发展的同时,也不能忽视商用车对国民经济和社会发展的作用。与欧美国家相比,我国在商用车文化方面的积淀不够深厚,技术掌握不够成熟,研究领域不够广阔,尚有很大发展空间。加之我国是世界上高速公路里程最长的国家,物流运输时效对国民经济的发展有着至关重要的影响,物流运输中以商用车为核心的公路运输则又起到关键性的作用。随着近些年来科技进步和经济发展,在汽车行业"新四化"发展趋势下,结合我国公路运输的巨大需求和商用车广阔的应用领域,我国逐渐形成了独特的商用车文化与特色。

现阶段国内商用车类型的教材较少,商用车文化专题类教材更是寥寥无几。为了让更多的汽车行业从业者了解商用车领域的相关知识,同时为我国商用车领域培养更多的优秀人才,在中国交通教育研究会的号召和北京福田戴姆勒汽车有限公司的支持下,关于商用车文化的教材——《商用车文化与从业人员职业素养》得以完成。

首先,本书通过典型的商用车和乘用车技术对比,简析商用车与乘用车在技术特点上的差异性;其次,浅析我国与其他国家商用车文化之间的差异;再次,从商用车从业人员职业素养的角度讨论从业者所应具备的素养;最后,在汽车"新四化"背景的引领下,分析商用车行业的发展现状与前景,包括自动驾驶、列队行驶、智能网联等。

本书主要包括五个项目内容,每个项目由若干任务和测试练习组成。本书由谢宪毅、武光华、金立生担任主编,杨舟、张东伟担任副主编,李明达、雒国凤、程萌、王勇勇参与编写工作。编写成员及分工:谢宪毅负责项目一、项目二;杨舟负责项目三中除任务一的其余部分;武光华负责项目四;李明达负责项目三中任务一、项目五中任务二;张东伟负责项目一和项目二中部分内容及图片的资料搜集,以及项目五中任务三与任务四;金立生负责全书内容框架、目录安排及项目五中任务一与任务二;雒国凤、程萌负责部分数据核对与文字润色。

本书由北京福田戴姆勒汽车有限公司网络培训部部长周新勇担任主审,他对本书初稿进行了认真仔细的审阅,并提出了不少宝贵的修改意见。

本书在编写过程中,参考了相关书籍和文献资料,引用了一些网上资料和图片,在此向相关的作者表示衷心的感谢!

限于编者水平有限，敬请使用本书的院校师生、广大读者对书中的误漏之处批评指正并交流探讨，再版时将对本书不足之处进行修改和补充。

作　者

2022 年 10 月

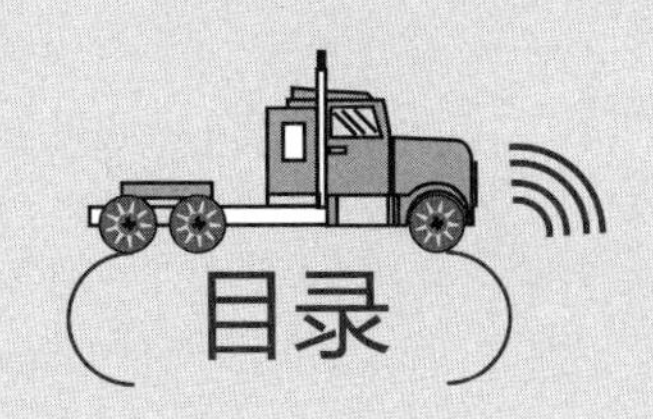
目录

商用车的概念和分类

项目描述

本项目主要介绍商用车的定义与类别，商用车包括载货汽车、载客汽车、专用汽车和特种汽车等。本项目包含以下1个任务：

任务一：商用车的概念和分类。

通过本项目的学习，你能够了解商用车的概念与车型，了解社会生活和社会生产中常见的商用车产品。

项目要求

1. 时间要求：建议2学时。
2. 能力要求：能够掌握商用车的基本概念与分类，熟悉社会生活和社会生产中常见的商用车品类；熟悉商用车与乘用车之间的区别。
3. 质量要求：参照厂家的生产规范及质量要求。
4. 7S作业[1]：自觉按照企业7S生产规则进行项目作业。
5. 文明要求：自觉按照文明生产规则进行项目作业。
6. 环保要求：努力按照环境保护要求进行项目作业。

[1] “7S”是指整理、整顿、清洁、清扫、素养、安全、节约。

任务一 商用车的概念和分类

按照我国相关标准，汽车可以分为两大类：商用车和乘用车。与乘用车的使用和设计研发初衷不同，商用车常被称作“生产资料”。商用车是公路运输的主要交通工具，也是道路运输中的主要参与者之一，在经济发展和社会进步中都有着突出的贡献和作用。

近年来，由于我国商用车市场的迅猛发展，长、短途运输效率均有所提升，以短途运输为例，无论是冷链运输还是快递运输，都与人们的生活息息相关，因此不同的用途使商用车种类繁多。

本项目简述我国汽车年产销量，将商用车和乘用车的数据进行对比，分析当下商用车对社会的作用与其在社会中的地位。

自 2009 年来，我国汽车年产销量居世界首位，汽车工业成为我国国民经济的重要支柱产业之一。

一 学习目标

通过本任务的学习，应当：

1. 能够了解商用车的概念和分类；
2. 能够了解商用车与乘用车之间的区别；
3. 能够熟悉社会生活和社会生产中常见的商用车类型；
4. 根据任务的实施情况，分组讨论与交流，培养分析问题、解决问题和归纳总结的能力。

二 学习内容

1. 如何定义商用车？商用车可以分为哪几类？
2. 什么是专用汽车与特种汽车？

资讯储备

引导问题 1 如何定义商用车？商用车可以分为哪几类？

从2005年起，我国采用新的汽车分类标准，新的车型统计分类按照《汽车和挂车类型的术语和定义》（GB/T 3730.1—2001）和《机动车辆及挂车分类》（GB/T 15089—2001）国家标准执行。在大的分类上基本与国际较为通行的称谓一致。分为乘用车和商用车两大类。

商用车是指在以商业运营为目的，在设计和技术特性上用于运送人员和货物的汽车，并且可以牵引挂车。商用车包括客车（小型客车、城市客车、长途客车、旅游客车、铰接客车、无轨电车、越野客车、专用客车）、半挂牵引车、货车（普通货车、多用途货车、全挂牵引车、越野货车、专业作业车、专用货车）等。其中，牵引汽车是指专门或主要用于牵引挂车的汽车；自卸汽车是指以运输货物为主且具有可倾斜货厢的汽车；专用汽车是指装有专用设备，具备专用功能，用于承担专门运输任务或专项业务的汽车。综上所述，所有的商用车又分为客车和货车两大类。部分客车车型如图1-1-1～图1-1-4所示，部分货车车型如图1-1-5～图1-1-7所示。

图1-1-1　客车

图1-1-2　铰接客车

图1-1-3　无轨电车

图1-1-4　专用客车（机场摆渡车）

将货车按照总质量分，将客车按照长度分，可以分为表1-1-1和表1-1-2中所示类型。

全挂牵引车在我国最盛行的时期是20世纪70—90年代。当时汽车产量小，车速也很低，道路等级低，对牵引车也无特别要求；甩挂方便，制造成本低，在道路和技术条件等多方面综合影响下，全挂车得到广泛应用。我国有很多挂车生产厂，目前很多改装厂都是从生产挂车开始的。然而随着我国汽车工业的发展和高速公路的普及，传统全挂车在高速行驶时制动甩尾、高速直线行驶性能差等安全问题逐渐暴露出来。于是，我国对全

挂车使用进行了限制。

a)

b)

图 1-1-5　半挂牵引车

a)

b)

图 1-1-6　载货汽车

a)

b)

c)

图 1-1-7　全挂牵引车

载货汽车按照总质量分 表 1-1-1

货车类型	微型货车	轻型货车	中型货车	重型货车
总质量(吨)	总质量≤1.8	1.8≤总质量≤6	6≤总质量≤14	总质量＞14

客车按照长度分 表 1-1-2

客车类型	小型(轻型)客车	中型客车	大型客车	特大型客车
长度(米)	3.5≤车长≤6	6≤车长≤9	9≤车长≤12	车长＞12

随着《中华人民共和国高速公路管理办法》在1995年的实施,全挂车被限制在高速公路上使用后,用户购车目标转移到半挂车身上,这让半挂车的数量在随后与日俱增,可以说半挂车的发展也就是最近20年才得到快速发展的。

全挂车和半挂车最明显的区别就是,全挂车可以独立支撑站稳,而半挂车必须要靠前面的支腿才能站住,具体区分见表1-1-3。

全挂车、半挂车区分要点 表 1-1-3

项　目	全　挂　车	半　挂　车
与牵引车连接方式	载荷全部由车身承担,与牵引车仅用挂钩连接,牵引车不需要承担挂车载荷,只提供牵引力	牵引车提供支撑点,提供动力之外还需负担一部分挂车的载荷
直立方式	全挂车可依靠自身轮胎直立	半挂车必须依靠前面的支腿
有无前轮	有	无
轴数量	至少两根轴	至少一根轴
高速行驶稳定性	较差	良好
紧急制动性	较差	良好

在2016年7月26日发布实施的《汽车、挂车及汽车列车外廓尺寸、轴荷及质量限值》(GB 1589—2016)中,新增了中置轴车型的分类,并明确规定车辆宽度限定1.55米,长度限值为22米,能够装载8～10辆乘用车。预计在不久的将来,道路上行驶的中置轴轿运车数量会有所增加。除了全挂和半挂,挂车还有了第三个类别——中置轴挂车,如图1-1-8所示。中置轴挂车在欧洲地区已经盛行多年,有着巨大的用户群体和行业需求。

a)

b)

图 1-1-8

c)

图 1-1-8　中置轴挂车

半挂车主要载荷由半挂车承担,牵引车承担半挂车的很小一部分载荷,牵引、转向由牵引车完成。其具体定义为:牵引装置不能垂直移动(相对于半挂车),车轴位于紧靠半挂车的重心(当均匀载荷时)的挂车。中置轴挂车只有较小的垂直载荷(不超过相当于挂车最大设计总质量的 10% 或 10000 牛,两者取较小者)作用于牵引车。中置轴挂车的结构介于全挂车和半挂车之间,一般适合于在高等级公路上运行。

半挂车、全挂车和中置轴挂车由于其结构等的不同,在不同的维度上有着各自的优势和劣势。

引导问题 2　什么是专用汽车与特种汽车?

1. 专用汽车

专用汽车是用基本车型改装,装上专用设备或装置,完成某种或某些专门作业任务的汽车。按其用途可分作业型专用汽车和运输型专用汽车。

作业型专用汽车是指在汽车上安装各种特殊设备进行特定作业的汽车。例如:商业售货车、医疗救护车、公安消防车、环卫环保作业车、市政建设工程作业车、电视广播车、农牧副渔作业车、石油地质作业车、机场作业车等。图 1-1-9 中所示为 20 米带电作业车。

a)

b)

图 1-1-9　作业型专用汽车——20 米带电作业车

运输型专用汽车是车身经过改装,用来运输专门货物的汽车。例如:运输易污染的闭式车厢货车、运输易腐食品的冷藏车厢货车、运输砂土矿石的自卸汽车、运输流体或粉状固体的罐车,此外还有全挂车、半挂车、集装箱货车等。图 1-1-10 ~ 图 1-1-12 所示为运输型专用汽车的部分车型。

a)

b)

图 1-1-10　运输型专用汽车——商品车运输车

图 1-1-11　运输型专用汽车——冷藏、冷柜运输车

图 1-1-12　运输型专用汽车——广告宣传车

2. 特种汽车

特种汽车是指外廓尺寸、质量等方面超过设计车辆限值的及特殊用途的车辆,经特制或专门改装,配有固定的装置设备,主要功能不是用于载人或运货的机动车辆。

①指担负特种勤务并悬挂特种车辆号牌、安装使用警报器和标志灯具的车辆,如运钞车、救护车、消防车、警车、工程救险车、军事监理车等。

②指用于牵引、清障、清扫、起重、装卸、升降、搅拌、挖掘、推土、压路等的各种轮式或履带式专用车辆,或车内装有固定专用仪器设备,从事专业工作的监测、消防、清洁、医疗、电视转播、雷达、X 光检查等车辆。自卸载重车、清扫车、固井水泥车、压裂车、公路清障车、高空作业车、混凝土泵车、清雪车等是应用广泛且具有一定代表性的特种车辆。

此外,工程机械、农用机械(或车辆)和军用车辆也可以被认为属于商用车的范畴。

学习测试

1. 填空题

(1)按照国家标准《汽车和挂车类型的术语和定义》(GB/T 3730.1—2001),汽车可以分为________和________两大类。

(2)目前,我国商用车市场上现存的挂车种类有________和________两大类。

(3)按照我国标准,商用车可以分为________和________两大类。

(4)由于商用车在国民经济发展中的特殊地位和重要作用,商用车经常被认为是"________"。

(5) 在欧洲地区有着广泛客户群体且适合在高等级公路上行驶的挂车类型是________。

2. 选择题

(1) 现阶段在我国,以下(　　)类挂车类型是不能够合法上路的。

A. 中置轴　　B. 半挂车　　C. 全挂车　　D. 以上 3 项都不是

(2) 以下国家或地区中,使用中置轴挂车较多的是(　　)。

A. 印度　　B. 巴西　　C. 中国　　D. 欧洲

(3) 下列(　　)项不属于专用汽车的范畴。

A. 环卫环保作业车　　B. 市政建设工程作业车

C. 电视广播车　　D. 救护车、消防车

(4) 下列(　　)项不属于商用车的范畴。

A. SUV 车型　　B. 载货汽车　　C. 公交车　　D. 高空作业车

(5) 在我国 20 世纪 70—90 年代,载货汽车常用的挂车类型是(　　)。

A. 中置轴挂车　　B. 半挂牵引车　　C. 全挂牵引车　　D. 以上 3 项都不是

3. 判断题

(1) 目前,我国商用车市场中不存在全挂牵引车。(　　)

(2) 中置轴挂车在我国已经可以合法上路使用。(　　)

(3) 专用汽车多数是采用载货汽车底盘改装而来的。(　　)

(4) 商用车的主要用途是运输货物。(　　)

(5) 相比于半挂牵引车,中置轴挂车更适合作为商品运输车辆使用。(　　)

项目二

商用车技术特点简析

项目描述

本项目主要介绍了商用车的技术特点,主要介绍商用车整体结构。本项目包含以下1个任务:

任务一:商用车整车结构。

通过本项目的学习,你能够对商用车的技术特点有一定的认识。

项目要求

1. 时间要求:建议8学时。
2. 能力要求:了解商用车的整车结构。
3. 质量要求:参照厂家的生产规范及质量要求。
4. 7S作业:自觉按照企业7S生产规则进行项目作业。

任务一 商用车整车结构

任务导入

作为一名称职的商用车行业从业人员,应该对商用车的整体结构有基本的了解,尤其应了解商用车上各个系统的结构组成和工作原理。此外,商用车与乘用车之间也存在较大的差异性。那么,你是否了解商用车的结构呢?

任务分析:需要了解商用车是由哪些系统组成的,与乘用车之间的区别之处,其中都包括哪些内容。

一 学习目标

通过本任务的学习，应当：

1. 能够了解商用车车身、车架结构；
2. 能够了解商用车传动系统布置型式和悬架结构的类型与工作原理；
3. 能够了解商用车主动安全系统和被动安全系统的工作原理；
4. 根据任务的实施情况，分组讨论与交流，培养分析问题、解决问题和归纳总结的能力。

二 学习内容

1. 车身、车架结构分别有哪些类型？
2. 传动系统布置型式/整车布置型式有哪些类型？
3. 商用车常用的悬架结构有哪几种？
4. 主动安全系统和被动安全系统分别是什么？
5. 商用车典型或特有装置有哪些？

引导问题 1　车身、车架结构分别有哪些类型？

1. 承载式车身

综合考虑汽车设计、制造成本等因素，乘用车大多采用承载式车身结构（图 2-1-1）。在保证具有足够的车身强度和刚度的前提下，一方面是为了降低制造成本、减轻车身质量、减少燃油消耗量，另一方面是为了提升车内的承载空间，提升车内乘员的舒适性。

a)

b)

图 2-1-1　乘用车的承载式车身（别克 GL8 车型）

但是,也仍有少部分商用车采用承载式车身结构,它为各种车身结构的设计和生产提供了最大可能的自由度,并能够使车辆行驶时的机械应力保持在较低水平,其中最为常见的承载式商用车是“皮卡车型”(Pick-Up)和部分大型客车,例如大众 Atlas Tanoak 皮卡概念车、本田 Ridgeline 皮卡(图 2-1-2)、雷诺达西亚皮卡(图 2-1-3)和雪佛兰 Montana 等。需要注意的是,“皮卡”车型在我国被列为载货汽车,也属于商用车。

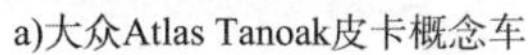

a)大众Atlas Tanoak皮卡概念车

b)本田Ridgeline皮卡

图 2-1-2　大众 Atlas Tanoak 皮卡概念车与本田 Ridgeline 皮卡

除了皮卡车型之外,还有部分大型客车采用承载式车身结构,如图 2-1-4 所示。非承载式车身带有车架结构(也被称为“底盘大梁”),导致车辆总质量较大且重心过高,不利于增加客车的载质量。随着汽车技术的发展和进步,在客车中应用非承载式车身结构现象逐渐消失,而改为使用承载式车身结构。

图 2-1-3　基于 SUV 车型打造的雷诺达西亚皮卡

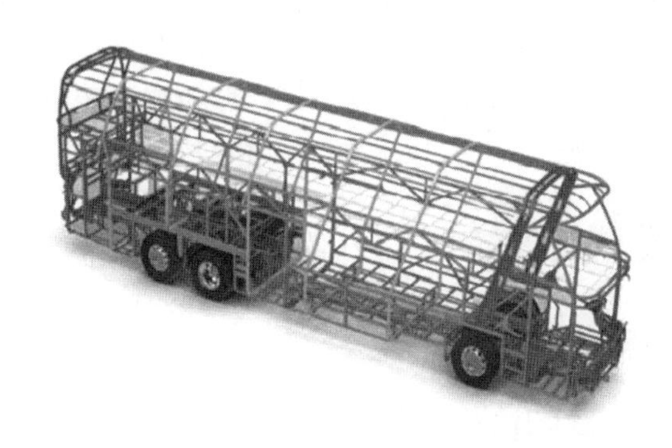

图 2-1-4　承载式车身结构的大型客车

出于安全考虑,通常客车对车辆安全性能的要求极高,在取消使用非承载式车身结构后,为避免因采用承载式车身而导致车辆稳定性和安全性降低的问题,在承载式车身添加车身结构件以增加车辆强度,即所谓的“梁”(包括横梁和纵梁),结构件隐藏在车身覆盖件之下,对车体起到支撑和抗冲击作用,同时这些钢梁还会将不同强度的钢材焊接在一起,形成有效的溃缩吸能区,在减轻车身质量的同时,增加车辆强度,提高车辆安全性。

2. 非承载式车身

非承载车身具有刚性车架结构,又被称为“底盘大梁结构”。车辆由大梁结构和车身两部分构成,车身本体悬置于车架上,采用弹性元件连接,大部分振动或噪声被消除,在出现事故时也能吸收大部分冲击力,对驾驶员起到保护作用。但这种形式的车身质量较大,不利于车辆获得较好的操纵稳定性。

车架的功用：支承、连接汽车的总成，使各总成保持相对正确的位置并承受汽车内外的各种载荷。因此，对于车架的设计和制造，需要满足以下几个要求：①要有足够的强度、合适的刚度；②结构简单，质量尽可能小；③尽可能地降低汽车的重心并获得较大的前轮转角（在运动学允许的范围内），以保持汽车行驶时的稳定性和转向灵活性。

根据车架在非承载式车身上的布置形式，可以分为边梁式、中梁式和综合式3种类型。

1）边梁式车架

边梁式车架由2根安装于两侧的纵梁和若干根安装于两根纵梁之间的横梁组成，一般采用铆接或者焊接方法将纵梁和横梁连接成坚固的刚性构架，也常称为“阵式车架”，如图2-1-5所示。

图2-1-5　边梁式车架结构

由于边梁式车架承载能力和抗扭转能力强、结构简单、工艺要求低，因而较多应用于大型载货汽车、中大型客车和对车架刚度要求很高的车辆上。可以说，这种形式的车架在商用车上的应用是最广泛的。

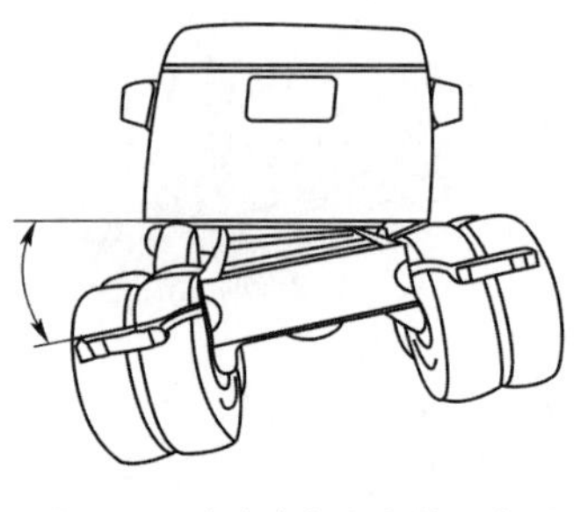

图2-1-6　底盘车架的扭转示意图

边梁式车架广泛应用于各类载货汽车中。边梁式车架一般是由2根纵梁和多根横梁构成的多横梁车架，其车架外形尺寸和纵梁断面尺寸、车架的横截面积取决于车辆的预期用途，如果说在路况良好的道路上进行高速货物配送或长途运输需要车架具有良好的稳定性，那么车辆越野时就需要一个高扭转弹性的车架（图2-1-6），以使行走机构的弹簧形变量保持在一定的限度内。

2）中梁式车架

中梁式车架又称为“脊梁式车架”或“脊骨式车架”，它是由一根贯穿汽车纵向的中央纵梁和若干横向悬伸托架构成的。

中梁式车架具有较大的扭转刚度并使车轮有较大的运动空间，便于使用独立悬架，车架较轻，减轻了整车的质量，重心也较低，行驶稳定性好。但这种车架制造工艺复杂，精度要求高，总成安装比较困难，维修不便，故并不常见。

目前，这种车架的典型应用就是捷克品牌——太拖拉，该品牌曾于1984年以SDK（半拆散）的形式引入中国市场，如国内的早期车型T815（图2-1-7b），之后在20世纪90年代淡出国内商用车市场。但是，在2019年5月的第二届雄安工程机械展上，太拖拉品牌又重回中国,仍与长征汽车品牌合资,生产全新的太拖拉车型,仍采用中梁式车架,配合较为少见的“内八字”车轮定位参数调整方式。以太拖拉品牌为典型代表,中梁式车架结构在军用车和工程用车领域也有着广泛的应用。

a)国产太拖拉车型

b)太拖拉T815车型

c)太拖拉“内八字”车轮定值

d)太拖拉中梁式车架

图 2-1-7　长征太拖拉车型所使用的中梁式车架

以长征太拖拉车型为例,文中有关于太拖拉中梁式车架的介绍,以该车型的悬挂为例,阐述其特殊性。

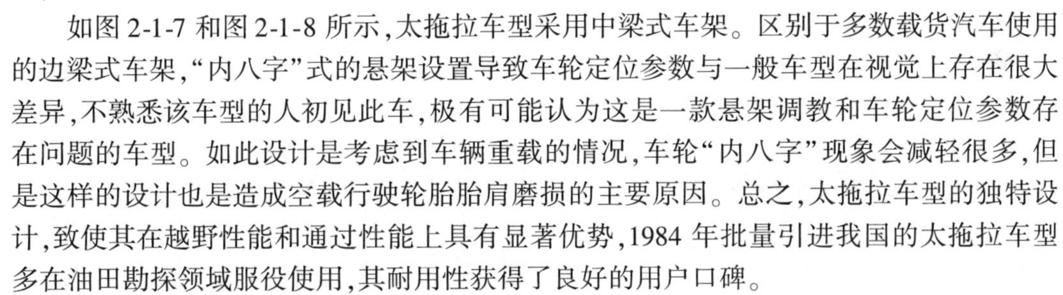

如图 2-1-7 和图 2-1-8 所示,太拖拉车型采用中梁式车架。区别于多数载货汽车使用的边梁式车架,“内八字”式的悬架设置导致车轮定位参数与一般车型在视觉上存在很大差异,不熟悉该车型的人初见此车,极有可能认为这是一款悬架调教和车轮定位参数存在问题的车型。如此设计是考虑到车辆重载的情况,车轮“内八字”现象会减轻很多,但是这样的设计也是造成空载行驶轮胎胎肩磨损的主要原因。总之,太拖拉车型的独特设计,致使其在越野性能和通过性能上具有显著优势,1984 年批量引进我国的太拖拉车型多在油田勘探领域服役使用,其耐用性获得了良好的用户口碑。

3)综合式车架

综合式车架是由边梁式和中梁式车架结合而成的,如图 2-1-9 所示。车架前端或后端近似边梁式结构,便于安装发动机和驱动桥。车架中部采用中梁式结构,传动轴从中梁中间穿过,这种结构制造工艺复杂、成本较高,因此应用较少。

综上所述,商用车普遍采用非承载式车身结构,其中以载货汽车为典型代表,多采用边梁式车架,并在车架上安装货箱和驾驶室。也有部分商用车采用中梁式车架结构,以太拖拉车型为典型代表。中小型客车多采用非承载式车身结构,也有部分大型客车和皮卡车型采用承载式车身结构。

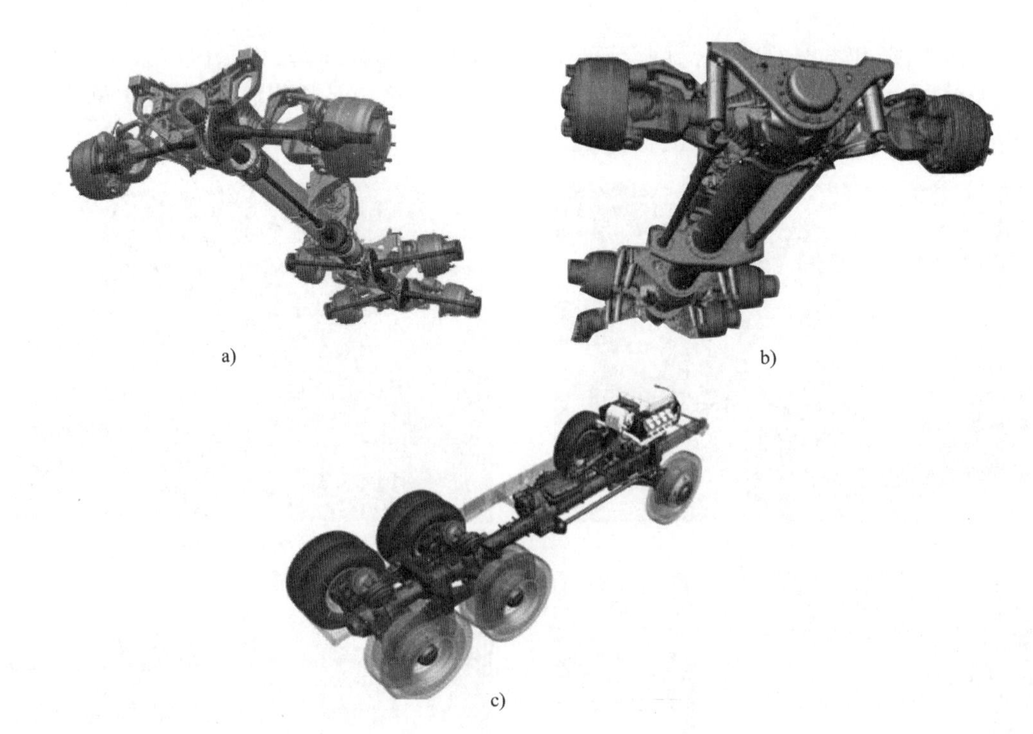

图 2-1-8　太拖拉车型的中梁式车架底盘图

纵梁多采用冷轧钢材质制成，其 U 形端面结构在满足高扭转弹性要求的同时，还具有较高的抗弯性能，通过纵梁的副板，可以轻松地使用螺栓连接方式将行驶系统、驾驶室和各种附属零部件或机构安装于车架上。

图 2-1-9　综合式车架

为了适应使用环境中较大的载荷变化差异，同一系列的底盘车架在相同的主要尺寸下，也可以采用强度不同的材料。此外，通过多横梁车架的几何形状可以将车架横梁和纵梁的扭曲形变联系在一起。简单来说，就可以通过设计横梁来确定底盘车架的抗扭刚性，通过对扭转刚度的要求，确定选择使用开口式型材或者封闭式型材。

边梁式车架横梁之间的连接通常采用螺栓连接或者铆接，如图 2-1-10 所示。

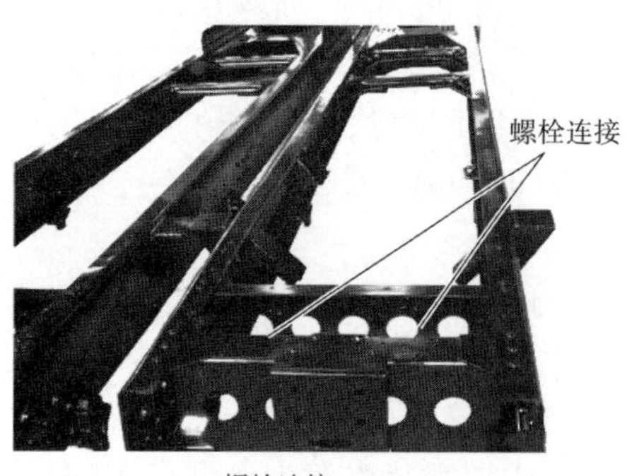

a)螺栓连接

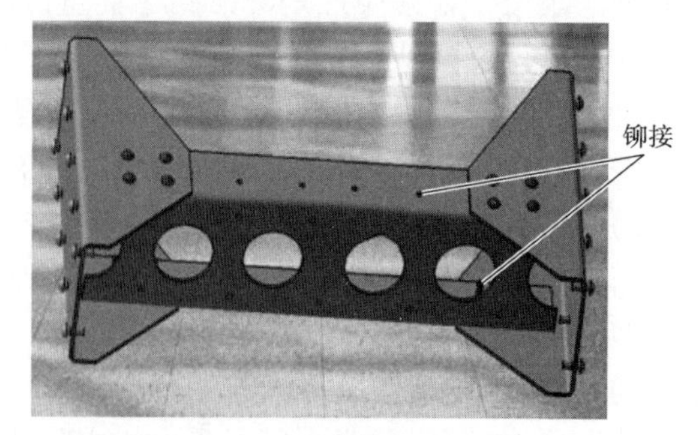

b)铆接

图 2-1-10　边梁式车架横梁之间的连接方式

横梁之间的连接通常使用铆接或者螺栓连接，另外还可以使用防松螺丝，但是不适

用焊接,因为焊接的高温会改变金属的刚度和强度特性。

如果采用铆接的连接方式,需要经常查看铆钉是否有松动或剪切的迹象:可通过铆钉头松动错位或锈蚀痕迹来判断,行驶途中还可以用涂漆方法检测是否松动(在铆钉周围涂油漆,待干燥后,车辆运行,检查油漆是否存在裂缝现象,若存在此现象,则说明铆钉已松动),对于松动的铆钉应及时紧固,否则会引起其他铆钉松动。

3. 驾驶室车身总成

需要说明的是,采用非承载式底盘结构的商用车,尤其是载货汽车,多数都设有驾驶室结构(图 2-1-11)。在本项目中,我们把驾驶室结构狭义地定义为"车身总成"的一部分,驾驶室结构的制造工艺和方法与乘用车的承载式车身相类似。

a)

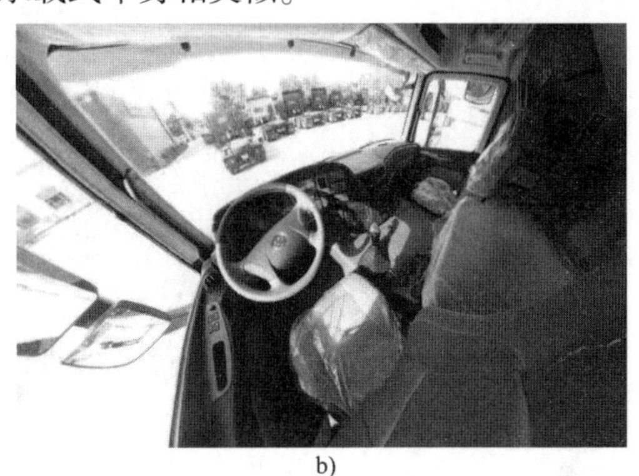

b)

图 2-1-11　长途载货汽车(牵引车)驾驶室

汽车制造的四大工艺:冲压、焊接、涂装、总装。

驾驶室车身:"白车身"及驾驶室内地板部件主要由钢板冷冲压形成,并在外表面进行填缝、打磨、喷漆处理,使表面呈现平整状态;再以焊接的方式将各部分冲压之后的钢板焊接在一起,构成驾驶室车身。

驾驶室门板:驾驶室内部的中控台及车门内侧门板,主要由塑料覆盖件组成。车辆内外饰表面覆盖件材料主要为人造革材料、热塑性材料(在特定温度下,能反复加热软化和冷却硬化的塑料)和改性材料,内饰非覆盖面还用到聚缩醛(Polyoxymethylene,POM)类、聚酰胺(Polyamicle,PA)类和高密度聚乙烯(High Density Pglyethylene,HDPE)类材料等。热固性材料在内外饰中使用比较少,只有烟灰缸壳体采用酚醛塑料,热固性塑料(在受热或其他条件下能够固化或具有不溶特性的塑料)主要用在电子电器、安全部件上做结构件。

对于热塑性和热固性塑料而言,两者既可以是硬塑料(例如车门内侧把手),也可以是软塑料(例如操作台平面),如图 2-1-12 所示,根据车型的不同,或者处于人机工程学的角度,采用硬塑料或软塑料,同时也取决于车辆的制造成本。

1)驾驶室翻转机构

可翻转驾驶室的设计(图 2-1-13)极大提升车辆在维修过程中的便利程度,这一设计堪称货车的经典设计之一。目前,几乎所有的"平头式"货车都具有该翻转功能,这项设计最早在重型载货汽车上使用,现在已经在轻型货车和中型载货汽车上得到广泛的应用。

由于货车驾驶室质量普遍较大,仅依靠人力将其翻转是比较困难的,因此需要加装一套助力装置以实现驾驶室的便利翻转。从工作原理上讲,助力装置又可以分为"扭杆式"助力装置和"液压式"助力装置。

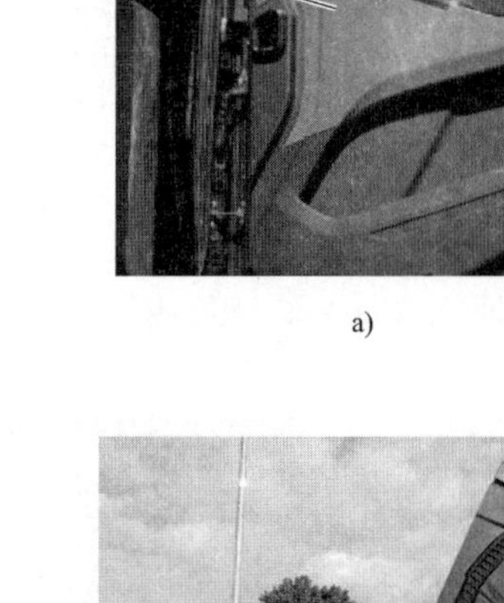

a)

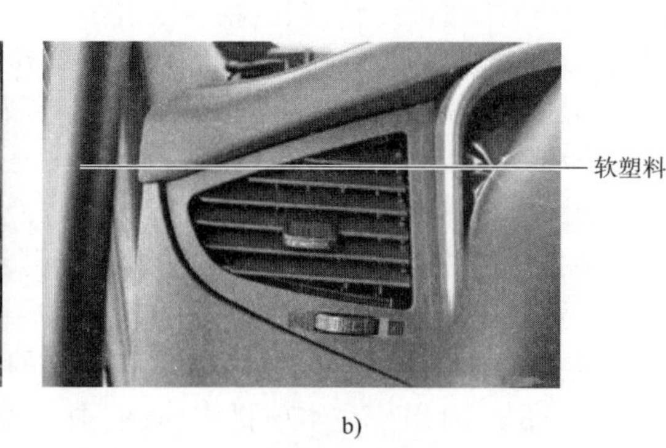

b)

图 2-1-12　驾驶室内门板

a)

b)

图 2-1-13　驾驶室翻转机构

(1)扭力杆式

扭力杆式就是依靠一根或两根弹性较好的铁棍提供辅助动力,由人力抬起驾驶室。驾驶室下降到最低位置时扭杆被扭曲,抬起时弹力释放,从而起到助力的作用,如图 2-1-14 所示。

扭力杆式翻转机构的优点是结构简单、可靠性高;缺点是随着使用时间的延长,扭杆的弹力会越来越低。这种方式的翻转机构在使用时可能会遇到驾驶室升起过程非常沉重或难以升起的现象,此时可以打开驾驶室两侧的车门,打开之后能轻松升起沉重的驾驶室。但是这种方法对车门的铰链有一定的伤害,只能应急使用,应尽快调整扭杆的弹力。

(2)液压式

液压翻转系统(图 2-1-15)是指通过液压动力升起驾驶室的系统。

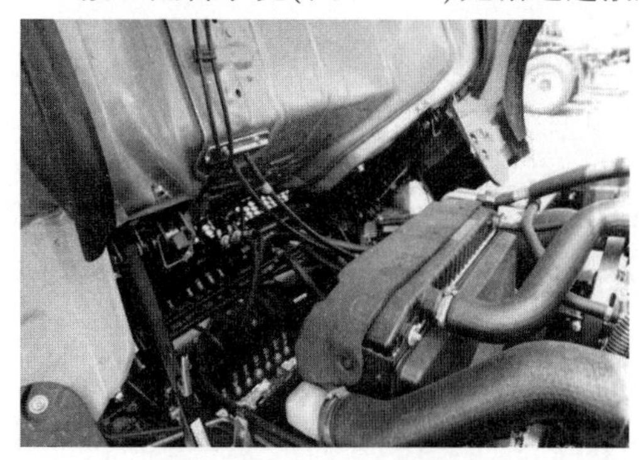

图 2-1-14　扭力杆式翻转机构

图 2-1-15　液压翻转系统

从动力来源来说,液压翻转系统还分为人力式和电动式。由于需要翻转驾驶室的时候并不是很多,人力足以胜任,所以现在大多数重型载货汽车都采用人力液压翻转系统。

液压翻转系统最大的好处就是举升力足够大,不管多重的驾驶室都能轻松顶起,这一点是扭力杆式助力系统所不能比拟的。但液压翻转系统结构较为复杂,故障率要比扭力杆式的高,对维修也有较高的要求。比如在北方的冬季,液压翻转系统必须使用更低黏度级别的液压油,否则会难以升起驾驶室。在遇到了此种状况时,除了更换液压油之外,临时的解决办法就是用热水浇一下手压泵以增加液压油的流动性,如图 2-1-16 所示。

除此之外,大部分车型在翻转驾驶室时,驾驶室前面板都会和车架发生干涉,所以在翻转之前,需要先把前面板打开,否则将会造成前面板损坏,如图 2-1-17 所示。

图 2-1-16　使用热水给手压泵淋水

图 2-1-17　翻转驾驶室前面板后翻转驾驶室

2)驾驶室内部饰件

商用车驾驶室和乘用车驾驶室内部装饰有较多功用相同的零件结构,本部分对相同部件进行简要描述,对差异零件再做详细图示讲解。

(1)相同部件

在驾驶室功用方面,乘用车与商用车存在许多相同的部分(位置不同,功用相同),包括灯光(商用车通常有示高灯,乘用车只有示廓灯,少部分有示高灯)、喇叭、仪表盘、空调、座椅加热、门锁控制按键和玻璃升降器、差速锁控制开关等,如图 2-1-18 所示。

a)商用车

b)乘用车

图 2-1-18　商用车、乘用车内饰对比图

(2)差异部分

手动驻车制动阀:如图 2-1-19 所示,图中的两个手动驻车制动阀,一个是牵引车驻车制动,另一个是挂车驻车制动。

储物箱(杂物箱):如图 2-1-20 所示,图中储物箱(杂物箱)在副驾驶位上方,由于商用车的驾驶室比较高(尤其是重型载货汽车),因此,纵向空间是比较大的,在副驾驶位及前风挡上方设置储物箱是比较合理的,符合人体工程学的设计。

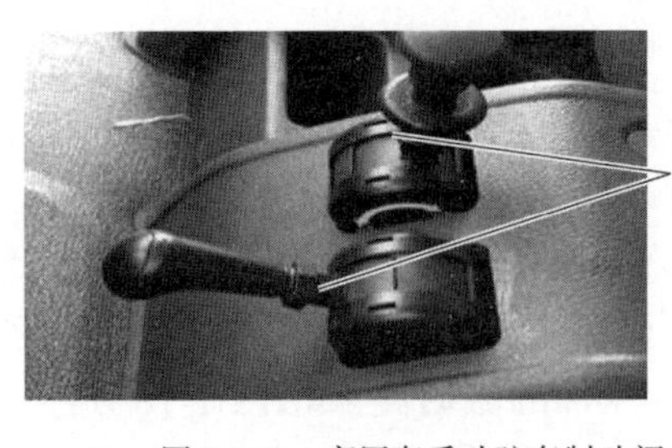

图 2-1-19　商用车手动驻车制动阀

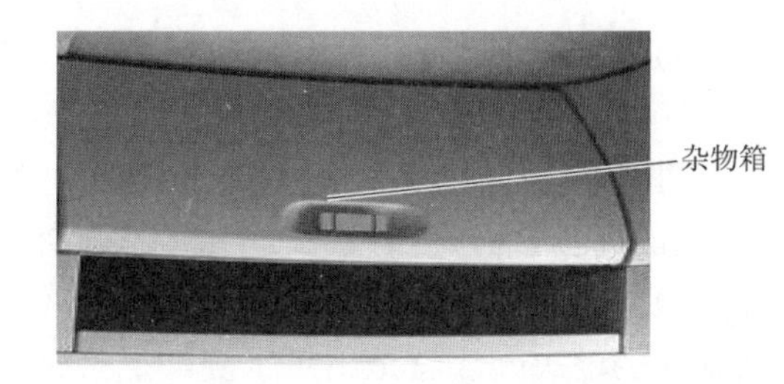

图 2-1-20　商用车储物箱(杂物箱)

天窗:商用车天窗同乘用车天窗功用相同,用于通风换气,在紧急情况下也可作为逃生通道,由于电动天窗在接受撞击或在恶劣使用条件下,会增加锁死卡滞的概率,因此,相较于乘用车大多数使用电动天窗而言,在商用车中部分车型仍然保留了机械式天窗,如图 2-1-21 所示。

通常,重型货车会配有天窗这一装置,手动天窗装置主要由天窗盖、弹簧、连接架和支臂组成,天窗装置与车身顶盖之间用旋转轴连接。天窗锁紧时,支臂在弹簧拉力的作用下,与顶盖夹角为 0,天窗锁紧;天窗开启,向上举起,天窗开启一定高度,在弹簧拉力作用下,支臂与顶盖保持一定夹角,使天窗限位在开启高度。

通常,天窗具有以下作用:快速降温、消除雾气、快速换新鲜空气、在危急时刻还可作为逃生出口。

面板把手:与储物箱位置相对应,面板把手设置的位置是为了方便驾驶员或车内乘员更容易拿到储物箱内的物品,也是出于安全的考虑,避免在取放物品时发生危险,如图 2-1-22 所示。

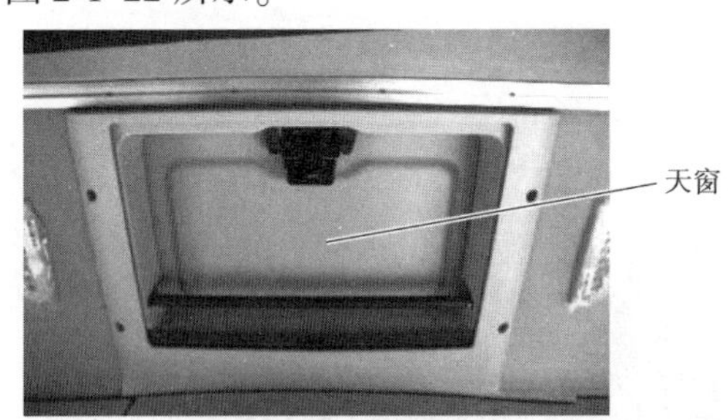

图 2-1-21　商用车天窗

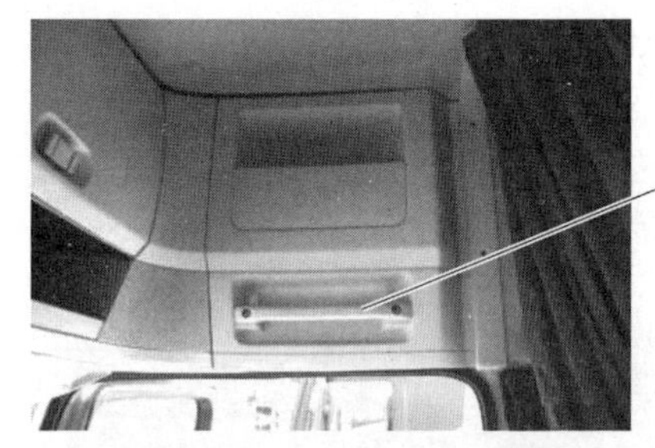

图 2-1-22　商用车副驾驶位头部上方面板把手

卧铺:卧铺(图 2-1-23)几乎成了重型货车的标配,由于商用车生产资料的特定属性,经常是 2~3 人作为驾驶员进行运输作业,所以在车内设置合适的休息空间是十分必要的。部分重型货车甚至有两层卧铺空间可供驾驶员休息。

图 2-1-23　商用车驾驶室内卧铺

3）玻璃部件

在购买汽车时，通常人们对发动机、变速器、驱动桥轮胎等零部件的关注程度比较高，往往会忽视汽车驾驶室玻璃的重要性。汽车驾驶室玻璃（图 2-1-24）不仅能遮风挡雨，还能降低噪声，对行车安全也有直接影响。

汽车驾驶室玻璃在出厂时要经过相应的认证，包括生产厂商在内的信息都要体现在玻璃上，常用的有国家安全认证、国外认证标识、汽车生产标识、玻璃生产企业标识等。

标识信息：在载货汽车驾驶室玻璃上，汽车生产厂家会将自己的商标、名称授权于玻璃生产企业印上去，一般情况下，整车企业的商标或名称会位于玻璃标识的最上端，如图 2-1-25 所示。

图 2-1-24　商用车驾驶室玻璃

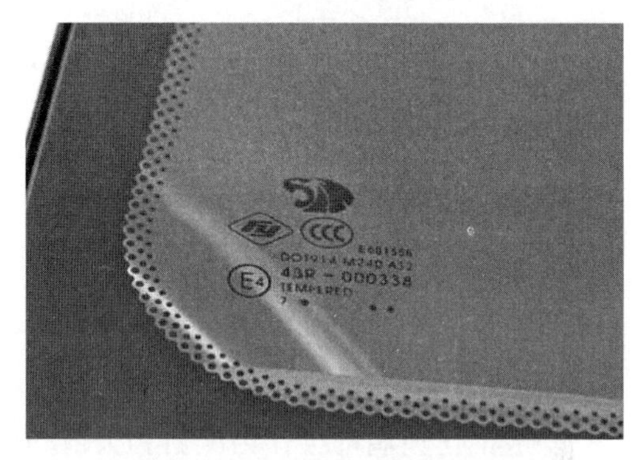

图 2-1-25　驾驶室挡风玻璃标识

国家安全认证标识：为保证安全，国家将汽车驾驶室玻璃列入强制认证产品，所以国内的载货汽车上的玻璃会看见一个圆圈里有 3 个 C（即 CCC）的标识，这个就是我们常说的国家 3C 强制认证。

海外认证标识：除了我国的安全认证标志，一般还会印有美国“DOT”、欧盟 ECE 的强制认证标识，在一些进口载货汽车上，会同时出现美国 DOT、欧盟 ECE、中国 3C 共 3 个认证标识。一些国产载货汽车玻璃也会印有海外标识，说明该车辆出口资质或者达到海外标准，如图 2-1-26 所示，是我国与国外车窗玻璃标识的差异展示。

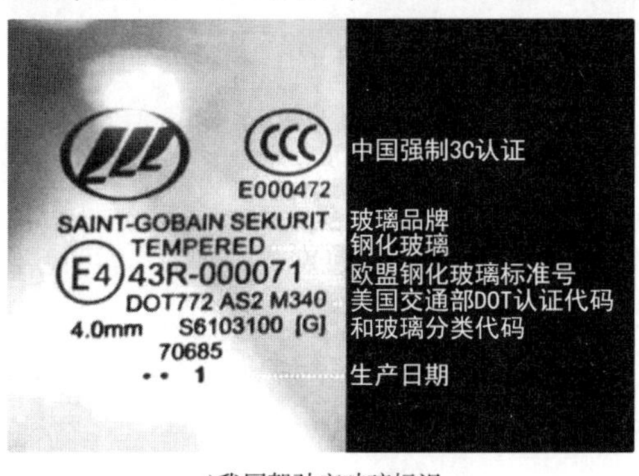

a)我国驾驶室玻璃标识

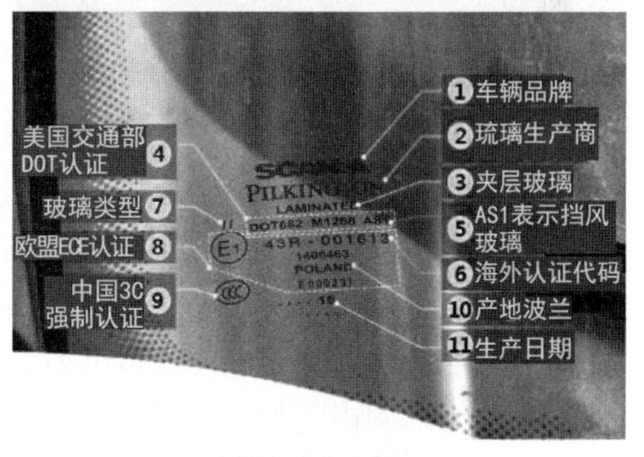

b)国外驾驶室玻璃标识

图 2-1-26　我国与国外驾驶室玻璃标识对比

（1）车窗玻璃

目前载货汽车玻璃均采用夹层玻璃、钢化玻璃、区域钢化玻璃 3 种。而现在市面上的汽车多是夹层钢化玻璃和夹层区域钢化玻璃，它们的安全系数都很高，可以很好地抵御较强的冲击力，如图 2-1-27 所示。

由于承力的不同以及功能性的差异,国内绝大部分车型的前风窗玻璃采用了夹层区域钢化玻璃。

如图 2-1-28 所示,当遇到碰击或者击碎的时候,玻璃会分裂成钝化的颗粒,而且在有夹层的区域,玻璃碎颗粒会附着在夹层上而不脱落,其主要目的是防止玻璃碎片伤害汽车内部的人员,以及在出现事故后,方便驾驶员通过未被破坏的局部区域观察行车环境,以保证能够继续驾驶车辆。

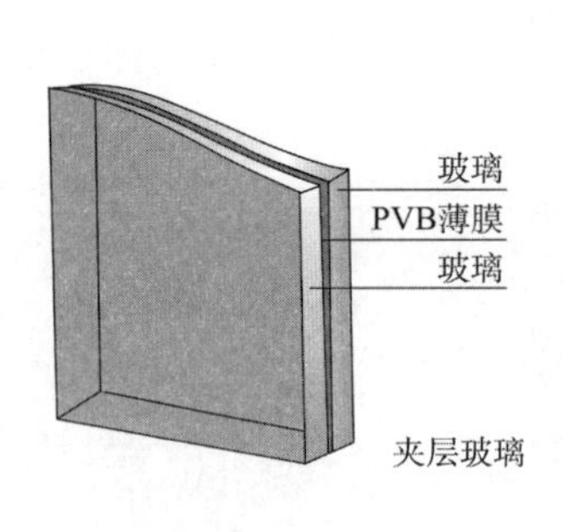

图 2-1-27 夹层玻璃结构

图 2-1-28 事故损伤后的驾驶室风窗玻璃

(2)钢化玻璃

一般钢化玻璃都会作为侧窗和天窗的风窗玻璃,当钢化玻璃被击碎时会分裂成钝化颗粒,由于没有夹层,会散落到车内,一般会形成石子大小的碎块,而不会变成大块的碎片,因此不容易轻易伤害到汽车内人员,如图 2-1-29 所示。

a)

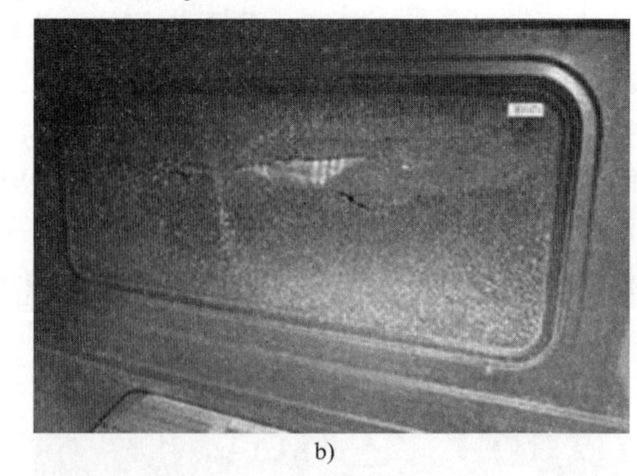

b)

图 2-1-29 破碎后的钢化玻璃

对于左侧车窗、右侧车窗的升降控制同乘用车一致,车窗上下调节都可以通过驾驶员一侧的车门上的车窗调节开关进行调节,如图 2-1-30 所示。

①电动升降器。为了使驾驶员更加集中注意力地驾驶车辆,同时降低驾驶员的操作强度,许多汽车采用电动车窗,驾驶员只需要操纵车窗升降开关,就可以使汽车门窗玻璃自动上升或者下降。电动车窗的功能:

a. 依靠电动机升降车窗玻璃;

b. 实现自动升降和停止;

c. 防夹功能(玻璃上升时,如果在上升区域有人体某部位或者物体时,其会立刻下降一段距离后停止)。

电动升降器原理:大部分汽车的车窗举升器都采用非常灵活的连杆来举升车窗玻

璃，同时保持车窗处在水平状态。电动机传动机构连接到一个涡轮和几个直齿圆柱齿轮，以产生较大的齿轮减速比，从而增大升起车窗的转矩。

连杆带有一个长臂。此长臂与支撑窗底的杆相连，长臂的末端在车窗升高时可以滑入杆的凹槽中，在杆的另一端是一个大型圆盘，盘上刻有轮齿，电动机可驱动与轮齿接合的齿轮，配有手动车窗的汽车有相同的连杆，但并非由电动机驱动齿轮，而是用摇臂进行连接，如图 2-1-31 所示。

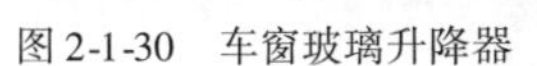

图 2-1-30　车窗玻璃升降器

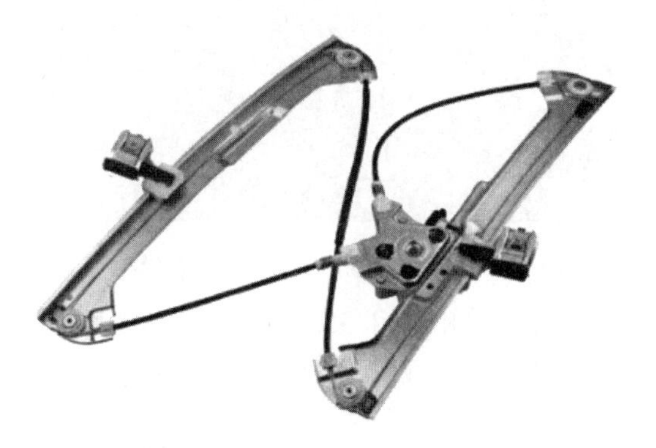

图 2-1-31　电动车窗升降器内部结构

通常，控制开关一般有两套，一套为总开关，装在仪表板或者驾驶员侧的车门上；另一套为分开关，分别安装在其余车窗上。由于所有车窗电动机都要通过总开关搭铁，所以总开关在断开后，分开关就无法起作用了。

②后视镜。后视镜是驾驶员观察车外两侧交通环境的重要部件，按照调节方式可以分为：手动后视镜和电动后视镜。手动后视镜结构相对比较简单，早期的轻型载货汽车采用这种类型的后视镜，从最开始在驾驶室左右两侧各安装一块后视镜，发展到在原有的后视镜基础上加装一块照地镜，帮助驾驶员了解车辆前方的道路地面状况。如图 2-1-32 所示为福田奥铃 CTX 两代车型的后视镜改动对比。

a)早期的后视镜

b)改进后的组合镜

图 2-1-32　早期、改进前后的轻型货车后视镜对比

这种后视镜的优点是尺寸小，车身通过性更强；缺点是面积小，而且没有广角镜，驾驶员对后侧道路视线不清晰，容易造成安全事故。随着商用车技术的发展和产品的推陈出新，后视镜升级成了组合镜。组合镜面积更大，视野更加开阔，同时加装了广角镜，进一步减少了视野盲区，后视镜效果明显加强，如图 2-1-33 所示。

对于电动后视镜而言，仅需要拨动驾驶室门板上的后视镜调节开关，即可调节后视镜的方向、角度、位置；旋转此开关可以控制左镜或右镜，指示刻度转至左侧位置代表控

制左后视镜,反之代表右后视镜,对上下左右 4 个方向进行调节,代表调节至 4 个方向,如图 2-1-34 所示。

图 2-1-33 装有电动后视镜的轻型载货汽车

图 2-1-34 重型货车驾驶室门板上的电动后视镜控制按钮

此外,如图 2-1-35 所示,部分车型后视镜还带有加热和除霜的功能,这对于在寒冷的冬季和雨雪天气的安全用车具有重要的作用。

图 2-1-35 带有后视镜除霜和加热功能的后视镜控制面板

引导问题 2 传动系统布置型式/整车布置型式有哪些类型?

1. FR——发动机前置后轮驱动

以载货汽车为典型,采用这种传动系统布置方式的较多。商用车前、后轴荷分布存在一定的差异性,前、后轴荷分布不如乘用车那样均衡,在大多数情况下,后轴同时承担了载重和驱动的任务,根据《汽车理论》中关于"汽车动力性"的内容,商用车对爬坡性能("最大爬坡度"是评价汽车动力性的重要指标之一)有一定的要求。

商用车满载时(以载货汽车为例),后轴载荷常会大于前轴。在超载情况下,这种状态会更加明显。由于商用车重心较高,在上坡行驶时,整车载荷会大量转移到后轴。故采用后轮驱动的型式更能充分利用地面附着力,使商用车能够满足爬坡需求。这其中,以采用 FR 布置型式的载货汽车和载客汽车较为常见。

由于载货汽车和轿车的重心位置不同,家用轿车多采用发动机前置的形式,整车重心偏向前轴。载货汽车处于载货状态时,即便是发动机前置,但车身的重心仍偏向后轴,这样的结构会导致载货汽车的前轮附着力没有后轮好。如果载货汽车采用前驱型式,动力将无法很好地发挥出来,在上坡的时候这个现象会更加明显。因此,商用车以 FR 的整车布置型式较常见。

2. FF——发动机前置前轮驱动

商用车较少采用前置前轮驱动结构，仅少部分轻型或微型载货、载客汽车使用，如图2-1-36所示。

a)货运版

b)客货两用版

图2-1-36　采用前置前轮驱动结构的封闭式载货汽车及客货两用汽车

3. MR——发动机中置后轮驱动

采用MR布置型式的MPV车型如图2-1-37所示。

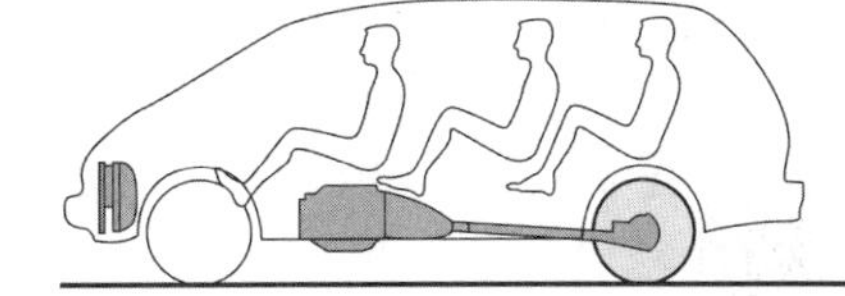

图2-1-37　采用MR布置型式的MPV车型

4. RR——发动机后置后轮驱动

如前文中关于FR布置型式所述，载货汽车常采用前置发动机后轮驱动(4×2或6×4的驱动结构)。这是为了充分发挥载货汽车的驱动力。

大型客车或大型公交车(宇通或金龙12米大型客车)常采用RR的布置型式，由于大型客车的轴距较长，如果采用FR的布置型式，则传动轴会很长，因而传动系统的振动会传递至车厢内，影响乘员乘坐舒适性，为了缩短动力传递路线，降低传动系统的振动对车厢内成员舒适性的影响，常采用RR的布置型式。对于小型客车或小型公交车而言(丰田考斯特)，大部分车型则采用FR的布置型式，这样做的目的在于，平衡前后轴的载荷；提升车内乘员的乘坐空间，尤其是后排乘客；同时也便于维修车辆。

5. nWD——全轮驱动

受工作环境的影响，复杂路况需要车辆有较强的越野性能，相较于前驱和后驱，全驱载货汽车有优异的过障能力，车轮之间独立驱动，动力由变速器分配，全驱车较多配备差速锁，在坑洼环境能够提供充沛动力，如履平地，如图2-1-38所示。

a)MAN TGM4×4全轮驱动载货汽车

b)太拖拉8×8全驱动载货汽车

图2-1-38　全轮驱动载货汽车

下面以福田戴姆勒欧曼 EST 牵引车为例说明,介绍车辆动力装置数种选择。

1. 发动机

发动机作为汽车的核心零部件之一,其性能的优劣会直接影响车辆的动力性、燃油经济性和通过性等主要性能。

商用车的发动机选择取决以下几方面的因素:①载货质量;②整车驱动型式;③发动机的燃料类型及排放标准;④运输距离的长短;⑤使用地区的特殊情况或限制等。

EST 系列牵引车提供 4 ×2 和 6 ×4 两种驱动型式,4 ×2 牵引车头的最大牵引质量达 34500 千克,6 ×4 牵引车最大牵引质量达 40000 千克,根据牵引质量的不同,需选装或匹配具有不同特性的发动机,其中,4 ×2 系列车型可选用 380 马力(1 千瓦 =1. 34 马力)的福田康明斯 ISGe5-380 发动机或 430 马力的福田康明斯 ISGe5-430 发动机。

还需根据运输距离的长短来选择发动机的燃料类型,例如,短途运输车辆可能会选择天然气燃料的发动机,长途运输汽车通常会选择柴油发动机。也应该根据运输货物的质量和体积来考虑所选择的发动机动力参数(马力值),当然也需要匹配合适的变速器和车桥速比。以 6 ×4 系列牵引车为例,可选用 430 马力(奔驰 OM457LA. V/3)、510 马力(福田康明斯 ISGe5-510)、550 马力(潍柴 WP13. 550E501)或 560 马力(福田康明斯 X13-560 型)等型号的柴油发动机。不同马力值的发动机所搭载的变速器也有所差异。此外,还应根据发动机和变速器的性能参数,选取合适的驱动桥减速比,因为这也是影响车辆动力性能的另一个重要因素。

2. 离合器

由于商用车载质量较大的问题,如上所述,商用车通常会选择马力值较大的发动机,对于搭载机械式变速器的车辆来讲(传动系统中设有离合器装置),为了保护传动系统不被过大的载荷损坏,故需要增大离合器能够传递的最大转矩,可以选用摩擦因数较大的摩擦材料,或适当增加压紧弹簧的压紧力,或增大摩擦面的面积,但是对于重型商用车而言,或许上述方式都不容易实现,因此,工程师们发明了双盘式离合器,即含有两个从动盘的离合器。一方面便于增大传动系统能够承担的动态载荷,延长离合器的使用寿命;另一方面是为了驾驶员操作轻便,降低驾驶疲劳。这种离合器结构在早期车型中有较多的应用(如解放牌 141 车型),随着材料质量的提升和制造工艺的进步,这种结构现在已经十分罕见了。

3. 变速器型式

由变速器的作用可知,合理地选择传动比是保证车辆动力性和燃油经济型的关键,由于商用车的使用特殊性,通常采用 10 个以上的前进挡位,以保证车辆能够顺利爬坡和高速行驶。

以欧曼 EST 车型系列为例:EST 系列牵引车提供 4 ×2 和 6 ×4 驱动型式,其中4 ×2 底盘多采用法士特 12 挡手动变速器,6 ×4 底盘结构多采用采埃孚 ZF16 挡自动变速器。

(1)法士特 12 挡手动变速器

法士特 12 挡手动变速器具有"高速挡"和"低速挡"的选择功能,根据不同的载重情况,驾驶员会根据实际载重和路面条件的具体情况选择合适的挡位。例如,欧曼 EST 系列车型 4 ×2 牵引车采用法士特 12 挡变速器,在不拖拽挂车的情况下,驾驶员在良好路面上行驶时可以选择高速 7 挡起步行驶;如果在拖拽挂车且挂车空载的情况下,在良好路面行驶时,驾驶员可以选择 3 ~6 挡起步行驶;如果在拖拽挂车且挂车为满载的情况下,则可以选择低速 1 挡或 2 挡起步行驶。

绵密的齿比设计是保证车辆兼顾良好动力性和燃油经济性的重要举措之一，也是保证车辆运输效率的关键。

(2)采埃孚 ZF16 挡自动变速器

近年来，我国对于牵引车的需求在日益增长，加上相关国标的实施，半挂车成为货运市场的新宠儿，也被誉为是性价比最高的公路运输方式。由于半挂车使用强度较大，在报废期限内常年处于行驶状态，对于驾驶员来说，频繁的换挡操作容易导致疲劳。为了降低驾驶员的操作强度，同时也考虑到新手驾驶员操作不熟练、经验不丰富的特点，国内外厂家开始为牵引车配备自动变速器，大大降低了牵引车在复杂路面的操作难度和驾驶强度，也受到了国内外驾驶员的一致好评。

(3) AMT 变速器

作为采埃孚最新的 AMT 变速器产品，采埃孚 TraXon 变速器在欧洲的依维柯、DAF、曼恩等重型载货汽车上广泛装配。目前，国内不少车型也开始配备，市场关注度非常高，可以说是目前国内市场人气火热的明星产品，据了解其传动效率达到了 99.7%，如图 2-1-39 所示。

除了更加优化的换挡策略外，据资料显示：这款变速器除了可以实现自动起停、坡道防溜车、空挡滑行等功能外，还有一项很厉害的技术——基于 GPS 预换挡功能。

基于 GPS 模块，变速器可以预知前方道路的地形信息、路线信息、交通标识等，进行预判、预换挡，得到更加理想的换挡点，从而有效减少在山路、弯道路况下的换挡次数，避免不必要的升降挡，帮助节省油耗，大大提升驾驶舒适性。

4. 分动器结构(多轮动力输出)

对于多轴驱动的商用车，尤其是双轴 4×4 驱动结构，三轴 6×6 驱动结构以及四轴 8×8 驱动结构的车型，分动器是必不可少的零部件之一；其作用是将发动机发出的动力传递至各个驱动桥。

5. 商用车车桥结构

(1)无动力桥——转向桥

转向桥是利用车桥中的转向节使车轮可以偏转一定角度，以实现汽车的转向。它除承受垂直载荷之外，还承受纵向力和侧向力及这些力造成的力矩。转向桥通常位于汽车前部，因此，也常称为前桥。

对于商用车来讲，以载货汽车或载客汽车为例，前桥通常采用整体式转向桥(图 2-1-40)，其桥体的结构基本相同，主要由前梁、主销和转向节组成。

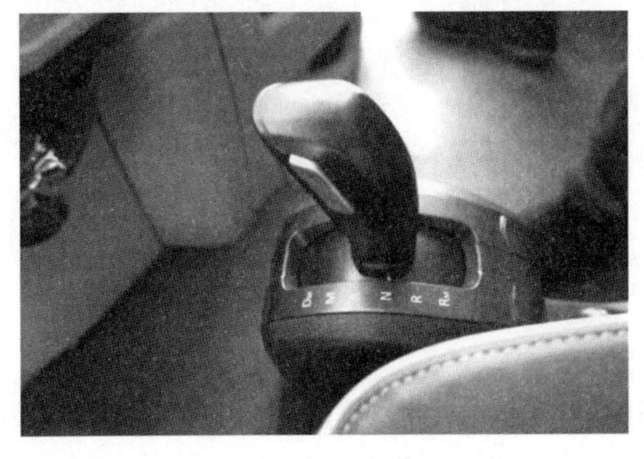

图 2-1-39 AMT 变速器操纵杆

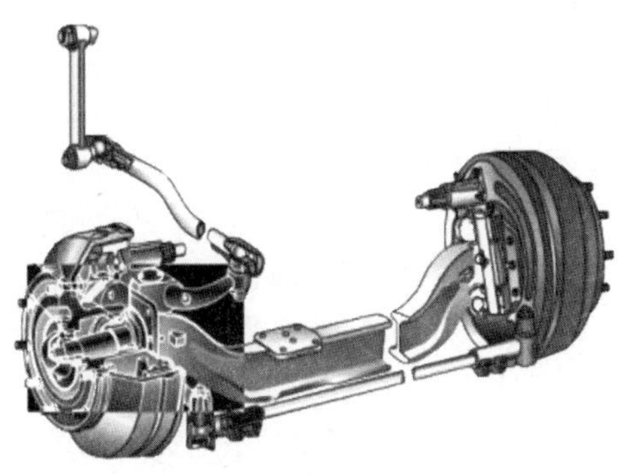

图 2-1-40 整体式转向桥结构

(2)无动力桥——支持桥(悬浮桥或挂车桥)

支持桥的主要作用是承载,不一定参与驱动或转向的过程。最为常见的支持桥有两种:第一种为悬浮桥,悬浮桥既可以根据路况需要而与地面接触或分离,如图 2-1-41 所示,在重载时,通常驾驶员会将悬浮桥设置为与地面接触的状态,进而实现承载的目的,在空载时,可以设置为悬浮状态,即悬浮桥轮胎与地面分离而不发生接触,需要说明的是,悬浮桥既可以是无动力的支持桥[图 2-1-41a)、图 2-1-41b)],亦可以是驱动桥(图 2-1-41c);第二种为牵引车的挂车的车桥,通过与摆臂式平衡悬架配合使用,起到承载的作用,如图 2-1-42 所示。

a)挂车悬浮桥

b)转向桥悬浮桥

c)驱动桥悬浮桥

图 2-1-41　重型载货汽车采用的悬浮桥

(3)驱动力桥——驱动桥

驱动桥位于汽车传动系统的末端,主要由主减速器、差速器、半轴和驱动桥壳等组成。其功用是:①将万向传动装置传来的发动机转矩通过主减速器、差速器、半轴等传到驱动轮,从降低转速、增大转矩;②通过主减速器锥齿轮副改变转矩的传递方向;③通过差速器实现两侧车轮的差速作用,保证内外侧车轮以不同转速转向。

驱动桥可以分为断开式驱动桥和非断开式驱动桥。其中,商用车较多采用非断开式驱动桥,亦可称为整体式驱动桥,如图 2-1-43 所示。按照驱动桥中主减速器的主动传动比挡位数分,有单速式和双速式,其中前者的速比是固定的,后者有两个传动比供驾驶员选择,以适应不同的行驶路面需求。

对于双后桥驱动的车型,例如 6 ×4 车型的驱动桥还有中桥(贯通桥)和后桥之分;采用贯通式驱动桥的车型,中桥和后桥的传动轴是串联的,如图 2-1-44 所示。

图 2-1-42　挂车的支持桥

图 2-1-43　整体式驱动桥

(4)驱动力桥——转向驱动桥

部分全轮驱动的商用车前桥采用转向驱动桥(4×4 和 6×6 车型)结构,通常会与非独立悬架配合使用,如图 2-1-45 所示。

图 2-1-44　贯通桥和驱动桥

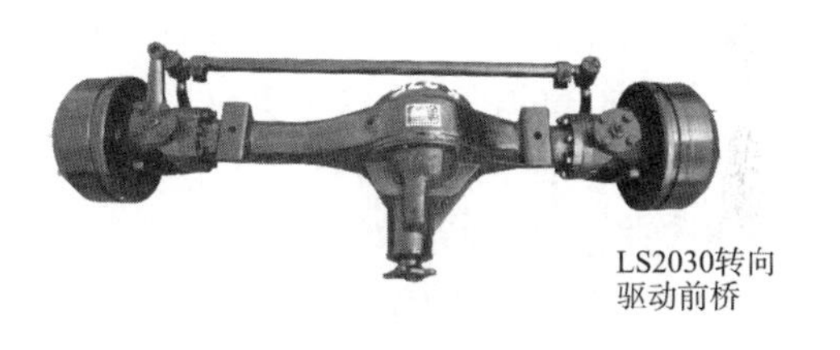

图 2-1-45　转向驱动桥

(5)轮边减速桥(简称"轮减桥")

轮边减速桥也简称轮减桥,在整体式驱动桥的基础上,在驱动桥两端半轴末端附加安装一级减速装置,通常为一对啮合的齿轮副或行星减速机构,两套同样的减速机构分别安装于车桥的左、右侧。这样一来,轮减桥比整体式驱动桥多了一级减速,则发动机输出的动力经过传动系传递至车轮上的转矩会进一步增加。在轮减桥分类中一种典型的结构就是门桥,乌尼莫克越野车和部分重型载货汽车或大型客车采用了这种车桥结构,门桥的优势在于提升车桥与路面之间的离地间隙,提供了较大的主传动比,进而增加了传递至车轮上的转矩,有利于提升车辆的通过性和越野能力,如图 2-1-46 所示。

图 2-1-46　乌尼莫克的门桥结构

(6)半轴的支承形式(全浮式)、车轴

现代汽车基本上采用全浮式半轴支承和半浮式半轴支承两种型式。全浮式半轴支承广泛应用于各种类型的载货汽车上,此类型半轴支承型式使半轴只承受转矩,而两端均不承受任何反力作用和弯矩,故称之为全浮式支承型式。

半浮式半轴这种支承型式只能使半轴内端免受弯矩,而外端却承受全部弯矩,故称为半浮式支承。

引导问题 3　商用车常用的悬架结构有哪几种?

对于商用车来讲,悬架是车架与车桥之间的一切传利连接装置的总称。它的功用在于把路面作用于车轮上的垂直反力、纵向反力和侧向反力以及这些反力所造成的力矩传递到车架(或承载式车身)上,以保证汽车的正常行驶。现代汽车的悬架尽管有不同的结构形式,通常都是由弹性元件、减振器和导向机构等三部分组成。此外,还辅设有缓冲块和横向稳定器。弹性元件、减振器和导向机构的作用分别是缓冲、减振和导向,三者共同的任务是传力。在客车和多数轿车上,为了防止车身在转向行驶等情况下发生过大的横向倾斜以致翻车,在悬架中还设有辅助弹性元件——横向稳定器,也称为横向稳定杆。为了限制弹簧的最大形变并防止弹簧直接冲击车架,在载货汽车上经常辅设有缓冲块。应当指出,悬架系统只需具备上述功能,在结构上并非一定要辅设这些单独的装置。例如采用钢板弹簧作为弹性元件时,除了可以起缓冲、减振作用外,当它在车架上纵向安置并且一端与车架作固定铰链连接时,其自身还能起到传递各向力和力矩以及决定车轮运动轨迹的作用,故而没有必要再另外设置导向机构。此外,钢板弹簧是多片叠在一起的,具有一定的减振和缓冲能力,因而在部分载货汽车上,或者对减振要求不高的车辆上,可以不安装减振器。

相比于独立悬架,对于商用车来讲,普遍采用非独立悬挂结构,因其结构简单、工作可靠而被广泛使用。但是,商用车的非独立悬架也有多种结构形式,也有少部分采用独立悬架结构,其中导向机构会随着所选取的弹性元件的不同而有所差异,而且差别可能会很大。悬架系统的弹性元件一般选用钢板弹簧、气体弹簧等;有些悬架结构中装有减振器,有些则没有减振器结构;如上所述,由于钢板弹簧一般起导向机构和减振作用,使得悬架结构大为简化,因此非独立悬架中大多数采用钢板弹簧作为弹性元件。钢板弹簧具有非常好的承载性与可靠性,采用钢板弹簧悬架的车型包括载货汽车、部分硬派越野车、各类客车等。它也是最早被应用的悬架类型,由卡尔·本茨发明的世界上第一辆汽车(1886 年)也是采用钢板弹簧悬架结构。

以下介绍几种商用车常用的悬架结构。

1. 纵置钢板弹簧非独立悬架

载货汽车的前、后轴普遍采用该悬架结构,一般来说,钢板弹簧是以纵置的方式安装在车架两侧。钢板弹簧与车架的固定方式有吊耳式、铰链式、滑板支承式等。此外,钢板弹簧销衬套通常会采用橡胶衬套,它靠橡胶的扭转变形来形成卷耳对弹簧销的转动,从而使橡胶和金属的接触面没有相对滑动,因而减小了摩擦、降低了噪声,无须润滑,但是橡胶需要防止各类油污的侵入,这会损坏橡胶套。因此,钢板弹簧衬套也起到了关键的作用。

当载货汽车前轴采用该悬架结构时，通常设有减振器结构；当载货汽车后轴采用该悬架结构时，则不一定设置减振器结构，这是因为钢板弹簧本身可兼有导向机构的作用，并有一定的减振作用。

载货汽车后悬架所承受的载荷因汽车行驶时实际装载质量不同而在很大范围内变化，因而为保持车身固有频率不变或变化很小，悬架刚度应该是可变的，而且变化幅度应较前悬架大。通常采用的措施是在后悬架中加装副簧。采用主钢板弹簧和副钢板弹簧组成的后悬架，被中型载货汽车广泛使用。当汽车空载或装载质量较小时，副簧不承受载荷而由主簧单独工作。在重载和满载的情况下，车架相对车桥下移，使车架上的副簧滑板式支座与副簧接触，即主、副簧共同参与工作，一起承受载荷而使悬架刚度增大，以保证车身振动频率不致因载荷增大而变化过大。这种悬架结构的缺点在于副簧起作用的瞬间，悬架的刚度突然增大，对汽车行驶平顺性会有一定影响。也曾有轻型载货汽车采用渐变刚度的钢板弹簧。

按照钢板弹簧的具体情况，还可以分为对称式和非对称式；按照变截面钢板弹簧数目可分为单片和少片；按照钢板弹簧的固定方式可分为固定铰链连接（前端固定方式）、滑板式支承和吊耳式结构（钢板弹簧的后端固定方式）。

主、副钢板弹簧结构：载货汽车后悬架承受的载荷因汽车行驶时实际装载质量不同而在很大范围内变化，因而为保持车身固有频率不变或变化很小，悬架刚度应该是可变的，而且变化幅度应比前悬架大，一般措施是在后悬架中加装副簧。中型载货汽车后悬架常采用主副钢板弹簧的结构。

2. 空气弹簧非独立悬架

空气弹簧非独立悬架也被称为空气悬架。配备空气悬架的车桥也常被称为气囊桥。在商用车技术较发达的国家，中型以上客车大多采用空气悬架，部分载货汽车、挂车和牵引车也采用空气悬架；在我国，空气悬架的使用率不断升高，许多合资品牌旗下的商用车开始使用这种悬架形式。

空气悬架的定义为：以空气弹簧为弹性元件，空气为弹性介质，在密封的容器内冲入压缩空气，利用空气的可压缩性和弹性作用实现车辆的减振效果，如图 2-1-47 所示。按照单个车桥的空气弹簧气囊个数，可分为单桥二气囊和单桥四气囊，如图 2-1-48、图 2-1-49 所示。

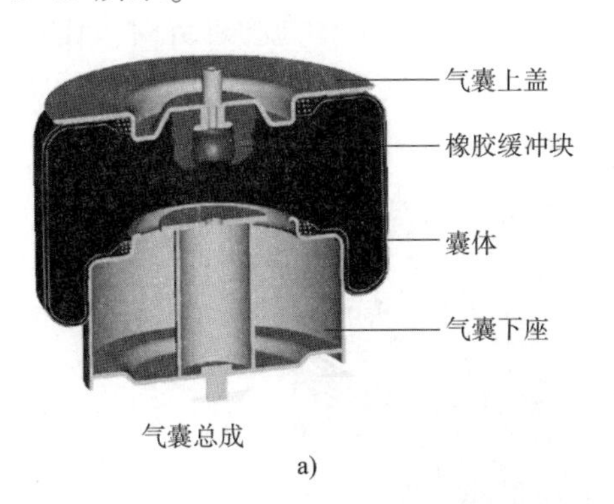

a)

b)

图 2-1-47　空气弹簧气囊总成

对于采用空气悬架的挂车来讲，目前应用最广泛的配置是采用气囊悬挂加上超宽截面的单轮胎组合，如图 2-1-50 所示。这样的配置优点在于：与传统的钢板悬挂相比，气囊

悬挂自重明显降低，同时，在行驶中能够减少振动，使得车辆的可靠性及耐久性增加，并且对货物也起到了重要的保护作用，货物完好率大大提高，这也是保证安全、高效运输的措施之一。

图 2-1-48　单桥二个空气弹簧气囊

图 2-1-49　单桥四个空气弹簧气囊

a)

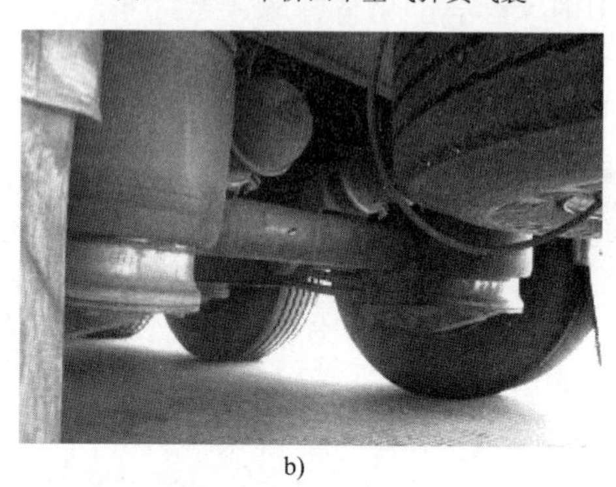

b)

图 2-1-50　使用超宽截面单轮胎的挂车

气囊悬架的另一个优点在于可任意调节车身的高度，通过车内手控装置可以实现无级调节，无论在空载或重载时都能保持车身处于同一高度，尤其是在装卸货时展现出明显的优势。此外，牵引车头与半挂车的接挂、脱挂也因为气囊悬架的出现而变得容易了许多。气囊可通过操作阀控制，充气时最大可升高 120 毫米，放气可降低 100 毫米，并能保证轮胎的正常跳动间隙。

3. 多轴汽车的平衡悬架

①等臂式平衡悬架。等臂式平衡悬架是 6 ×4 牵引车常采用的悬架结构，如图 2-1-51 所示。

图 2-1-51　等臂式平衡悬架

②摆臂式平衡悬架。摆臂式平衡悬架是常被 6×2 牵引锁采用的悬架结构,如图 2-1-52 所示。挂车常采用的悬架结构,如图 2-1-53 所示。

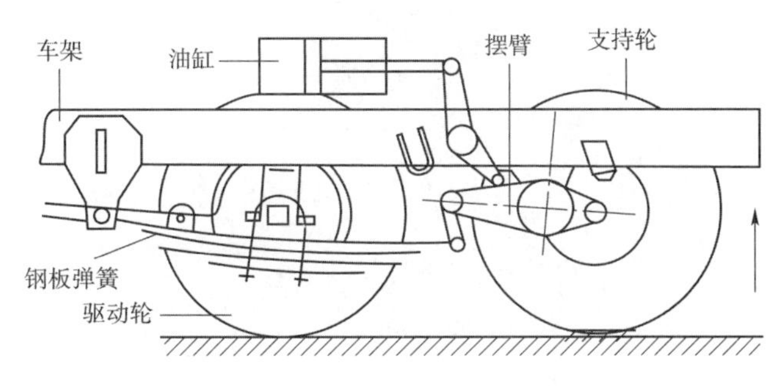

图 2-1-52　摆臂式平衡悬架示意图

a)

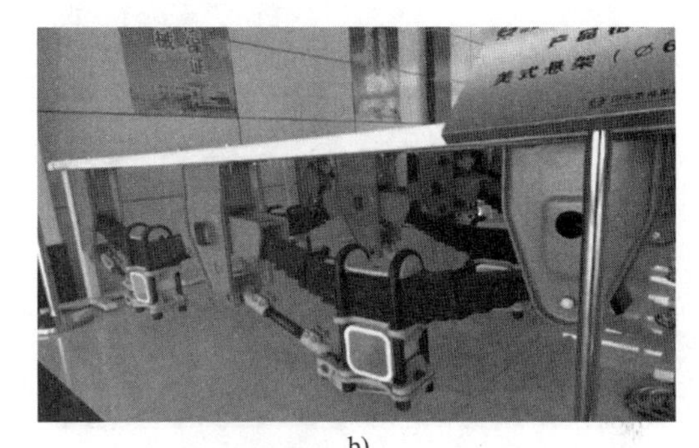

b)

c)

图 2-1-53　挂车常用的悬挂结构

4. 部分商用车使用的特殊悬架类型

(1)独立悬架

双叉臂式独立悬挂在乘用车上的应用十分广泛,在商用车上使用率却相对较低。但是,也有少部分轻型载货汽车和微型载货汽车使用。例如,在我国载货汽车市场上,开瑞绿卡 S 车型的前桥就采用了双叉臂式独立悬架,如图 2-1-54、图 2-1-55 所示,这种悬架结构能够满足轻型载货汽车用户对驾乘舒适性的要求,但是也仅限于载货量较轻的轻型载货汽车,后悬架依然采用整体桥配合钢板弹簧结构以保证车辆可靠的承载能力。通过调整左右摆臂的长度和布置角度,可以方便地调节离地间隙,对于提升车辆的通过能力和越野能力十分有益。

此外,在国外部分重型载货汽车上也出现了独立悬架。沃尔沃推出的 FH 系列重型载货汽车,采用了前独立悬架,如图 2-1-56 所示。在通过颠簸路面时,由于两侧车轮的跳动互不影响,使得载货汽车克服路障的能力更为优越。另外,独立悬架对振动的过滤效果更好,提高了车辆舒适性。

图 2-1-54　采用双叉臂式独立悬架的开瑞绿卡

a)

b)

图 2-1-55　双叉臂式独立悬架细节图

图 2-1-56　沃尔沃 FH 系列重型载货汽车前悬架

(2)Y 形悬架

麦克公司研发的双 Y 形空气悬挂,Y 形纵摆一端固定在车架上,另外两端分别固定在车桥上面和下面。这样的结构使车桥稳定性更高,同时延长了轮胎使用寿命,如图 2-1-57 所示。

这种双 Y 空气悬挂采用 Y 形高强度钢设计,比市场上其他空气悬挂轻大约 180 千克,有效减轻车身质量,提高有效载荷和运营效率,对于载货汽车追求轻量化的设计具有重要意义。

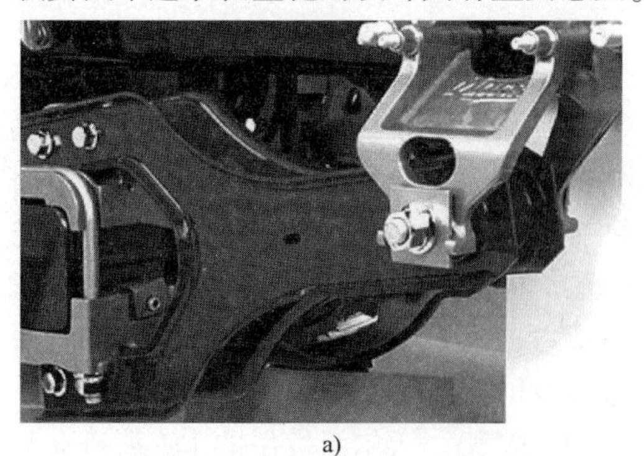

a)

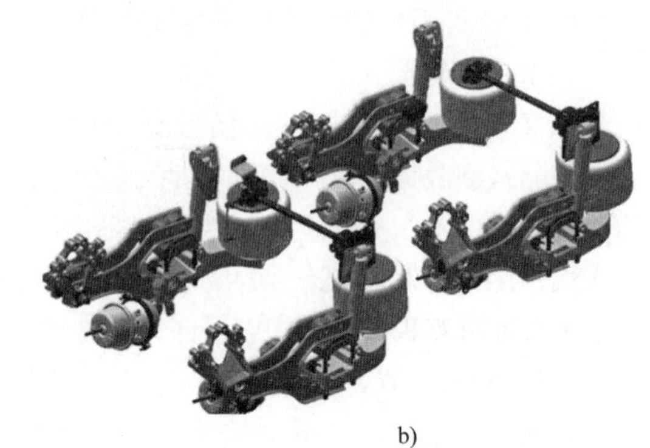

b)

图 2-1-57　Y 形悬架结构

(3)“双悬架”结构

双悬架是钢板悬架和气囊悬架两者的结合体。这种悬架拖曳臂是用高强度弹簧钢制成，由两个U形螺栓牢固地固定在车桥上面，一端用来固定空气气囊，另一端与连接件组合，将整个悬挂系统固定在大梁上，如图2-1-58所示。

a)

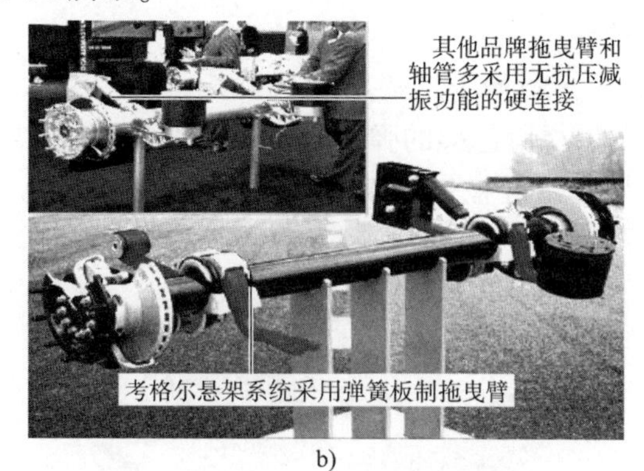

b)

图2-1-58 “双悬架”结构

这种悬架的优点就在于，用弹性极强的高强度弹簧钢制成的拖曳臂，既充当了纵摆臂的角色，又起到弹簧悬架的作用。空气悬架和钢板悬架组合，使这款挂车拥有了独特的“双悬架”，减振效果比一般的悬架要好。

(4)刚性悬架

刚性悬架几乎没有任何减缓振动的元件，前后车轮靠一根硬轴实现连接，车轴和车身之间是硬性连接，如图2-1-59、图2-1-60所示。这种车桥的减振效果很差，路面的纵向不平度完全靠平衡梁的摆动来适应，从而保持前后车轴的相对平衡。

a)

b)

图2-1-59 刚性悬架

不同的工作环境需要不同的车型去应对，对于矿山、工地等工作环境较为恶劣、复杂的场地，车辆的舒适性基本可以忽略，而对于车辆载重性能、耐用性、可靠性等方面提出了较高要求。

图2-1-60 刚性悬架

这种刚性悬架载重性能十分强悍，有些车桥设计很精妙，具有较强的通过性。这种矿用车类似于装载机，动力由发动机输出至变速器，再经分动箱分别向前后两个方向输出到驱动桥。和装载机不同的是在分动箱里需要有轴间差速器。在驱动桥的两端使用行星齿轮式轮边减速器。

另外,在某些挂车上也用刚性悬架,主要适用于低速运载货物的轴线低平板半挂车、凹梁式挂车上。结构原因所致,其在高速行驶时车辆平顺性较差,滤振效果也较差。

(5)橡胶悬架

橡胶悬架的弹性元件为橡胶。这种柔性悬架在车辆工作的时候橡胶会发生形变,产生弹力。橡胶悬架的重量和对振动的吸收方面介于钢板悬架和空气悬架之间,如图 2-1-61 所示。

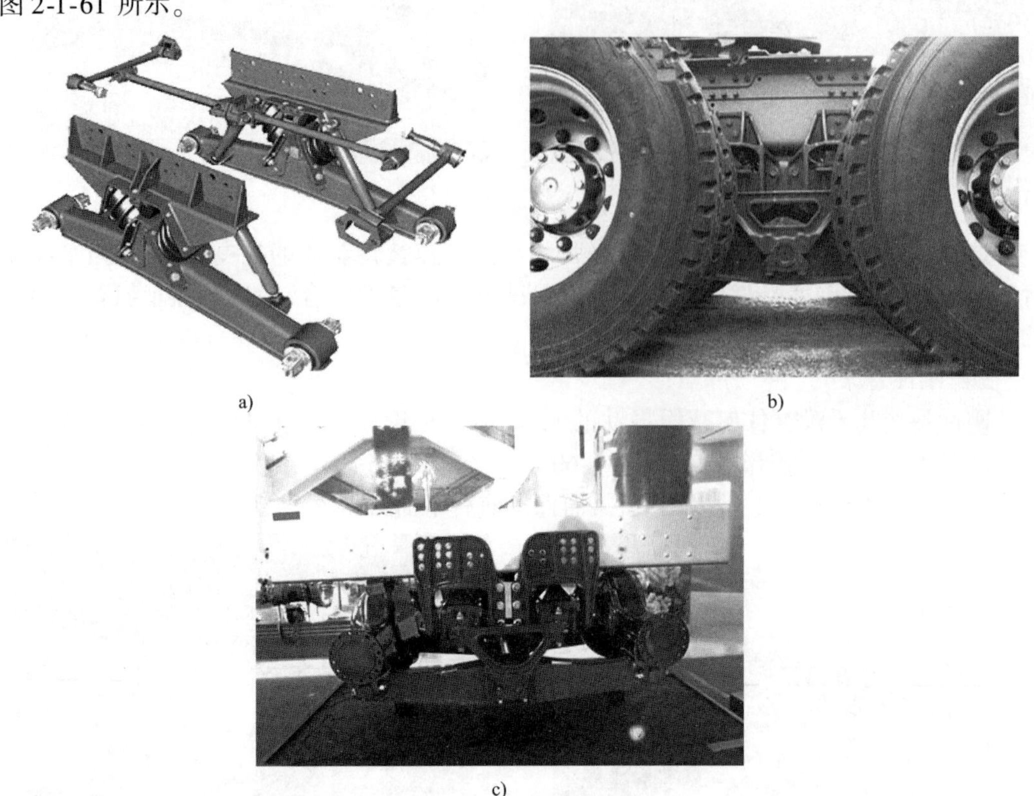

a)　b)　c)

图 2-1-61　橡胶悬架

这种悬架主要由橡胶弹簧、辅助弹簧、均衡梁、减振器、V 型推杆等零部件构成,具有结构简单、自重轻、无噪声、免维护、免润滑等优点,而且承载能力较强。

不过由于橡胶悬架系统中的均衡梁、鞍座均为铸件,尺寸较大,工艺性不好,生产制造难度较大,而且需要定期进行更换,使用成本也比钢板弹簧结构要求高,所以在载货汽车中较罕见。这种悬架形式更多见于重型载货汽车上,或者特种车辆上。

在商用车上由于前悬架和后悬架的作用不一致,导致结构上也会有所差异。

(6)螺旋弹簧 + 整体桥式悬架

螺旋弹簧用作于悬架系统的弹性元件,在乘用车采用独立悬架的情况下经常使用,但是也有部分商用车的非独立悬架的弹性元件采用螺旋弹簧。原因是:在路况较为恶劣或者是非铺装路面的情况下,如果车辆想要保持一定的通过能力,则需要具备一定的越野能力。为了车轮获得较好的附着力,则必须保证车轮与路面之间有足够的附着力,在某种程度上前、后车桥的扭转能力是保证这一前提的重要条件之一,即车辆前、后车桥交叉轴角度需要有一定扭转角度,俗称为“扭腰”。前后车桥扭转能力强,就能保证车辆在

特种路段有更多的车轮抓地(车轮与地面保持接触,未发生车轮离开地面或悬空的情况),以保证车辆轮胎的附着力,进而满足汽车驱动行驶的条件。

要求前、后车桥扭转一定的角度,就需要车桥和车身连接的弹性元件具有足够的垂直运动行程。常见的钢板弹簧和空气弹簧的垂直运动行程均较小,难以实现车桥大幅度的扭转,如图 2-1-62 所示。

图 2-1-62 钢板弹簧与整体桥式悬架

而螺旋弹簧压缩行程较大,能满足特种地形对车桥扭转能力的要求,所以螺旋弹簧式非独立悬架被广泛应用在越野货车上。例如奔驰品牌的乌尼莫克车型,采用螺旋弹簧配合门式车桥(整体桥),可实现前、后车桥30°的对角扭转。但是,将螺旋弹簧作为弹性元件,只能承受垂直载荷,所以在悬架系统中加装纵向推力杆、横向推力杆等导向机构和减振器,以保证车辆稳定性,如图 2-1-63 所示。

a)

b)

图 2-1-63 螺旋弹簧与整体桥式悬架

(7)扭杆弹簧 + 独立悬架

扭杆弹簧作为弹性元件的车型并不多见,依维柯四驱车型上曾有使用。依维柯 NJ 2045 车型(民用版)如图 2-1-64 所示,前桥采用独立悬挂扭杆弹簧,后桥整体桥钢板弹簧,如图 2-1-65 所示。当车轮上、下跳动时,作用在车轮上的垂直载荷经转向节和上横臂传给扭杆弹簧,使扭杆发生扭转变形,因而缓和了由不平路面产生的冲击载荷。

图 2-1-64 采用螺旋弹簧的依维柯 NJ2045 车型(民用)

图 2-1-65 前桥扭杆弹簧独立悬架

引导问题 4 主动安全系统和被动安全系统分别是什么?

从汽车发明至今,被动安全一直是人们关注的焦点,例如安全气囊、安全带、保险杠、护栏,甚至是驾驶室后移等技术在商用车中的应用已经十分广泛,但是传统的被动安全技术旨意于在车辆发生事故以后,对车损和驾乘人员的伤害降低,并不能在事故即将发生或发生前避免或减轻事故。

在此背景下,得益于先进智能传感技术、高性能电控技术、计算机网络技术、雷达技术、通信技术等技术的快速发展,各种主动安全系统相继问世。

不同于被动安全系统的"事后减损",主动安全系统更侧重于"防患于未然",主动安全系统可以在车辆发生失稳之前介入控制车辆,控制方式大体可以分为两种:第一,纵向控制;第二,横向控制。在主动安全系统介入后,尽可能使驾驶员恢复对车辆的有效控制,进而最大限度避免意外的发生。

在工业和信息化部装备工业司组织全国汽标委编制的 2019 年智能网联汽车标准化工作要点中强调"贯彻落实《国家车联网产业标准体系建设指南(智能网联汽车)》"和"完成乘用车和商用车自动紧急制动(AEB)、商用车电子稳定性控制系统(ESC)等标准制定,组织开展先进驾驶辅助系统术语及定义、盲区监测、车道保持辅助等标准的研制工作,积极推动全景影像监测、夜视系统、信号提示优先度等标准立项,全面推进全速自适应巡航、交通拥堵辅助控制及自动紧急转向等自动控制系统标准的预研工作。"

1. 主动安全系统/装置

(1)防抱死制动系统(ABS)

与乘用车类似,ABS 已经几乎成为标配,工作原理是通过检测车轮滑移率进而调节制动系统内的轮缸压力,但与乘用车不同的是,由于商用车常有多轴设计,就挂车而言,存在牵引车和挂车之间的制动协调问题。因此,商用车经常将 ABS 与 EBS 配合使用,以获得最优的控制效果。

早在 1976 年,在梅赛德斯奔驰商用车上开始使用 ABS。这是首次在商用车上使用 ABS。

汽车在制动时,轮胎的滑移率(滑动率)可以定义为:

$$s = \frac{u_w - r_0\omega_w}{u_w} \times 100\% \tag{2-1-1}$$

式中:u_w——车轮中心速度;

r_0——车轮半径;

ω_w——车轮角速度。

滑移率的意义在于滑动成分所占的比重,滑动的比重越大,即滑移率绝对值越大,则表示车轮滑转的程度越大。在《汽车理论》中,有这样的结论:在轮胎的滑移率处于 10% ~ 30% 之间时,汽车能够发挥出最大的制动力。当滑移率为 100% 时,车轮做纯拖滑(滑动)运动;当滑移率为 0 时,车轮做纯滚动运动;当滑移率处于 0 ~ 100% 之间时,车轮即存在滚动又存在滑动(边滚边滑)。因此,在车辆制动时,在监测到滑移率超过 30% 以后,通常 ABS 会介入工作,通过循环若干次"建压—保压—减压"这三个阶段,控制车轮滑移率处于理想范围之内。

(2)驱动防滑系统(ASR 或 TCS)

驱动(轮)防滑系统或者牵引力控制系统的主要作用是防止车辆(尤其是输出功率较大车辆)的驱动轮在较恶劣路况起步、加速、转弯时驱动轮打滑现象,从而保证车辆获取最佳牵引力,维持稳定行驶。

ASR 或 TCS 工作时,根据转速传感器测量得到的车轮转速信号,回传至 ECU 后,经过计算后得到驱动轮的滑移率,如果滑移率超出了目标范围,则 ECU 会选取合理的控制方式对其进行控制,一般是通过对发动机输出转矩进行控制或对车轮的制动压力进行控制,即降低发动机输出转矩,增加车轮制动压力,ECU 输出控制信号致使执行器动作,将驱动轮的滑移率控制在目标范围内。

驱动轮的滑移率公式:

$$s = \frac{u_w - r_0\omega_w}{u_w} \times 100\% \tag{2-1-2}$$

式中:u_w——车轮中心速度;

r_0——车轮半径;

ω_w——车轮角速度。

滑移率的数值说明了车轮运动中滑动成分所占的比例。滑动率越大,滑动成分越多。通常,在滑移率为 20% 左右时,汽车能够发挥出最大的驱动力。所以,ABS 或 ASR 通常会将车轮的滑移率控制在 20% 左右,以获取最大的驱动力或制动力,达到最好的效果。

ASR 与 ABS 相比,相同点在于均可用于控制车轮相对地面的滑动,即控制滑移率。不同点是 ABS 可作用于全部的车轮,而 ASR 只能控制驱动轮的转矩输出;另外,ABS 控制的是车轮的制动力矩,而 ASR 控制的是发动机的输出转矩。

通常,ABS 在车辆低速行驶时不会起作用(ABS 系统可能会存在一定的车速触发条件),而 ASR 在车速很高时一般也不起作用(常在路面条件恶劣时或越野路况时发挥作用)。ASR 与 ABS 之间存在一定的互补性,两者相辅相成,同时 ASR 也可以在 EBS 基础上拓展。

(3)驾驶员疲劳监测与预警

鉴于疲劳驾驶对道路安全造成的严重危害,我国各省(区、市)已陆续在"两客一危"领域强调驾驶员监测系统的推广使用。其中,湖北省 2017 年开始重点推广营运车辆驾驶员行为识别系统;福州市在 2018 年开始在新能源公交车中新增驾驶员主动防御系统;2018 年,青岛市重点开展"青岛市重点运营车辆公共服务平台升级项目"相关工作,增加驾驶员面部识别等功能。该功能能够通过摄像头获取驾驶员面部信息,经过相应的算法处理后,判断驾驶员状态,是否疲劳,根据判断结果对驾驶员进行提醒,提醒方式可以是声音或者信号灯灯,如图 2-1-66 所示。

目前,许多辅助驾驶公司已经推出驾驶员监测解决方案,保障驾驶安全,为加强对驾驶员状态的监测。驾驶员监测系统利用红外线摄像头对驾驶员的头部、面部及眼部动作等进行自动检测,针对疲劳、注意力分散等危险状态进行实时预警,并支持通过无线通信将预警信息传输至云管理平台,方便车队管理人员进行远程监管和风险评估,如图 2-1-67 所示。

图 2-1-66　欧曼 EST 车型上搭载的驾驶员疲劳检测系统（摄像头位于驾驶室 A 柱附近）

图 2-1-67　驾驶员监测系统工作示意图

（4）高级驾驶辅助系统（ADAS）

①车道偏离预警系统（LDWS）。车道偏离预警系统是一种通过报警的方式辅助驾驶员减少汽车因车道偏离而发生交通事故的系统。车道偏离预警系统由图像处理芯片、控制器、传感器等组成，如图 2-1-68、图 2-1-69 所示。

图 2-1-68　车道偏离预警系统摄像头

图 2-1-69　车道偏离预警系统工作示意图

②360°全景可视驾驶辅助系统如图 2-1-70 所示。

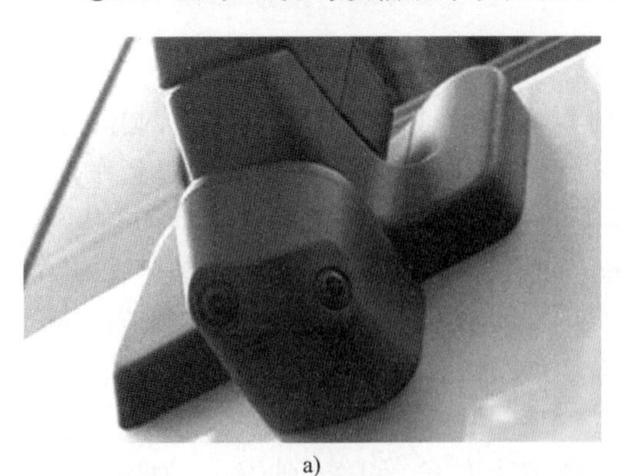

a)

b)

图 2-1-70　欧曼 EST 车型的 360°全景可视驾驶辅助系统

2. 被动安全系统/装置

（1）侧面防护装置与侧面防护装置

侧面防护装置和尾部防护装置可以防止异物或其他物体卷入车辆底盘，同时提高碰

撞时商用车对其他道路使用者的兼顾性,也可以在发生事故时避免更大的损失。尾部防护装置是避免追尾时钻入车辆底盘的有效装置,如图 2-1-71 所示。

a)侧面防护装置

b)尾部防护装置

图 2-1-71 商用车防护装置

(2)反光贴、反光条

根据《机动车运行安全技术条件》(GB 7258—2017)规定:所有货车(半挂牵引车、多用途货车除外)、货车底盘改装的专项作业车和挂车(旅居挂车除外)应在侧面设置车身反光标识。侧面的车身反光标识长度应大于等于车长的 50%,对三轮汽车应大于等于 1.2 米,对侧面车身结构无连续平面的货车底盘改装的专项作业车应大于等于车长的 30%,对货厢长度不足车长 50% 的货车应为货厢长度,如图 2-1-72 所示。

a)反光贴

b)反光条

图 2-1-72 商用车反光贴与反光条

粘贴车身上的反光标识,不能影响本到车辆照明和信号装置的性能。并且不能在张贴后的反光标识上钻孔、开槽,车身反光标识离地面的高度最低为 380 毫米。

(3)后视镜

汽车后视镜是驾驶员观察车辆周围环境及交通状况的重要装置,也是关系到行车安全的关键。不难发现,载货汽车常见的后视镜主要分为两种,即门镜和外摆镜,如图 2-1-73 所示。

①牵引车后视镜——外摆镜。日系载货汽车普遍采用外摆镜结构(出口欧洲的车型多采用门镜结构),甚至可以认为外摆镜是日系载货汽车的标配配置了。

而早期很多国产车的驾驶室模具又大多源于日系品牌载货汽车,例如国内早期出现的解放平头柴载货汽车就是采用外摆镜结构,这种设计一直被沿用到今天的某些车型上,如图 2-1-74 所示。

a)门镜

b)外摆镜

图 2-1-73　门镜 VS 外摆镜

图 2-1-74　装备外摆镜的解放平头柴系列车型

外摆镜的视线盲区较小,几乎能够观察车辆各个角度的盲区,具有很高的实用性,这也是外摆镜最大的优点,如图 2-1-75 所示。另外,相比于门镜,无论是行车还是倒车,驾驶员无须大幅度扭头便能轻松观察后视镜情况,而且它的维修价格也比较便宜,安装也较简单。

图 2-1-75　外摆镜的视线范围

但是外摆镜也存在着许多的缺点,具体如下:

a. 外摆镜设置在门柱前方,会占用比较大的空间,甚至影响美观程度。

b. 在遇到降雨天气时,由于雨刮器覆盖面积小,右侧视线容易受到影响,所以雨天行车时外摆镜的功能受到很大限制,若配备三雨刮的车辆影响不大。

c. 镜面上有水雾时不方便清洁,而且不易加装电加热功能。

d. 部分地区对外摆镜列入车身总长,不易通过年审,这要根据地区要求来界定;外摆镜的安装位置是直门柱的前方,通常会增加整车 30 厘米左右的长度。如果在空间狭小的地方转弯、调头会比较困难,而且也容易造成剐蹭。

e. 镜架加长后,行驶颠簸路面时容易抖动,不方便观察后车情况,这是镜架稳定性造成的,采用高强度的镜架也会增加车辆制造成本。

②牵引车后视镜——门镜。在国际商用车行业中,欧美国家专注于重型车的研发,日韩则更偏重于中轻型商用车,近年来,在欧美国家和地区,外摆镜逐渐退出市场,国内车企也较多的借鉴了欧洲货车的技术,因此国内车企采用门镜结构的现象逐渐增加,如图 2-1-76 所示。

其实欧洲货车是将后视镜列入车身总长了,安装外摆镜会受到许多限制,所以门镜在欧卡里面作为标准配置。

门镜的优点:

a. 对称美观、抖动小。

b. 整体式后视镜能够让车辆在高速行驶时风阻更低,油耗相对也会低一点。

c. 相比外摆镜,门镜前部空间短一点,间接提高了车辆的通过性和灵活性。

a)

b)

图 2-1-76 重型载货汽车的门镜结构

门镜的缺点：

a. 如果门窗玻璃附着了水珠或水雾，影响视线。

b. 在掉头或转弯行驶时，驾驶员需要大幅度扭头观察后视镜，增加疲劳程度。

c. 门镜采用整体式结构，后视镜造价较高，如果发生损坏，需要更换整个后视镜。

d. 视野范围不如外摆镜，盲区大也比外摆镜更大一些。

各个国家都有不同的用车特点，由于我国国土辽阔，南北方以及各个地区的用车需求也存在差异。

引导问题 5 商用车典型或特有装置有哪些？

1. 液力缓速器

众所周知，商用车载质量较大，运输过程中多数时间为重车行驶，在长距离下坡行驶时频繁制动容易导致制动效能降低，根据《汽车理论》，制动效能是指制动器的抗热衰退性能和抗水衰退性能，制动器磨损严重，制动器使用寿命缩短，长期会导致制动效果变差，这些都是不利于商用车安全行驶的因素。以往会采用制动器"淋水"的方式对其进行降温，这种方法在一定程度上能够改善制动性能，但是不能够根治这种问题。

为了解决此类问题，工程师们将液力缓速器加装至商用车传动系统中，区别于行车制动系统对车轮进行制动，液力缓速器通过对车辆的传动系统进行制动以实现减速的目的，如图 2-1-77 所示。液力缓速器由德国人福伊特于 1961 年发明。目前，在我国云南、四川、贵州等地的载货汽车用户中，使液力缓速器的用户已经很多。液力缓速器和电涡流缓速器均属于辅助制动系统的范畴，目的在于在长下坡时稳定车辆行驶速度。

a)

b)

图 2-1-77 液力缓速器

电涡流缓速器的优点是响应速度快,价格低廉,安装简便。缺点是质量大,制动转矩小,工作温度高等。目前电涡流缓速器在载货汽车上的使用比例已经很小了,在客车上使用较多,如图 2-1-78 所示。

液力缓速器具有质量小,体积小,制动转矩大,维护简单等特点。液力缓速器在长下坡制动时,几乎不需要驾驶员通过踩踏制动踏板来降低车速,只需要操纵液力缓速器的制动等级即可达到下坡行驶稳定车速的目的。这不但降低了行车制动系统的使用频率,而且降低了驾驶员的驾驶疲劳程度,提升了长距离下坡行车的安全性。目前,液力缓速器的成本还是比较高的,载货汽车厂加装缓速器价格在 2 万 ~3 万元之间,后期改装的费用可能更高。目前,国内保有量较大的液力缓速器品牌有福伊特(德国)、采埃孚 ZF(德国)、法士特(中国)、华盛(中国)等。

液力缓速器按照安装方式主要有三种类型:串联式(图 2-1-79)、并联式(图 2-1-80)、独立式(图 2-1-81);其中,串联式是安装在变速器后端的位置上,液力缓速器与变速器形成串联,即发动机发出的动力经过离合器、变速器传递后,再经由液力缓速器传递至万向传动装置、传动轴、后桥。

图 2-1-78　电涡流缓速器

图 2-1-79　串联式液力缓速器

图 2-1-80　并联式液力缓速器

图 2-1-81　独立式液力缓速器

并联式是将缓速器安装在变速器一侧(多为左侧),液力缓速器与变速器为并联结构,发动机发出的动力不需要经过缓速器即可传递到后桥。

独立式与串联式结构十分类似,独立式液力缓速器不需要安装到变速器上,通过独立的支架安装到变速器与后桥之间,特点是适用车型广泛。目前,这种独立式液力缓速器为宁波华盛厂家首创,独立式缓速器因其结构的特征使其可以装配在众多车型上。

目前,液力缓速器在我国还没有完全普及,制约液力缓速器普及的原因在于成本、客户认可程度以及法律法规等。考虑到成本问题，我国的车辆多数是采用“排气制动”和“发动机制动”的辅助制动方式，这两种缓速方式的效能都不及液力缓速器。在许多欧洲国家的法律法规中已将液力缓速器作为重型载货汽车的标准配置，即在车辆出厂后或合法上路行驶之前必须配备液力缓速器。

2. 轮边减速器与门桥

门桥是整体式驱动桥的一种，主要在越野车上使用。门桥结构的特点是车桥位于车轮水平中心线的上方，同时在车轮轴头上有减速齿轮组或轮边减速机构，如图 2-1-82 所示。

a)

b)

图 2-1-82 门桥结构实图

这种设计有两个显著的优点，分别如下。

①提高了车辆的离地间隙，尤其是提升了最小离地间隙（对于采用前后整体桥的越野车来讲，一般是前后硬桥主减速器从动齿轮处桥壳的位置距离地面最近），提高了车辆的通过性，如图 2-1-83 所示。

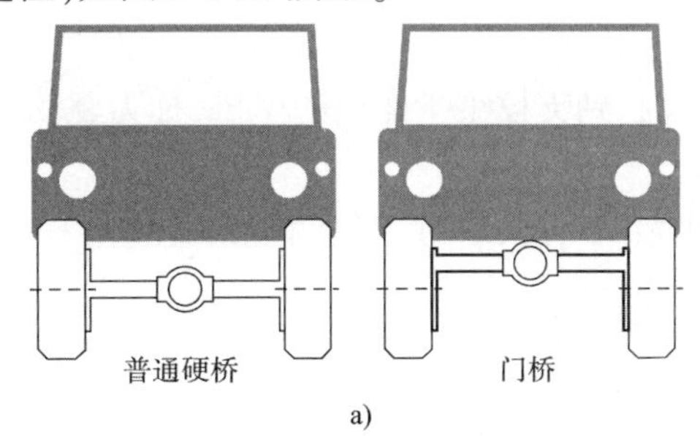

a)

b)

图 2-1-83 门桥与整体式车桥对比

②在车桥内左右两根半轴保持一样动力输出时，门桥结构的轮边减速机构的齿轮组机构可以减轻半轴承受的转矩，尤其是半轴处于高转速的情况下。这种设计可以降低半轴还有和半轴相连的差速器的负荷，减小主减速器中从动齿轮的设计尺寸。

采用门桥结构的代表车型有：乌尼莫克 U 系列、奔驰 AMG G63 6×6、悍马 H1 和奔驰 G550 4×4²。其中，悍马 H1 跟其他门桥车型不一样，采用独立悬挂配合轮边减速的结构。严格意义上来说，根据国标《汽车和挂车类型的术语和定义》（GB/T 3730.1—2001），乌尼莫克 U 系列、奔驰 AMG G63 6×6 和悍马 H1 属于商用车，奔驰 G550 4×4² 属于乘用车。

1. 填空题

(1)对于非承载式车架来说，通常可分为________、________、________三种常见

车架。

(2)商用车的发动机种类包括：________、________、________。

(3)发动机的布置方位分为：________、________、________、________。

(4)商用车车桥结构分为________、________、________三种常见车桥结构。

(5)动力转向系统的分为________、________、________三种助力方式。

2. 选择题

(1)汽车制动时，制动力的大小取决于(　　)。

A. 汽车的载重质量　　B. 制动力矩

C. 车速　　D. 轮胎和地面的附着条件

(2)汽车制动时，制度力 F_B 与车轮和地面之间的附着力 F_A 的关系是(　　)。

A. $F_B < F_A$　　B. $F_B > F_A$　　C. $F_B \leqslant F_A$　　D. $F_B \geqslant F_A$

(3)在汽车制动过程中，当车轮抱死滑移过程中，路面对车轮的侧向力(　　)。

A. 大于零　　B. 小于零　　C. 等于零　　D. 不一定

(4)商用车离合器安装在(　　)。

A. 发动机和变速器之间　　B. 变速器和后驱动轴之间

C. 皮带轮和变速器之间　　D. 分动器和变速器之间

(5)车架是商用车的(　　)基础。

A. 行驶　　B. 总成　　C. 安装　　D. 重要

3. 判断题

(1)主销内倾角的作用的保证汽车直线行驶的稳定性，并使得汽车转弯后车轮能够自动回正。(　　)

(2)既不能转向又不能产生牵引力，仅仅起到支撑重量作用的车桥，称为驱动桥。(　　)

(3)采用动力转向系统的汽车，当转向助力装置失效时，汽车就无法转向了。(　　)

(4)所有商用车悬架组成都包括弹性元件。(　　)

(5)一般载货汽车没有专门设置导向机构。(　　)

项目三

商用车文化

项目描述

本项目主要介绍了商用车文化及其特点，主要包括我国汽车名人、商用车的发展历程、国内外商用汽车品牌与文化、载货汽车文化、造型演变、商用车赛事等内容。本项目包含以下9个任务：

任务一：我国汽车工业历史概述；

任务二：我国汽车名人；

任务三：世界商用车发展历程；

任务四：我国商用车发展历程；

任务五：国内商用汽车品牌与文化；

任务六：国外商用汽车品牌与文化；

任务七：地域性的载货汽车文化；

任务八：造型演变与色彩；

任务九：商用车赛事。

通过本项目的学习，你能够对商用车文化及其特点有一定的了解。

项目要求

1. 时间要求：建议16学时。

2. 能力要求：能够了解商用车文化及特点，特别是能够讲述商用车的发展历程。

3. 情感要求：体会我国商用车发展的艰辛，对比目前我国商用车与国外商用车的优势及劣势，对于我国的劣势之处有努力缩小差距的愿望，有强烈的爱国精神。

任务一　我国汽车工业历史概述

任务导入

作为一名商用车行业从业人员,我们应该对商用车的行业发展有一定的了解,对商用车的社会问题、社会需求有较为全面的了解。那么,你是否做到了呢?

任务分析:我们需要了解我国商用车的发展历程,了解我国商用车行业现状与未来的发展趋势。

一　学习目标

通过本任务的学习,应当:

1. 能够熟悉我国汽车工业发展历程;
2. 能够了解我国商用车的发展历程;
3. 能够简析我国商用车的发展特色;
4. 通过学生之间的交流总结,培养学生的团队合作和语言表达能力;
5. 根据任务的实施情况,自我评价与总结,培养分析问题、解决问题和归纳总结的能力。

二　学习内容

我国汽车工业历史分为哪几个阶段?

资讯储备

我国的汽车文化离不开汽车历史的发展。我国汽车工业的发展大致可以分为民国前、民国期间及新中国成立后三个阶段。

民国前的汽车历史最早可以追溯到20世纪初期。1901年,匈牙利人李恩时(Leinz)把2辆奥兹莫比尔(Oldsmobile)牌汽车带到上海,次年获得上海公共租界颁发的行驶牌照。1907年,商用车在中国出现,德国人在山东青岛开始运营市区到崂山柳村台的短途运输,这也是中国第一条短途客运公交班线。1908年,美商环球供应公司在上海经营出租汽车。

1911年辛亥革命推翻清朝的封建统治,1912年中华民国成立,国内迎来了社会的相对开放时期,大城市逐步推出公共汽车、长途客车和汽车租赁服务,有了最早的租车行"银色汽车"(图3-1-1)。1912年,中国开始进口货车,从此中国有了货运业务,图3-1-2

所示为“龙飞车行”。1928 年,奉天(今沈阳)迫击炮厂(图 3-1-3)以“发展实业,供应民生用具”为宗旨,改名为民生工厂,正式开启中国人对汽车制造的探索。1929 年,民生工厂从美国购入一批“瑞雪”汽车,技术人员把汽车拆开再组装,除了发动机、电气装置和轮胎以外,其余零件均经过重新设计和制造。据悉,全车共计 666 个零件,有 466 个是国产件,尤其是易损件,专门针对中国的路况进行改良。1930 年,上海公共租界汽车牌照发放统计,共有客运汽车 170 种、货运汽车 128 种,当时中国有“万国汽车博览会”之称。1931 年,第一辆国产车——民生牌 75 型问世。民生牌 75 型载货汽车(图 3-1-4)采用了水冷六缸汽油发动机,最大功率为 61 马力(约合 44.87 千瓦),轴距 4.7 米,最高速度 40 公里/小时,载质量约为 2 吨。汽车设计的“缓冲式后轴”独具特点,其水箱分为四部,即使一部损坏,汽车仍然能照常行驶。在该车型的前保险杠上,用中英双语写道:“载重行驶粗劣之路能力极强,驶平坦之途速率增大。”民生牌 75 型载货汽车还参加了在上海举办的中华全国道路建设协会路市展览会。工厂备有 45 辆车的零件库存,价格比进口车便宜 40%,已经做好组装交车的准备。1931 年九一八事变爆发,日军侵占民生工厂,中华民族的汽车工业刚刚起步,便被迫停产。

图 3-1-1 “银色汽车”租车行

图 3-1-2 龙飞车行

图 3-1-3 辽宁迫击炮厂(又名奉天迫击炮厂)

图 3-1-4 民生牌 75 型载货汽车

新中国成立之后,党中央高度重视汽车工业的发展,伴随第一个五年计划的实施,中国首个汽车厂的地址定在吉林省长春市。1951 年 2 月,汽车工业筹备组副主任孟少农陪同苏联专家沃罗涅斯基(苏联汽车拖拉机工业部委派的工厂设计专家组总设计师)前往长春进行实地考察。政务院财经委员会发文批准“汽车制造厂在长春孟家屯火车站西侧兴建”,起名为第一汽车制造厂(简称“一汽”),代号为 652 厂。

1953 年,毛泽东主席为新中国第一汽车制造厂题词(图 3-1-5)。自此,汽车产业成为长春市重要的支柱性产业,汽车文化也成为长春市最具代表性的特色文化之一。传承以一汽文化为代表的长春汽车文化成为城市管理者的一种责任和担当。

图 3-1-5　毛泽东主席为第一汽车制造厂题词

从此，中国的汽车工业开始了新征程，新中国的多个“第一辆”在党中央的领导下、中国人民的努力和探索下涌现。

1956 年生产出第一辆国产货车——解放 CA10。该车型的大部分零配件由一汽完成制造，也有一部分配件（轮胎、轴承、玻璃和电器）由苏联提供。解放 CA10 货车是以苏联时期的吉斯-150 长头货车为原型设计的。我国于 1962 年发行的第三套人民币一分钱纸币上的图案就是吉斯-150 货车（图 3-1-6）。

a)

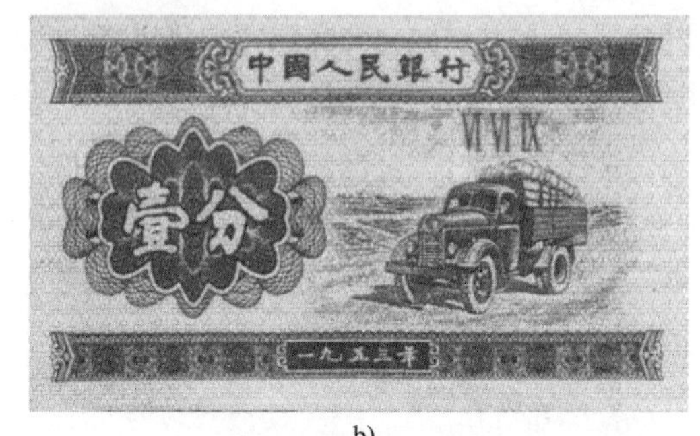

b)

图 3-1-6　CA10 系列车型的原型车——吉斯-150 长头货车

解放牌 CA10 系列货车（图 3-1-7），正式开启了新中国制造汽车的光辉历史，虽然在设计上没有达到完全自主，但也是中国重工业领域的一次重大挑战和技术突破。图 3-1-8 为 CA10 货车的衍生车型。

a)

b)

c)

图 3-1-7　1956 年生产的第一辆解放牌货车 CA10 车型

a)

b)

图 3-1-8　CA10 系列货车衍生的起重车和消防车

1957 年生产试制第一辆越野车和第一辆国产公交车。

1958 年生产第一辆红旗牌轿车、第一辆长江牌 46 型的吉普车(图 3-1-9)、第一辆凤凰牌轿车。

1966 年试制第一辆 8 吨级 6×6 军用重型越野车红岩 CQ260。

1968 年,上海汽车制造厂联合长春汽车研究所,设计试制了中国第一辆 2 吨级载重汽车——上海牌 SH130。

1969 年,上海货车制造厂试制出第一辆 SH361 型 15 吨倾卸载重汽车。

20 世纪 80 年代,我国开始开展大量的国内外汽车企业合作项目。

图 3-1-9　长江牌 46 型吉普车

1983 年,第一辆组装桑塔纳顺利下线,参与组装的工人们深深感受到了中外汽车工业的差距,也确信只有引进国外的先进制造技术,才能改变我国落后的行业状况。8 月,四川汽车制造厂开拓民用市场,参照德国曼恩(MAN)3320 货车技术,打造出 18 吨级红岩 CQ30290 公路用载重车。

1984 年,由中德双方各出资 50% 组建上海大众汽车有限公司的合资协议在人民大会堂签署。同年 3 月,重庆长安与铃木签订了技贸合作协议书,引进 ST90 系列 3 款车型。长安对发动机等总成进行了台架试验,并用 2 台样车跑了 3×10^4 公里路试。试验结果表明,样车性能基本达到日本样车水平。与此同时,参加微车生产配套的各厂,全面展开了生产技术准备和生产能力的建设,但部分关键零部件仍需引进,微车最初的国产化率为 22%。

1985 年,上海大众汽车有限公司正式成立,当年共组装桑塔纳轿车 1684 辆,次年增加了桑塔纳旅行版和奥迪 100 的组装。重庆汽车制造厂(由重庆动力机械厂更名而来)在生产仿解放的山城牌汽车的同时,与日本五十铃汽车公司合资成立了庆铃汽车有限公司。5 月,庆铃以完全零散部件(CKD)方式组装出第一批双排座、载质量为 2 吨的五十铃 630 轻型载重汽车。

1986 年,长安"小面"SC110 微型厢式车开发成功。同年 11 月,长安微车年产量突破 1 万辆。

1988 年,桑塔纳轿车的国产化率达到 30.6%。1989 年,国产化率突破 53%。1988

年5月,一汽与大众签署了引进奥迪100的技术转让合同。

1989年,奥迪轿车总装线在老红旗厂房建成。同年8月,第一辆奥迪100在长春装配下线,当年共组装391辆。而奥迪100作为先导工程,还推动了一汽与大众的长期合作。同时,重庆长安进一步推出了双排座微车,其后货厢容积有所减小,增加的车内后排座椅使得该车在载货、载客能力方面更加均衡。作为支柱民品,微车为推动重庆经济建设作出了突出贡献。

1993年,重庆长安与日本铃木、日商岩井签订合资协议(重庆长安持50%股份),成立了重庆长安铃木汽车有限公司。

1994年,一汽-大众总装车间建成。

1995年,上海汽车工业(集团)总公司与通用汽车公司签订基础协议,双方计划在上海建立一个汽车合资企业和合资技术开发中心以及其他相关项目。同年,一汽-大众组装出第一辆西雅特Cordoba的换标车都市高尔夫;一汽-大众冲压、焊装、涂装车间相继建成;奥迪品牌正式纳入一汽-大众生产体系,1个月后三方股比结构调整为一汽60%、大众30%、奥迪10%。长安铃木总装线试制出第一辆奥拓SC7080型轿车,同年4月正式投产。

1996年,由奥迪100改款而成的奥迪200问世。

1997年,中美合资经营的上海通用汽车有限公司、泛亚汽车技术中心有限公司正式成立,双方各占股份50%。重庆被划为直辖市,汽车制造业成为重庆的支柱产业。

1998年,上海通用第一辆国产别克新世纪轿车下线。

1999年,别克新世纪轿车通过了40%国产化鉴定,正式开始批量生产。一汽-大众推出了加长型奥迪A6(C5)轿车。

2001年和2003年,一汽-大众分别将宝来和奥迪A4引入国产。

2002年,长安福特生产厂建设完成。

2003年,长安福特首款经济型三厢轿车嘉年华下线,开启了福特汽车在中国市场的新征程。同年5月,长安福特推出了第二款车型蒙迪欧,首批产品采用进口组装方式生产。

2004年,一汽轿车新基地建成投产,主要生产马自达6和红旗轿车。国产蒙迪欧问世,成为中高档轿车市场的性价比之选。

2005年,一汽马自达汽车销售有限公司挂牌成立。长安福特福克斯三厢版下线。同年10月,长安福特重庆工厂第二总装车间竣工,产能从年产2万辆提高到15万辆。

2006年,上海大众斯柯达品牌、自主品牌荣威正式发布。一汽与丰田签署了HQ3轿车在长春生产的框架协议,该车是在丰田皇冠Majesta平台上打造的商务车。马自达参股长安福特,公司更名为长安福特马自达汽车有限公司。

2007年,上汽与跃进签署合作协议,跃进集团下属的汽车业务(跃进、依维柯、菲亚特、MG名爵四大品牌车型)全面融入上汽。

2008年,奔腾品牌扩充产品族谱,新增采用大众1.6升发动机的小奔腾B50,同时原有奔腾车型更名为B70。同年10月,HQ3更名为红旗盛世。

2009年,马自达6的换代产品更名为睿翼。

2010年,一汽轿车第二工厂建成投产,奔腾B50迁至第二工厂生产。同年11月,马自达8在长春下线。

2011 年,上海成为电动汽车国际示范城市;中国(上海)电动汽车国际示范城市试乘试驾中心在上海汽车博览公园内落成。

2012 年,长春丰越第二工厂落成,最初投产卡罗拉车型,2013 年 8 月起改为生产 RAV4 系列。华晨集团与鑫源控股合资组建华晨鑫源重庆汽车有限公司,将原本由绵阳华鑫汽车生产的金杯微客系列、单双排微型载货汽车转至位于重庆市九龙坡区的华晨鑫源商用车基地制造。

图 3-1-10　福田戴姆勒汽车首款车型——欧曼 GTL

2012 年 2 月 18 日,福田汽车和戴姆勒以 50∶50 的股比,合资成立北京福田戴姆勒汽车有限公司。同日,福田戴姆勒汽车首款车型,即中国首款世界标准重型载货汽车——欧曼 GTL(图 3-1-10)全球上市。该车型获得德国第三方安全认证权威机构“莱茵认证”证书(世界重型载货汽车最高安全标准认证)。

2013 年,奔腾品牌推出了首款 SUV 车型 X80。

2014 年,一汽轿车旗下的红旗品牌发布了礼宾车 L5。马自达品牌推出了新一代马自达 6 阿特兹(ATENZA)。奔腾品牌 B70 车型完成换代。此后两年,奔腾 B30、马自达 CX-4 在长春投产。同年,华晨鑫源乘用车基地在重庆市涪陵区奠基,次年 2 月一期工程建成投产,同时还有 30 余家核心供应商入驻。

2015 年,上海诞生了 2 家新势力造车企业:蔚来和威马。蔚来汽车是一家从事高性能智能电动汽车研发的公司。同年,华晨鑫源首款 7 座 MPV 华晨金杯 750 在乘用车基地下线。

2016 年,蔚来发布电动超跑 EP9。长春丰越第一工厂停止生产,13 年间累计生产整车 58740 辆,包括丰田 LC 系列 50354 辆、普锐斯 8386 辆。红旗品牌脱离一汽轿车,成为独立运营的品牌。

2017 年,蔚来 EP9 以 257 公里/小时的车速创造了无人驾驶时速世界纪录;同年 12 月,蔚来首款量产纯电动 7 座 SUV ES8 正式上市。

2018 年 3 月,蔚来和上汽集团一起获得了由上海市政府颁发的智能网联汽车道路测试号牌,成为全国首批获此资格的企业。

2019 年上半年,全国机动车保有量达 3.4 亿辆,新登记汽车 1242 万辆,新领证驾驶人 1408 万人。全国 66 个城市汽车保有量超过 100 万辆,北京、成都等 11 个城市超过 300 万辆;载货汽车保有量达 2694 万辆,上半年新注册登记量创历史新高;新能源汽车保有量达 344 万辆;机动车驾驶人数量达 4.22 亿人。

学习测试

1. 填空题

(1)民国时期,我国自主生产制造的第一辆汽车是________。

(2)新中国成立后,于 1956 年生产的第一辆国产汽车是________。

(3)第一辆红旗牌轿车诞生于________年。

(4)北京福田戴姆勒汽车有限公司成立于________年,该公司生产的第一款车是________。

(5)我国商用车行业第一家合资品牌汽车企业是________。

2.选择题

(1)我国第一辆国产货车是解放CA10车型,根据当时的国情和经济建设需要,生产该车型的原因在于(　　)。

A.我国已经有成熟的轿车产品　　B.国民建设和经济发展的需要

C.我国公路路况较好　　D.以上都不对

(2)解放牌CA10车型开发出了许多款衍生产品,其中属于特种车辆的是(　　)。

A.CA10系列消防车　　B.CA10系列军用车辆

C.CA10系列起重车　　D.CA10系列洒水车

(3)我国于1958年实现了许多款车型的首次生产下线,其中包括(　　)。

A.第一辆红旗牌轿车　　B.第一辆长江牌46型的吉普车

C.第一辆凤凰牌轿车　　D.以上三项都正确

(4)第一汽车制造厂成立于(　　)年。

A.1953　　B.1956　　C.1958　　D.1960

(5)新中国成立之后,党中央高度重视汽车工业的发展,伴随第一个五年计划的实施,中国首个汽车厂的地址定在(　　)。

A.吉林省长春市　　B.上海市　　C.北京市　　D.湖北省十堰市

3.判断题

(1)我国商用车行业正处于高速发展阶段。　　(　　)

(2)2022年,北京福田戴姆勒汽车有限公司推出悬挂"奔驰"标志的国产重型载货汽车。　　(　　)

(3)解放牌CA10车型的设计借鉴了吉斯-150系列货车的元素。　　(　　)

(4)我国已经成为世界第一汽车产销量大国。　　(　　)

(5)北京福田戴姆勒汽车首款车型为欧曼GTL。　　(　　)

任务二　我国汽车名人

任务导入

你知道我国汽车领域的名人都有哪些吗?他们为我们国家汽车事业的发展作出了哪些贡献呢?

任务分析:需要了解我国的汽车名人,找到他们对我国汽车行业的突出贡献,并简述其对我国汽车工业发展的影响。

一 学习目标

通过本任务的学习,应当:

1. 能够列举至少三位我国的汽车名人;
2. 能够清晰地表述该汽车名人对我国汽车工业的影响;
3. 能够查阅该名人的成长历程,找出其成功的关键品质;
4. 根据任务的实施情况,分组讨论与交流,培养分析问题、解决问题和归纳总结的能力。

二 学习内容

1. 汽车领域的奠基人是哪几位?
2. 汽车领域最初的两院院士有哪几位?

引导问题 1 汽车领域的奠基人是哪几位?

1. 新中国汽车之父饶斌

饶斌是我国汽车工业的主要奠基人之一。20 世纪 50 年代,是他把第一锹黑土抛向毛泽东主席亲自题词的第一汽车制造厂建设奠基石;也是他完成了生产红旗轿车的任务。20 世纪 60 年代,是他奉命来到了武当山下,在艰难中主持创建第二汽车制造厂(简称“二汽”)。20 世纪 80 年代,是他坚持中国轿车工业要走合资的道路不动摇,力排众议,选中了当时并不被大多数人看好的桑塔纳车型,造就了合资品牌的成功。

饶斌,祖籍吉林省吉林市,从青年时代起,就向往光明,追求进步,积极投身于党领导下的中国人民的革命事业。抗日战争时期,他参加了开辟晋西北抗日根据地的工作,为开创和建设晋西北抗日根据地作出了突出贡献。

新中国成立以后,在建厂初期,年仅 40 岁的饶斌被毛泽东主席亲自任命为一汽的厂长,全面领导一汽的建设和生产准备工作。在饶斌的领导下,在苏联的援建下,在全国人民的大力支持下,在全体建设者的艰苦努力下,仅用短短 3 年的时间,中国第一座现代化的汽车城就在长春市南郊孟家屯的一片荒野上建立了起来。建成后的一汽,厂区建筑面积 38.2 万平方米,安装各种设备 7552 台(套),有铁路专用线 27.9 公里、职工宿舍面积 32 万平方米。

厂区建成后,在饶斌的带领下,一汽不断创造奇迹。1956 年,制造出新中国第一辆汽车——国产解放牌载重汽车,结束了中国不能制造汽车的历史。1958 年,试制出第一辆东风牌轿车,并于 5 月 21 日将样车送到中南海。毛主席亲自乘坐后高兴地说:“坐了我们自己制造的小汽车了！”[1]随后，饶斌又带领一汽集中精力研制国产高级轿车，以解决中央领导及我国外交使用国产汽车的问题。为了加快进度，饶斌决定将试制东风轿车的全部力量转移到试制红旗高级轿车上去。经过厂里相关部门不分昼夜、争分夺秒的工作，第一辆红旗轿车试制成功。这辆车颇具中国特色，通体黑色，庄重大方，车前散热器面罩采用扇式造型，尾灯采用宫灯式，发动机罩上装有红旗，堪称我国汽车工业史上的珍品。

1959 年底，中央决定调饶斌任第一机械工业部副部长兼汽车局局长。从 1953 年到一汽工作，到 1960 年离开一汽，饶斌整整在一汽工作了 7 年。在这 7 年的时间里，一汽从一无所有发展成了一个以生产载货汽车为主的现代化汽车制造和科研基地。

早在建设一汽的同时，我国就准备再建设一个生产军用和民用载重车的二汽。但是由于种种原因，建设工作一直被搁置。直到 20 世纪 60 年代，根据毛泽东的提议，国家再次启动停建多年的二汽建设工作，并决定调任有经验的饶斌领导二汽的建设。当时，中苏关系已经恶化，二汽建设必须中国自己搞，走一条自力更生的道路。自 1964 年开始，到 1978 年结束，饶斌为建设二汽整整奋斗了 14 年。“文化大革命”期间，整个建设工作受到了干扰，但是饶斌依然坚持主持二汽的建厂工作，采取“聚宝”的方式，从一汽等有关工厂中抽调骨干力量承包、建设二汽的专业厂。在一汽的大力支援下，在饶斌与二汽的广大干部、技术人员和工人的共同努力下，建厂工作有序展开，一座新兴的汽车城在湖北十堰拔地而起，改变了我国载重汽车长期严重短缺的局面。

1979 年 1 月，饶斌调任第一机械工业部副部长兼汽车总局局长，对机械工业的改革和发展又做了大量开创性的工作。他带领工作组进行周密而细致的调查研究工作，制定了机械工业特别是汽车工业的改革方案和发展规划。在饶斌的主持下，创建了北京吉普车厂、上海大众汽车厂等一批中外合资企业，引进桑塔纳车型，加速了我国汽车行业与国际接轨的进程。

1987 年 7 月，饶斌再次回到长春，参加一汽解放牌载货汽车出车 30 年纪念大会活动。会上，他感慨万分：“我老了，不能和大家一起投身第三次创业。但是，我愿意躺在地上，化作一座桥，让大家踩着我的身躯走过，齐心协力把轿车造出来，去实现我们中国几代汽车人的轿车梦！”说完，他的泪水潸然而下。

饶斌同志毕生致力于探索具有中国特色的汽车工业发展道路，对新时期我国汽车工业的发展也起到了积极作用。

2. 中国汽车的拓荒者孟少农

孟少农，我国汽车工程专家，中国科学院院士（学部委员），毕生致力于汽车工业建设事业，是除饶斌外新中国汽车工业的又一主要奠基人。他成功领导了一汽、陕西汽车制造厂（简称“陕汽”）和二汽等厂的几代产品的研制和开发，为我国汽车工业的发展作出了卓越的贡献。

孟少农，原名孟庆基，祖籍湖南省桃源县。青年时代，正值军阀混战、日本发动侵华战争之时，中华民族面临危亡，许多有识之士发出“实业救国”之声，这对孟少农抉择人生之路有很大的影响。他本来爱好文学，后弃文学工。高中毕业后，孟少农考入清华大学机械工程系。学习期间，孟少农便对汽车很感兴趣。1940 年，孟少农以优异的成绩考取

---

[1] 中国共产党历史展览馆.“坐了我们自己制造的小汽车了！”——新中国成立初期汽车工业“零的突破”[N].学习时报,2022-02-25(A5).

了西南联大的留美公费生。1941 年,孟少农进入美国麻省理工学院机械系学习,获得硕士学位。为了尽早为祖国创建属于自己民族的汽车工业,孟少农走出课堂到工厂考察学习,先后在多家汽车公司学习,考察学习了汽车相关的产品、工艺、工具、机械加工和设计等多方面的知识。1946 年,孟少农婉言谢绝福特等多家汽车公司开出的优厚条件,乘中美通航后的第一班轮船回到祖国。

回国后,孟少农在清华大学机械系任教。在一汽的筹建过程中,重工业部指派孟少农负责驻莫斯科代表小组,办理一汽技术设计联络、设备订货与分交、聘请专家、派遣实习人员等事宜。1953 年 7 月,孟少农奉调回国就任一汽副厂长兼副总工程师,主要负责技术方面的工作。他把全部精力和智慧都倾注到一汽的建设上,保证了一汽调试生产按照计划进行。

在以后的几十年中,孟少农一直都在我国汽车行业做技术指导工作,先后为陕汽、二汽的创建和发展作出了巨大贡献,并领导了一汽、陕汽和二汽等厂的几代产品的研制和开发。1980 年 11 月,他被推选为中国科学院技术科学部委员。1983 年、1984 年连续两年被评为湖北省特等劳动模范,1985 年又荣获全国第一批“五一劳动奖章”。

孟少农的一生集多重角色于一身,他既是抗日学生、进步青年,又是海外学子、留学归国专家、著名大学教授,更是汽车工业的创始人与领导者、汽车技术权威专家。面对艰难与困苦,贯穿始终的是他从未改变的强国梦、中国汽车梦以及为教育事业灌注的心血。

引导问题 2 汽车领域最初的两院院士有哪几位?

1. 汽车领域第一位院士郭孔辉

郭孔辉,被汽车界誉为将系统动力学与随机振动理论引入汽车振动与载荷研究的领先学者,中国汽车轮胎力学的主要奠基人,中国汽车操纵稳定性、平顺性领域的主要开拓者和带头人,1994 年当选为中国工程院院士,也是汽车领域的第一位院士。

郭孔辉,祖籍福建省福州市,1935 年出生在一个富裕的华侨之家。小学时,正值抗日战争时期,上课的地点经常变动,数学成绩相对较差。直到后来,郭孔辉遇到了两位优秀的数学老师,一位是邵宗周,另一位是林金华。两位老师循循善诱,激发了他的学习兴趣。没过多久,他的数学在考试中基本上能拿到满分。高中毕业后,郭孔辉以优异的成绩考取了清华大学航空专业(入学第二年,该专业并入北京航空学院,现北京航空航天大学)。大学前两年,他每次考试都排在班级的前三名。然而,大三时他被转到了位于武汉的华中工学院(现华中科技大学)继续学习,学习的专业由航空航天改为汽车拖拉机。汽车拖拉机专业后来由于院系调整,又被并入长春汽车拖拉机学院(吉林工业大学前身,后并入吉林大学)。大学四年郭孔辉念了四个学校,由学航空变为学汽车。也许正是因为大学这段不太平静的经历,才使得他与汽车结缘。

大学毕业后,郭孔辉被分配到当时的北京汽车拖拉机研究所工作。后来,该研究所一分为二,他又跟随新的汽车研究所去往长春,主要从事汽车悬架设计与振动分析相关的研究。1958 年,我国第一辆国产高档轿车红旗正式下线。1964 年 10 月 1 日起,红旗轿车正式被定为国宾车。因我国外交需要,1971 年一汽接受了一个任务,开发新一代红旗轿车,重点解决红旗轿车的操纵稳定性问题。当时,郭孔辉在研究所底盘研究室从事科研工作,并担任悬架组组长,这一重任就落在了他的肩上,他责无旁贷地接受了“红旗轿

车高速操纵稳定性”的课题研究任务。就这样，他开始了操作稳定性研究，一干就是几十年。

接手“红旗轿车高速操纵稳定性”课题之后，首先遇到的难题是当时我国没有符合试验规范要求的高速试验场。同时代的美国安全试验车(ESV)有一个试验规范，规定要做112公里/小时的阶跃转向(突然转向)试验。这种试验是要求在带有500米×500米试验广场的专用试验场上进行的。然而，当时国内没有那么大面积的专用试车场，只有宽度为100米的公主岭机场和宽度为60米的长春大房身机场。以前做阶跃试验时车速一直不能超过70公里/小时，我国现有的机场尚能满足要求，但是要在高速下做阶跃试验，就得寻求新的方法。通过将近一年时间的试验与理论探索，郭孔辉终于找到了一种在宽度不超过60米的飞机场上，仍然可以进行满足美国ESV规范要求的高速操纵稳定性试验方法。这种方法后来被称为“巧用场地、背道而驰、预调方向、以弧代圆”的高速试验法。按照这种方法，在宽度只有国外试验场1/5甚至1/8的飞机场上，将试验车速从70公里/小时提高到140公里/小时，从而发现汽车在高速下的特殊运动规律，为解决红旗轿车高速操纵过程中缺乏稳定性的问题提供了理论指导。

1978年3月，第一次全国科学大会在北京人民大会堂召开，“汽车高速操纵稳定性试验评价方法”课题荣获全国科学大会奖。1979年，吉林省科技大会又向郭孔辉个人颁发了“重大科技成果奖”。

几十年过去了，郭孔辉在汽车系统动力学及其相关领域取得了令人瞩目的成绩，对我国汽车工业科学技术的发展作出了突出贡献。他在轮胎力学、汽车动力学和人-车闭环操纵动力学等方面的研究成果均达到了世界先进水平。他还最早把近代系统力学与随机振动引入汽车科学研究，其在汽车振动与载荷方面系统的、具有开创性的著述在国内外均产生了巨大影响。

1994年5月，郭孔辉当选为中国工程院首批院士，成为中国第一位汽车领域的院士。虽然郭孔辉在汽车操控、轮胎力学等领域取得了丰硕的科研成果，并在设计手段和实验设备试制方面积累了大量的经验，但他本人并不满足，因为这些先进的科研成果迟迟没有实现产业化。2007年，72岁的郭孔辉选择了一条创业之路。这一年，他投身到实业中，创办长春孔辉汽车科技公司(长春KHAT)，力求将自己毕生科研成果实现产业化。

如今，十多年的时间过去了，郭孔辉自己的汽车梦正在一步一步地变为现实。已步入耄耋之年的他依然奋斗在一线，为中国汽车产业的健康发展、为实现中国人的汽车梦贡献自己的力量。

2. 汽车界车辆工程领域院士钟志华

钟志华，中国工程院机械与运载工程学部院士，车辆工程领域专家。

钟志华，祖籍湖南省湘阴县，1962年7月出生在洞庭湖畔一个普通的农民家庭。幼时贫寒的家境使得钟志华更加珍惜学习的机会。1978年，钟志华参加高考，并考进湖南大学。1982年，刚满20岁的钟志华，就从湖南大学机制专业毕业。1984年1月，他分别在广州外语学院、北京语言学院学习英语和瑞典语，并以优异的成绩进入瑞典律勒欧大学攻读博士学位。1988年5月，他相继在瑞典获得律勒欧大学和林雪平大学博士学位，同年继续从事博士后研究工作。30岁时，钟志华被林雪平大学聘为终身副教授和博士生导师，成为当时瑞典最年轻的博士生导师。

在瑞典期间，他对有限元方法的研究产生了极大的兴趣。有限元方法即用一个有限变量的离散系统来近似描述一个无限变量的连续系统，把汽车碰撞所涉及的众多复杂的数据用一种可以计算和模拟的方式表述出来，并将其运用到薄板系统的接触碰撞研究方面，为汽车安全设计和车身冲压成型提供了可靠的理论依据和计算方法。他撰写的《接触碰撞问题的有限元方法》一书由英国牛津大学出版社出版，在国内外学术界享有较高的声誉和知名度。

美国的几所知名高校都曾向他发出任职邀请，但钟志华还是心系祖国，特别是具有“千年学府”之称的母校湖南大学。

1995 年，他毅然放弃国外的高薪工作，回到中国，任湖南大学车辆工程学科博士生导师，并先后担任湖南大学机械与汽车工程学院副院长、院长职务。

1997 年，他凭借自主开发的具有独立版权的冲压成型仿真软件获得国家杰出青年科学基金，并主持国家“九五”科技攻关项目“汽车复盖件冲压成型工艺与模具技术开发与应用”。该项目中有多项技术达到国际先进水平。

2001 年，钟志华研制的我国第一辆真正意义上的新概念汽车在湖南大学诞生，这是国际上第一辆具有优良碰撞安全性能的类菱形汽车。该车研发过程中发明的模块法轻量化技术也在传统结构汽车设计制造中得到应用，对节能、减排有着重要意义。

2002 年，钟志华的薄板冲压技术总体达到国际先进水平，对提高我国相关产业，尤其是汽车新产品的开发能力，具有重要意义。这一成果还在上海通用、长丰汽车、南京跃进等一些企业中得到大规模应用，并被上海超级计算机中心选中作为并行化汽车设计制造软件平台。

2005 年 7 月，43 岁的钟志华任湖南大学校长，这既给了他个人一个更加广阔的施展平台，也开启了湖南大学向着“研究型、开放型、综合型”目标全速前行的新时代。也是这一年，钟志华从 526 名候选人中脱颖而出，当选为当时中国工程院最年轻的院士之一。

2008 年，钟志华团队推出一系列成果，包括国内外普遍采用的主副摇臂六轮月球车移动系统和世界首款四轮菱形布置月球车移动系统。这种全新的采用菱形布置的四轮移动系统，基于“四轮三轴”的设计思想，用最少的轮数实现了之前只有六轮系统具有的三轴性能。该系统不仅具有六轮系统的基本行驶性能，并在转向、爬坡、越障等方面表现出了更优越的性能，同时又兼具结构简练、操纵灵活、高轻量化、低能耗等独特优势，为无人驾驶月面巡视勘测器移动系统提供了一种全新的技术方案，充分体现了我国自主创新的能力，由此成为中国登月工程的候选车型。

2014 年，钟志华任中国工程院党组成员、秘书长，2018 年当选为中国工程院副院长。

钟志华，曾经的天才少年，现今我国汽车学术界的传奇人物，继续为民族汽车行业的发展贡献自己的光和热。

3. 内燃机领域院士苏万华

苏万华，我国内燃机领域首位中国工程院院士，是我国清洁燃烧、新一代内燃机研究的首倡者和带头人。

苏万华，祖籍山东省宁津县，1941 年生于黑龙江省。父亲是一名工作在机械工程领域的工人。在父亲的影响下，他从小就对动力机械表现出非常浓厚的兴趣，并将“学以致用”作为自己未来求知、求学的终极目标。

1960 年，苏万华考入天津大学内燃机专业，自那一刻起，他就与内燃机结下了不解之

缘,开始了他对内燃机的探索。从大学到研究生,再到他在天津动力机厂工作的18年时间,这让他对我国内燃机与国外的差距有了深刻的认识,这进一步催生了他专心科研、立志在内燃机领域有所建树和突破的强烈愿望。1977年,应天津大学史绍熙教授的邀请,苏万华受聘为其科研助手。1998年,在天津大学内燃机燃烧学国家重点实验室处于低谷之际,苏万华勇挑重担,担任重点实验室主任,带领重点实验室工作人员在接下来的十几年里,在内燃机领域创造了一个又一个辉煌。

苏万华率领团队成功开发了具有完全知识产权的重型柴油机用高压共轨电控燃油系统,在国际上最早提出并成功开发出共轨系统液力平衡快速响应电磁阀;他还提出并开发了天然气稀燃、压燃、电控双燃料发动机,并成功开发出我国第一台32位发动机复杂功能智能控制单元。这些创新成果均显示出了巨大的理论价值与应用前景。2011年,苏万华当选中国工程院院士。

近几年,随着节能与环保的意识越来越强,世界各国加快了排放法规的制定和修订,我国也在2021年全面执行国家第六阶段机动车污染物排放标准(国六法规),与国际接轨。由于柴油机热效率和排放存在"此消彼长"的关系,国际柴油机技术进步一直聚焦在减排上,热效率却始终在40%~42%之间徘徊。面向国家节能减排的重大需求,苏万华迎难而上,致力于研究如何在两者之间达到平衡。但由于我国柴油机存在短期内难以克服结构强度的技术瓶颈和国外对超高压力燃油系统的产品封锁,苏万华首次提出高密度低温燃烧理论,开发了可变热力循环技术。虽然国六法规近几年才实行,但是早在2014年,苏万华团队就已开发出满足国六法规要求的柴油机,热效率甚至比欧美产品重型柴油机高出7%。主要技术应用在"潍柴动力""广西玉柴机器"100多个机型的柴油机上,装备一汽、解放、青岛等我国核心载货汽车、客车以及工程机械产品,产品出口至美国、德国等30多个国家,彰显了我国汽车强悍的国际市场竞争力。

潍柴新一代发动机是全球首款热效率突破50%的商业化柴油机,这台发动机应用的就是苏万华的"新一代内燃机燃烧理论与技术"。作为蜚声全世界的内燃机动力工程专家,苏万华凭借其科研实力,让我国内燃机有了世界话语权。

近年来,我国综合国力不断提升,科技水平不断进步,汽车领域的院士也逐渐增多。在中国科学院和中国工程院公布的2021年院士增选当选名单中,有6位科学家来自汽车领域,他们分别是:清华大学车辆与运载学院李克强教授、北京航空航天大学王云鹏教授、浙江大学化工机械研究所郑津洋教授,以及作为外籍院士入选的清华大学智能产业研究院张亚勤院长、加拿大西安大略大学机械与材料学院孙学良教授和英国布鲁奈尔大学副校长赵华教授。这其中,有5人为智能网联专家或者新能源专家。相信在不久的将来,我国汽车行业在院士们的加持下,将会取得更多科技成果!

学习测试

1.填空题

(1)新中国成立以后,在建厂初期,________被毛主席亲自任命为一汽的厂长,全面领导一汽的建设和生产准备工作。

(2)仅用短短3年的时间,当时中国第一座现代化的汽车城就在________的一片荒野上建立了起来。

(3)我国建立的第一个汽车厂是________。

(4)1953 年 7 月,________奉调回国就任一汽副厂长兼副总工程师,主要负责技术方面的工作。

(5)我国汽车领域的第一位院士是________。

2. 选择题

(1)(　　)是中国工程院机械与运载工程学部院士,车辆工程领域专家。

A. 钟志华　　B. 李骏　　C. 苏万华　　D. 欧阳明高

(2)2001 年,(　　)研制出国际上第一辆具有优良碰撞安全性能的类菱形汽车。该车是我国第一辆真正意义上的新概念汽车。

A. 钟志华　　B. 李骏　　C. 苏万华　　D. 欧阳明高

(3)(　　)是我国内燃机领域首位中国工程院院士,是我国清洁燃烧、新一代内燃机研究的首倡者和带头人。

A. 钟志华　　B. 李骏　　C. 苏万华　　D. 欧阳明高

(4)(　　)一直都在我国汽车行业做技术指导工作,先后为陕汽、二汽的创建和发展作出了巨大贡献,并领导了一汽、陕汽和二汽等厂的几代产品的研制和开发。

A. 孟少农　　B. 郭孔辉　　C. 饶斌　　D. 欧阳明高

(5)1953 年 7 月,是(　　)把第一锨黑土抛向毛泽东主席亲自题词的一汽建设奠基石。

A. 孟少农　　B. 郭孔辉　　C. 饶斌　　D. 欧阳明高

3. 判断题

(1)"文化大革命"期间,饶斌在一汽进行建设工作。　　(　　)

(2)郭孔辉,被汽车界誉为将系统动力学与随机振动理论引入汽车振动与载荷研究的领先学者,中国汽车轮胎力学的主要奠基人。　　(　　)

(3)1994 年 5 月,郭孔辉当选为中国工程院首批院士,同时他也是中国第一位汽车领域院士。　　(　　)

(4)苏万华是我国内燃机领域首位中国工程院院士,是我国清洁燃烧、新一代内燃机研究的首倡者和带头人。　　(　　)

(5)钟志华的母校是武汉大学。　　(　　)

任务三　世界商用车发展历程

任务导入

作为一名称职的商用车行业从业人员,你是否知道世界上第一台商用车是什么时候出现的呢?

任务分析:需要了解商用车发展历程和标志性事件。

一 学习目标

通过本任务的学习,应当:

1. 能够列举至少两个世界商用车史上的标志性事件;
2. 能够说明标志性事件的影响;
3. 能够区分标志性事件的重要程度;
4. 根据任务的实施情况,进行分组讨论与交流,培养分析问题、解决问题与归纳总结的能力。

二 学习内容

1. 世界上第一台载货汽车是什么时候出现的?
2. 发展阶段的商用车呈现什么特点?
3. 商用车的发展趋势如何?

引导问题 1 世界上第一台载货汽车是什么时候出现的?

1712 年,托马斯·纽科门(Thomas Newcomen)制造了世界上第一台可供实用的大气式蒸汽机,在矿井领域得到广泛应用。1765 年,詹姆斯·瓦特(James Watt)对纽科门的大气式蒸汽机进行了一系列的改进,在提高热效率的同时,拓展了蒸汽机的应用领域。1769 年,法国陆军军官尼古拉斯·古诺(Nicolas Joseph Cugnot)制造了世界上第一台以蒸汽机为动力的汽车,用于牵引大炮。但是由于放在车头的蒸汽机体积庞大且十分笨重,在试验的时候发生了世界上第一起车祸。尽管如此,尼古拉斯·古诺的发明依然意义重大,标志着车辆首次实现了除借助人力或畜力以外的其他动力的自动行走。

蒸汽机是一种外燃机,不仅体积大、笨重,而且高压蒸汽容易爆炸不安全,因而不适用于车用动力。于是,人们又开始了对内燃机的探索。1860 年,法国人雷诺尔(Etienne Lenoir)制成世界上第一台单缸二冲程活塞式内燃机,由此,内燃机技术的发展拉开序幕,但是该内燃机是以煤气为主要动力的。1876 年,德国人尼古拉斯·奥托(Nikolous Otto)受到雷诺尔的启发,研制成功世界上第一台往复活塞式四冲程汽油内燃机。由于该内燃机采用了进气、压缩、做功、排气 4 个冲程,其热效率提高到 14%,在市场上大获成功,实现了内燃机史上的第一次重大突破。

1879 年,德国人卡尔·本茨(Karl Benz)在一台三轮自行车上安装了发动机,制成了世界上第一辆以内燃机为动力的三轮汽车。为了提高乘坐的舒适性,卡尔·本茨在车架和车轴之间安装了钢板弹簧悬架,车轮采用实心橡胶轮胎。1886 年 1 月 29 日,卡尔·本茨申报的汽车专利获得了批准,他也因此被称为世界汽车之父,而这一天也被誉为汽车的生日。

和卡尔·本茨同时代的还有戈特利布·戴姆勒(Gottlieb Daimler)和威廉·迈巴赫(Wilhelm Maybach)。戴姆勒和迈巴赫二人曾经在奥托创办的道依茨发动机公司工作过,后辞职。1884 年,他们以奥托研制的四冲程汽油内燃机为基础,研制出世界上第一台高转速四冲程汽油发动机,并于 1885 年发明世界上第一辆木制两轮摩托车。1886 年 3 月,戴姆勒把高转速四冲程汽油发动机安装到为了庆祝妻子 43 岁生日而购买的马车上,由此,世界上第一台装有汽油机的四轮汽车诞生。

本茨和戴姆勒发明汽车后,各自创建了公司(戴姆勒和卡尔·本茨的公司于 1926 年合并成戴姆勒-奔驰公司),并展开了激烈竞争。1893 年,卡尔·本茨研制成功"维克托得亚"牌汽车。该车虽然性能先进,但由于价格昂贵,鲜少有人购买。随后,奔驰公司对"维克托得亚"牌汽车做了进一步的改进,发明了世界上第一辆公共汽车。该车厢内部共有 18 个座位,排列成面对面的形式。1896 年 10 月,戴姆勒公司生产出世界上第一辆载货汽车。该车搭载两缸发动机,整车质量为 1.2 吨,载质量可达 1.5 吨。该车型在德国的第一个用户是一家啤酒公司,被用于运输啤酒。1898 年,戴姆勒公司在德国柏林设立工厂,主要生产载货汽车。图 3-3-1 所示为 1898 年戴姆勒公司生产的载货汽车。

图 3-3-1　1898 年戴姆勒公司生产的载货汽车

1896 年,美国人亨利·福特(Henry Ford)成立了一家汽车公司,1900 年,该公司研制出的第三种汽车就是载货汽车。1908 年,福特公司推出了 T 型车,这种车维修方便,底盘高,适应美国当时的路况,一上市就供不应求。1913 年,为了扩大 T 型车的生产,福特公司建成了世界上第一条汽车装配生产流水线,生产效率迅速提高,成本大幅降低。1917 年,福特公司又推出了世界上第一种专门为载货汽车设计的底盘——T 型载货汽车底盘。

除了上述以汽油机为主要动力外,1892 年,德国人鲁道夫·狄塞尔(Rudolf Diesel)发明了世界上第一台以柴油为主要动力的内燃机,实现了内燃机史上的第二次重大突破。1923 年,德国的奔驰公司在 5 吨载货汽车上,安装了第一款汽车用柴油发动机,该发动机采用直列四缸,排量为 8.8 升,功率约为 33.10 千瓦。在同一时期,德国的曼恩(MAN)公也推出了汽车用柴油发动机。至此,商用车市场开启蓬勃发展的篇章。

引导问题 2　发展阶段的商用车呈现什么特点?

随着商用车技术的发展,它的应用不再局限于运输业,发展方向开始多样化。

20 世纪 30 年代以后,载重汽车开始应用于矿山开采和工程建设。1934 年 1 月,美国尤克力德(Euclid)公司研制出第一辆四轮液压翻斗车,开创了载重自卸汽车的历史。它的载质量达到 14 吨,可以与蒸汽铲配合,运送渣土或矿石。

在研发矿用自卸车的基础上,有轨电车的集电杆供电技术开始应用到载货汽车上。1938 年,在建设意大利瓦尔特里纳的水电站的时候,工地上有 16 辆三轴载货汽车和 4 辆双轴牵引车被改装为电力驱动。改装后的驾驶室顶部装上了长长的集电杆,集电杆与直流架空线网相连(图 3-3-2),为车辆提供电力。

1939 年美国国际盐业公司在密歇根州建设地下矿时,由于高架电线无法进入矿洞,

图 3-3-2　意大利博尔米奥(Bormio)地区三轴电动载货汽车

工程师们将蓄电池、直流电机安装在了载货汽车上，将之改装成电力驱动载货汽车。

第二次世界大战期间，汽车工业(尤其是作为直接战场的欧洲的汽车工业)受到重创。戴姆勒-奔驰公司所有的汽车生产转向了军需，车型也被压缩为4款，另外还有救护车特别生产系列、越野车、装甲侦察车、半履带式车辆及牵引车等车型。

第二次世界大战后，商用车的生产得到恢复。1949年底，戴姆勒-奔驰公司发布了战后的第一部新型商用客车O-3500，并大获成功。

第二次世界大战后，载货汽车的载重吨位向着越来越大的方向发展。1951年，尤克力德公司推出了载质量可达50吨的Euclid-1LLD型自卸车，是当时世界上最大的自卸车。增加自卸车的吨位虽然可以提高矿山的开采效率，但是由于矿山路况复杂多变，运行成本依然居高不下。基于此，美国工程机械传奇人物雷多诺(R. G. Le Tourneau)提出了一种柴油机-电力多轮驱动的想法：每个车轮由独立的电动机驱动，通过将发动机的动力分配到每个车轮来提高其牵引能力(类似于今天的分布式驱动电动汽车)。

引导问题 3　商用车的发展趋势如何？

20世纪50年代到70年代早期，初级汽车电子产品面世，逐渐开始替代传统的机械或液力装置。20世纪70年代末期，随着集成电路的发展和微处理器的兴起，电控元件开始解决一些机械装置所不能解决的问题，但机械部件与电子产品之间的联系仍然相对稀少，例如，1978年，微处理器被引入到防抱死制动系统(ABS)中。20世纪80年代中期以后，计算机控制技术逐渐发展，并在商用车上得到应用。20世纪90年代，电子控制技术逐渐在商用车中普及，安装防抱死制动系统(ABS)也纷纷被欧洲、日本、美国等国家和地区列入法规。有些新型载货汽车除了安装防抱死制动系统(ABS)外，还安装有一种被称为“电控制动系统(EBS)”的装置，提高制动踏板的反应灵敏度。此外，电子稳定程序(ESP)、自适应巡航控制(ACC)、车道保持系统(LKS)、车道变换支持系统(LCS)等各种系统也逐渐成为商用车的标配。

进入21世纪，商用车诊断技术、网络技术、自动驾驶技术等多种技术全面发展，商用车逐步向着智能、安全的方向发展。同时，石油作为不可再生能源，储量有限，且排放物污染环境，因此，新能源技术也是商用车重点发展的方向之一。目前，世界上已开发的新能源种类繁多，已经在汽车中普及的主要有电动车、压缩天然气(CNG)车等，氢能车、太阳能车等尚未实现产业化。

1. 填空题

(1)1886年1月29日，________获得了世界上第一辆汽车的专利。

(2)奥托是________国人。

(3)奥托发明的发动机以________为主要燃料。

(4)1896 年 10 月,德国________公司生产出世界第一辆载货汽车。

(5)法国人雷诺尔制成世界上第一台________内燃机。

2. 选择题

(1)1898 年,戴姆勒在德国(　　)设立工厂,主要生产载货汽车。

A. 柏林　　B. 汉堡　　C. 沃尔夫斯堡　　D. 汉诺威

(2)1884 年,戈特利布·戴姆勒和威廉·迈巴赫以(　　)发明的内燃机为基础,研制出世界第一台高转速四冲程汽油发动机。

A. 奥托　　B. 雷诺尔　　C. 古诺　　D. 保时捷

(3)世界上第一辆载货汽车在德国的第一个用户是一家(　　)公司。

A. 面包　　B. 啤酒　　C. 饮料　　D. 矿泉水

(4)(　　)制成了世界上第一台装有汽油机的四轮汽车。

A. 戈特利布·戴姆勒　　B. 奥托

C. 卡尔·本茨　　D. 雷诺尔

(5)1885 年,(　　)和威廉·迈巴赫发明世界第一辆木制两轮摩托车。

A. 戈特利布·戴姆勒　　B. 奥托

C. 卡尔·本茨　　D. 雷诺尔

3. 判断题

(1)世界上第一台柴油机是由鲁道夫·狄塞尔发明的。　(　　)

(2)1917 年,美国福莱纳汽车公司推出了世界上第一种专门为载货汽车设计的底盘——T 型载货汽车底盘。　(　　)

(3)1934 年 1 月,美国尤克力德公司研制出第一辆四轮液压翻斗车,由此开创了载重自卸汽车的历史。　(　　)

(4)1899 年,戴姆勒在德国柏林设立工厂,主要生产载货汽车。　(　　)

(5)1860 年,法国人雷诺尔制成世界上第一台以煤气为燃料的单缸二冲程活塞式内燃机,由此,内燃机技术迅速得到发展。　(　　)

任务四　我国商用车发展历程

任务导入

作为一名称职的商用车行业从业人员,你是否知道我国 20 世纪 80 年代的载货汽车有什么特征呢?

任务分析:需要了解我国商用车发展历程、标志性事件和各发展阶段特点。

一 学习目标

通过本任务的学习,应当:

1. 能够列举至少两个我国商用车史上的标志性事件;
2. 能够说明标志性事件的影响;
3. 能够说出各个发展阶段的特点;
4. 根据任务的实施情况,分组讨论与交流,培养分析问题、解决问题与归纳总结的能力。

二 学习内容

1. 我国制造的第一台车叫什么名字?
2. 在我国,平头车是从什么年代开始流行的?
3. 我国史上第一辆国产客车是什么时候出现的?

引导问题 1 我国制造的第一台车叫什么名字?

1901 年底,匈牙利商人李恩时(Leinz)将 2 辆美国制造的奥兹莫比尔(Oldsmobile)牌汽车(图 3-4-1)从香港运到上海,这是汽车产品首次出现在中国。随后,一些发达的港口城市也陆续出现了汽车修理等后市场业务。但是此后清政府覆灭,再加上北洋军阀连年混战,时局动荡不安,我国的本土汽车工业一直没有得到发展。至 20 世纪 20 年代末,全国汽车保有量达到 38484 辆,但令人遗憾的是,其中没有一辆汽车是中国人自主生产的。

图 3-4-1 李恩时带来的奥兹莫比尔牌汽车

1931 年 5 月,辽宁迫击炮厂(图 3-4-2)厂长李宜春在张学良将军的支持下,借鉴了当时美国生产汽车的相关技术,制成了我国自主生产的第一台汽车,该车被命名为民生牌 75 型载货汽车(图 3-4-3)。该车载重 1.82 吨,颜色为棕色,最高车速为 40 公里/小时。当时,民生牌汽车在国内引起了很大反响,然而由于九一八事变的爆发,沈阳沦陷,即将完成的首批汽车及零部件被日军洗劫一空,以致刚刚处于萌芽时期的中国民族汽车工业被扼杀在摇篮中。

1934 年 3 月,伪满实业部在原辽宁迫击炮厂的旧址上组建了同和自动车工业株式会社。该社主要从事日军汽车的修理和组装工作。至此,世界汽车工业已经发展了半个世纪,但我国民族汽车工业仍为一片空白。

图 3-4-2　辽宁迫击炮厂(又名奉天迫击炮厂)

图 3-4-3　民生牌汽车

引导问题 2　在我国,平头车是从什么年代开始流行的?

1. 艰难创业阶段(1949—1964 年)

新中国成立之时,百废待兴,国内的重型汽车全依赖进口,载重汽车的缺失成为当时经济发展的瓶颈。1950 年 1 月,毛泽东主席和周恩来总理在莫斯科访问期间,同苏联政府商订了一批重点援建工业项目,其中就包括建一座现代化载重汽车厂。经过慎重选择,厂址排除了北京、西安、石家庄等城市,最终确定为长春市孟家屯。1953 年 7 月 15 日,一汽奠基仪式在长春举行。这不仅意味着新中国第一家汽车工厂的诞生,更意味着共和国汽车工业从此翻开了崭新的篇章,同时,这也是一个民族汽车工业由衰弱转向繁荣的历史转折点。1956 年 7 月 13 日,首批载质量为 4 吨的 CA10 解放牌载货汽车(图 3-4-4)正式下线。1957 年末,CA11A 型 4 吨载货汽车样车试制成功。1958 年 9 月,CA30 型越野汽车的装车工作完成。自此,中国的载货汽车工业进入了自主研制的轨道。

图 3-4-4　CA10 解放牌载货汽车

随着经济的迅速恢复和发展,载重汽车的生产数量远低于市场所需,车辆运输能力不足的缺点也逐渐被放大,这为新进入到汽车领域的企业提供了广阔的发展空间。

1957 年 5 月,南京汽车制配厂参考苏联嘎斯 51 型载货汽车的结构原理,开始试制轻型载货汽车,并于 1958 年 3 月成功试制出新款车型。该车型被命名为“跃进”牌,型号为 NJ130。1958 年 6 月 10 日,南京汽车制配厂更名为南京汽车制造厂,成为第二家直属中央的汽车企业。1958 年,上海试制成功 4 吨级“交通”牌 SH140 型载货汽车。1960 年 4 月,济南汽车制造厂以斯柯达 706RT 型载货汽车为原型,试制出我国第一辆重型载货汽车——JN150,装载质量为 8 吨,1966 年正式量产,量产数量达 650 辆。

在此期间,杭州汽车发动机厂及其配套厂商,在孟少农的主持下,对自主研发的 6130C 9.5 升发动机做了进一步的完善,并搭载在 JN150 上,为其提供动力支持。上海柴油机厂也在此期间与济南汽车制造厂达成协议,由上海柴油机厂为 JN150 提供本厂生产的 6135 型发动机,作为 JN150 汽车的配套发动机。

在自行研制的道路上,我们国家经历了艰辛的探索,南京汽车制造厂、上海汽车装配厂、济南汽车制造厂等汽车厂由最初的配件修理厂转变成产品的研发制造厂,成为新中国早期载货汽车制造厂的代表,形成了一大四小的格局(一大即一汽,四小即南京、上海、

济南、北京4个汽车制造基地)。

2. 发展期(1965—1978年)

这一阶段,二汽、四川汽车制造厂(简称"川汽")、陕西汽车制造厂(简称"陕汽")等汽车厂成为生产载货汽车的龙头企业,在提升载货汽车产量的同时,丰富了车型品种。

我国汽车工业发展之初,侧重发展中型载货汽车、军用车及改装车,这就使得当时的产业结构出现了"缺重少轻"的问题。矿用自卸车等重型车辆,仍需从苏联等国家大量进口。

20世纪60年代初期,中苏关系破裂。由于失去一部分进口来源,我国矿冶工业的发展受到影响。在这样的大背景下,国家提出"大打矿山之仗"的决策,把研制矿用自卸车作为汽车工业发展的重点之一。

1968年10月,上海汽车底盘厂开始试制大吨位自卸车,最终成功试制出SH380型矿用自卸车,并在1969年国庆阅兵式上接受了党和人民的检阅。该车以苏联别拉斯540型载重车为样车,载质量为32吨,采用了上海柴油机厂生产的6315系列柴油机、机械式变速器与液压空气减振器,额定功率达到294千瓦,最大速度可达50公里/小时,最大爬坡角度为36°。

20世纪60年代,我国国际关系紧张,越野车自行研制的计划也被提上了日程,作为汽车工业发展的重中之重。1965年,我国建立了川汽,并实现了对贝利埃军车技术的引进。川汽对贝利埃军车技术进行了改良和发展,成功试制出红岩CQ260型军用越野汽车,并投放军队使用,解决了我国军用装备中运载车辆短缺的问题。红岩CQ260型军用越野车也因此成为中国军用汽车研制历史上的里程碑。由此,川汽也成为我国第一个高起点、专业化的重型军车生产基地。

1967年,国家又下达文件,要求建设陕汽筹备组,自行研制军用重型车辆,同时开始筹建陕西齿轮厂(法士特的前身)。与川汽的发展战略不同,陕汽和陕西齿轮厂的产品完全由我国自主设计研发,遵循老厂包建新厂的思想,进行投资生产。杭州发动机厂、北京汽车制造厂(简称"北汽")、南京汽车制造厂(简称"南汽")、北京齿轮厂为代表的老工厂参与了包建,成功研制了延安牌汽车。延安牌汽车成为当时自主系统设计产品的新标杆。1968年3月,为生产高性能的军用越野车,负责包建的北汽成立越野车设计组,计划为陕汽提供技术支持。按照"包建"的原则,由南汽提供在发动机设计过程中所需的技术,北汽为变速器、分动器的设计提供技术支持。在设计过程中,参考了国外性能优异的样车,并最大限度地满足部队运输的要求。1975年12月,陕汽首批试制出30辆SX250型5吨越野车,随后投入小批量生产。1977年底,该型号军用车产能超过千辆。

20世纪70年代,二汽生产的商用车开始逐渐登上我国商用车的历史舞台。1970年4月15日,二汽生产的第一辆载货汽车下线,提前完成了"五一"车辆交付使用的任务。1975年7月1日,由二汽研制的搭载EQ6100汽油发动机的2.5吨军用越野汽车EQ240(图3-4-5)正式投放使用。1976年至1979年,二汽生产的EQ240系列越野载货汽车基型车,迅速装备至全军各主要机械化部队和装甲部队。该车型用料扎实,制作精良,在车身的耐用程度、传动系统的可靠性、发动机的动力输出等方面均代表了当时国内造车的最高水平。

20世纪70年代后期,随着社会渐趋稳定,军用越野车的用途越来越少,二汽每年只有1000多辆的订单,然而制车设备维护费用较高,每年都会有数千万的“计划亏损”,1978年更是达到3200万元的亏损,成为湖北省最大的亏损企业。

1978年7月15日,在一汽的帮助下,二汽生产的载质量为5吨的民用EQ140(图3-4-6)出厂,标志着二汽开始由军用车企向民用车企过渡,一汽与二汽中型货车双雄“南北并立”的局面初步形成。与新中国第一辆载货汽车——解放CA10相似,EQ140也是长头中吨位载货汽车,搭载汽油发动机,在当年生产销量达5120辆。凭借良好的用户体验和优异的品牌口碑,二汽由此也扭亏为盈。

图3-4-5　军用越野汽车EQ240

图3-4-6　二汽民用EQ140

3. 引进期(1979—1997年)

在新中国汽车工业史上,1978年是发生根本性改变的一年。在此之前,我国私人汽车占有量远远低于发达国家。

随着改革开放的发展,人们的收入水平不断提高。为了满足日益富有的国民购买汽车的强烈愿望,20世纪80年代初,国家下达文件鼓励私人购买汽车,同时吸引海外车企来华投资建厂。1984年,北京吉普汽车有限公司正式成立,该公司由北汽和美国汽车公司合资成立。第二年,第一辆带有“北京Jeep”车标的切诺基越野车下线。1985年,上汽大众汽车公司正式成立,签约仪式在北京人民大会堂举行,德国大众汽车公司和上汽股比各占50%。

同样是1985年,庆铃汽车有限公司挂牌成立。这是商用车行业的第一家合资车企,由重庆汽车制造厂与日本五十铃汽车公司双方出资成立。其生产的五十铃ELF630系列轻型载货汽车在国内获得广泛的好评,畅销近十年。

当然,20世纪80年代的代表车型不止这些,还包括黄河JN162系列车型(图3-4-7)。作为80年代重型公路运输的主力车型之一,黄河JN162采用了驾驶室翻转机构技术,方便对发动机和底盘总成进行维护,同时采用了广角弧度的玻璃,使得驾驶员视野倍增。

除此之外,川汽试制出红岩CQ30290/CQ1921系列重型载货汽车。该系列车型是当时国内较大的车型,满足运输、石油、建筑等多个领域的需求,成为国内公路运输的中坚力量。

1987年11月,二汽年生产汽车突破10万辆,成为当时我国第一家年产量突破10万辆的汽车企业,并成为世界中型载货汽车年产量最多的企业之一。

20世纪80—90年代,欧洲出现了平头载货汽车,代表了当时车型设计的流行风格。1990年10月,二汽生产出载质量为8吨的EQ153平头载货汽车。该车是二汽第一款重型载货汽车。也是从那时开始,二汽载货汽车的车型从以长头车为主转向以平头车为主(图3-4-8)。

图 3-4-7　黄河 JN162 系列车型

图 3-4-8　EQ153 平头载货汽车

4. 不断突破(1998 年至今)

20 世纪 90 年代后期,沃尔沃、奔驰等著名品牌加快进入中国商用车市场,与我国本土企业开展合作。但是,国外的商用车十分昂贵,因而随着我国引进期所积蓄的技术和管理势能的释放,高性价比的国产车在此阶段有了自己的发展空间,商用车市场迅猛发展。重型载货汽车厂开始进行自主开发,轻型载货汽车厂也在这一时期先后开展了自主开发的集体行动。至 20 世纪末,中国载货汽车工业进入了以自主为特征的后引进期。

重型载货汽车在汽车装载输送设备领域占有重要地位,被称为观察载货汽车发展水平的“温度计”。2004 年 7 月,一汽开发的第五代载货汽车——奥威重型载货汽车下线。“奥威”的成功开发标志着我国重型载货汽车系统开发帷幕的拉开,是我国拥有了研发重型载货汽车能力的象征。同时,奥威重型载货汽车搭载具有国际先进技术的 CA6DL 发动机,是我国商用车领域自主开发的标志性成果。

2005 年,一汽又系统开发了第六代载货汽车——J6H(图 3-4-9)。2007 年 7 月,一汽开发的高端产品——解放 J6 下线,标志着我国拥有了适应我国国情的、具有国际先进技术的全新商用车产品。

与此同时,东风汽车公司(由二汽 1992 年更名而来)也进行了自主开发。2006 年 5 月,东风公司发布了新品——“天龙”系列(图 3-4-10)。东风天龙重型载货汽车覆盖了 11 个系列的多种车型,在研发中融入了大量自主创新技术。天龙系列产品的上市,改变了东风公司此前重型载货汽车短缺的局面,是东风公司向大吨位重型载货汽车市场进军的标志。

图 3-4-9　一汽第六代载货汽车 J6H

图 3-4-10　东风天龙重型载货汽车

2008 年 12 月,中国重汽集团有限公司(简称“中国重汽”)在济南推出了系统开发的“HOWO A7”系列车型(图 3-4-11)。中国重汽“A7”最大的亮点是装配中国开发的智能“手自一体”16 档电控变速器。“A7”的诞生,将我国载货汽车工业的产品开发能力整体提升到了一个新的高度。

此外，除了老牌汽车企业，一批新兴企业如福田汽车、江淮汽车、华菱汽车等，也都在这一时期进入重型载货汽车行业，改变了国内竞争的格局，对中国载货汽车工业总体实力的提升作出了重要贡献。例如，2022 年 9 月，梅赛德斯-奔驰第一台国产重型载货汽车在北京福田戴姆勒汽车有限公司新厂区正式下线。本次推出的 Actros 车型搭载最新一代与欧洲同步的梅赛德斯-奔驰 OM471 柴油发动机和梅赛德斯 PowerShift3 12 挡 AMT 变速器。

图 3-4-11 戴姆勒 Actros 车型

近年来，伴随着工业 4.0 时代的到来，载货汽车向着智能化、环保化方向发展的趋势越来越明显。在智能化的无人驾驶技术方面，载货汽车实现无人驾驶，不仅能降低运输成本，还可以提高运营效率。福田汽车与百度公司强强联合，于 2016 年 11 月正式发布我国首款可实现无人驾驶的福田超级载货汽车。首款无人驾驶超级载货汽车的问世，向全世界宣告中国也可以制造无人驾驶载货汽车，表明福田汽车在商用车研发制造领域的技术已经处于世界先进水平。在新能源方面，近年来，国家对新能源汽车的支持力度逐渐增大，2018 年，工业和信息化部装备工业司组织召开了节能与新能源商用车积分管理制度研讨会，会上强调了建立节能与新能源商用车积分管理制度的重要性。2020 年底，国家四部委联合发布为了促进新能源汽车推广，应用财政补贴的相关政策。

引导问题 3 我国史上第一辆国产客车是什么时候出现的？

从 1928 年我国第一辆国产客车诞生至今，90 余年来我国的客车工业完成了由改装向制造的跨越，完成了由低水平向高水平的跨越，完成了由国内市场向国际市场的跨越。

1. 从无到有(1906—1956 年)

1906 年 6 月，我国第一条城市公交线路——天津有轨电车线路正式运营，该线路由比利时电车电灯公司铺设完成，全长 5.172 公里。1928 年，浙江省制造了我国第一辆城市公交车，该车是在美国 REO 牌 2 吨货车底盘的基础上改装而成的，也是我国客运汽车历史上的第一辆国产客车。

解放前夕至新中国成立初期，我国只有北京、天津、上海、大连、南京、广州、哈尔滨、长春等大城市才有公共汽车、电车。并且，这些汽车多数从英国、法国、德国、美国、日本等国家进口，少数也有一些改装的客车。对于改装业务，我国在当时也仅有上海、重庆、天津等极少数大城市存在汽车修理厂从事进口客车的修理和改装工作。由此可见，当时客车数量较少，并不能解决多数市民的出行问题，人们出行主要靠人力车和畜力车。尽管如此，在这段我国客车不能大批量生产的历史时期，仍然有一些典型的代表。1950 年 4 月，北京市工业局制造出“五一式煤气车”，在当时我国不能大量生产汽油的情况下，煤气车对交通行业意义重大。同年，上海客车修造厂(上海客车厂前身，建于 1945 年)正式推出新中国第一辆改装的公交车；天津市电车公司自行试制出新中国第一辆无轨电车(图 3-4-12)。

2. 多样化(1957—1978 年)

1956 年后，客车生产企业开始使用解放底盘开发公交车、团体客车，改变了以往采

用外国底盘进行改装的历史。1957 年 4 月,上海市公交公司客车修造厂首次以解放牌 CA10 型货车底盘为基础,试制出 57 型公交车,这是新中国第一辆国产公交车。1957 年 5 月,第一辆采用解放牌货车底盘改装的无轨电车在上海试制成功。1958 年 9 月,上海电车厂试制成功国内第一辆铰接式无轨电车,该车车身长 16.5 米,宽 2.72 米,中间用绞盘连接。1959 年,试生产出 SKD660 型无轨电车,并投入运营;北京市无轨电车制配厂生产出第一辆机关团体客车;北京客车四厂研制成功 BK560 型铰接式无轨电车;广州市公交车修理厂生产出第一辆半挂式公交车;上海市公交公司客车修理厂试制出第一辆铰接式公交车。1960 年 12 月,北京客车四厂、北京市交通局基建处客车制配厂改装出 BK650 型铰接式公交车。

20 世纪 70 年代开始,客车生产企业开始大批量改装大、中型单机公交车和铰接式公交车。例如,1970 年北京市汽修公司四厂采用解放 CA10 载货汽车底盘改装出 BK640B 型公交车(图 3-4-13)。1971 年,北京市交通局设计出 BK661 型铰接式公交车,由北京客车四厂试制成功。该车从 1972 年开始投产到 1980 年,共生产了 686 辆,它的投入运营,加快了公交车向大型化发展的进程。1974 年,上海客车厂研制出 SKD561 型铰接式无轨电车。1975 年,上海市公交公司和机电一局等单位研制成功 SK670 型铰接式柴油公交车系列产品。1976 年,北京客车四厂在交通部科学研究院的帮助下,成功研制出 BK670 型铰接式公交车。

图 3-4-12　新中国第一辆无轨电车

图 3-4-13　BK640B 型公交车

在 1966 年至 1976 年间,我国公交车产量由 1000 辆左右提升到 3802 辆,提升了近 3 倍,一批客车企业(如上海客车厂、常州客车厂、天津客车装配厂等)也初具规模。20 世纪 70 年代以后,我国的客车品种日渐丰富,形成了大、中、轻型客车多个产品系列,档次也开始向中高层次发展。

3. 专业化、规模化、环保化与智能化(改革开放至今)

在改革开放初期,中国客车发展速度虽然不是很快,但也诞生了一些经典车型。例如,1979 年北京客装公司研制出我国第一辆空调旅游客车;1981 年,北京市长途汽车公司修造厂研制出更适用于山路的 BCK653 型长途客车。

进入 20 世纪 80 年代,研发人员开发出适用于客车和公交车的专用底盘。例如,这一时期,由建设部、中国城市客车城建设备公司研制开发出 CA151D4、CA151D7 公交车专用底盘,生产企业在此基础上生产出单机公交车和铰接式公交车。交通部组织开发出 JT663 公路、团体客车底盘。济南汽车制造厂研制出大型客车专用底盘。公交车及客车专业底盘的研制,改变了以往我国需要依靠载货汽车底盘改装客车的局面,我国的客车产业从此翻开了新的篇章。

这一时期也是我国客车建造史上百花齐放的时代,取得了令人瞩目的成绩。1981 年,扬州汽车修造厂用 JT663 客车专用底盘试制的客车投入市场后成为中国公路客运的主流车型,该车型累计销量达到了14849辆。1983年,江西上饶客车厂生产出新中国第一辆后置汽油机团体客车,这是我国最早的批量生产的发动机后置客车,一经上市,迅速普及全国,并出口至东南亚和南美地区。1984年,沈阳市公交车公司研制出我国第一辆大型公交车,可载乘客300人。1985年,山东淄博客车厂装配完成我国自行制造的第一辆双层客车。1988年,西安公路学院与扬州客车厂(原扬州汽车修造厂)合作开发推出我国第一款卧铺客车(图3-4-14)。

图3-4-14　我国第一款卧铺客车

进入20世纪90年代,客车领域发现了实现突破自我的最佳途径,即引进技术。由于当时美国、日本、韩国、欧洲等国家和地区商用车技术先进,我国技术引进的主要方式就是进行合作,实现技术共享和合资建厂。当时合资的主要代表车型有北方尼奥普兰客车、凯斯鲍尔客车、江淮现代、桂林大宇等。

20世纪90年代中后期,以宇通、金龙为代表的我国自主品牌客车也开始逐渐崛起,具有发展速度快、发展势头猛的特点。

进入21世纪,我国客车生产规模化、集中化程度迅速得到提高,图3-4-15所示是新时代客车的典型代表。与此同时,能源与环保问题逐渐成为21世纪汽车产业发展面临的主要问题,因此,客车的发展也呈现出新特点,新能源客车逐步进入人们的视野当中。客车所使用的新能源主要包括天然气、纯电动、混合动力、氢能源等。2009年8月,第一批示范推广的混合动力公交车在杭州公交上线。近年来,新能源客车的产品销量稳步上升,动力也由以混合动力为主转为以纯电动为主。中国汽车工业信息网统计数据显示,2020年6月,我国的新能源客车保有量达到107万辆,相比于2019年,同比增长了11.5%(图3-4-16)。从图中可以看出,近年来新能源客车销量飞速增长,其中,销售的新能源客车中,纯电动客车占很大比重。

图3-4-15　21世纪客车典型车型

图3-4-16　2014年至2020年6月新能源及纯电动客车保有量

除新能源技术是客车领域的一大热点外,近年来,随着大数据、人工智能、移动互联技术的发展,无人驾驶技术成为客车领域的又一大热点。无人驾驶技术的快速发展,有助于解决传统客车领域存在的诸多问题,在保障交通安全、缓解城市拥堵、促进节能减排等方面发挥重要作用。2018年7月,百度与厦门金龙合作研发的全球首款L4级量产自动驾驶巴士"阿波龙"正式下线,"阿波龙"车身长4.3米,宽2米,在设计上颠覆了传统汽

图 3-4-17　熊猫智能公交车

车的概念，是我国首款无转向盘、无加速踏板、无刹车踏板的原型车。随后，量产的“阿波龙”发往北京、深圳、武汉、东京等地开展商业化运营。“阿波龙”出口日本，实现了我国自动驾驶电动车辆首次出口。2019年8月，世界人工智能大会的无人驾驶展区展出了一辆熊猫智能公交车(图 3-4-17)。该车由我国深兰科技公司研制的，车长12米，宽2.55米，高3.25米，属于中大型自动驾驶车辆，是获得上海首张自动驾驶客车牌照的车辆。熊猫智能公交车已在天津、江西南昌、山东济南等地的非公共路面上试运行，由于我国法规限制，目前熊猫智能公交车运行时还需配备一名驾驶员。

学习测试

1. 填空题

(1)汽车首次进入中国是在__________年。

(2)将汽车首次带入中国的是__________。

(3)1931年5月，__________在__________将军的支持下，将当时美国生产汽车的前沿技术应用到了民生牌75型载货汽车的制造中。

(4)__________是我国历史上第一辆国产公交车。

(5)新中国第一个汽车厂的名字是__________。

2. 选择题

(1)新中国生产的第一辆车型号是(　　)。

A. CA10　　B. CA20　　C. CA30　　D. CA40

(2)1978年7月15日，载质量为5吨的(　　)出厂，标志着二汽开始由军用车企向民用车企过渡，适时，一汽与二汽中型货车双雄“南北并立”的局面初步形成。

A. EQ140　　B. EQ240　　C. EQ340　　D. EQ440

(3)1985年，商用车行业的第一家合资车企(　　)挂牌成立。

A. 一汽解放汽车有限公司　　B. 庆铃汽车有限公司

C. 一汽大众汽车有限公司　　D. 上海大众汽车公司

(4)(　　)年，浙江省制造了我国客运汽车历史上的第一辆国产客车。

A. 1926　　B. 1927　　C. 1928　　D. 1929

(5)1950年初，天津市电车公司自行试制出新中国第一辆(　　)。

A. 无轨电车　　B. 有轨电车　　C. 商用车　　D. 乘用车

3. 判断题

(1)我国自主生产的第一辆车是解放牌载货汽车。　　(　　)

(2)20世纪80年代，我国第一家合资公司是上海大众汽车公司。　　(　　)

(3)我国最开始发展的商用车是平头车。　　(　　)

(4)最先发展中国民族汽车产业的人物是张学良。　　(　　)

(5)二汽最开始以生产军用越野车为主。　　(　　)

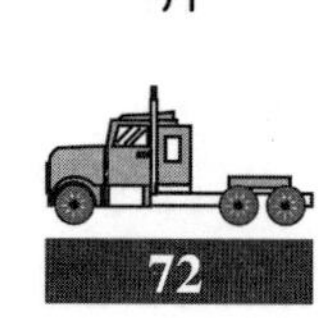

任务五　国内商用汽车品牌与文化

作为一名商用车行业从业人员,你知道国内有哪些商用车知名企业吗?

任务分析:需要了解国内商用车企业的名称,识别商用车企业的标识并说出其含义。

一　学习目标

通过本任务的学习,应当:

1. 能够列举至少五个国内商用车品牌;
2. 能够了解车标的含义;
3. 能够清晰地表述品牌的发展历程及车标的演变过程;
4. 根据任务的实施情况,分组讨论与交流,培养分析问题、解决问题与归纳总结的能力。

二　学习内容

1. 我国主要有哪些载货汽车品牌?
2. 我国主要有哪些载货汽车产品?
3. 我国主要有哪些客车品牌?
4. 我国主要有哪些客车产品?

资讯储备

引导问题 1　我国主要有哪些载货汽车品牌?

1. 福田

北汽福田汽车股份有限公司(简称“福田汽车”,FOTON)是我国品种最全、规模最大的商用车企业。该企业成立于 1996 年 8 月 28 日,1998 年 6 月在上海证券交易所上市。2020 年,世界品牌实验室发布《中国 500 最具价值品牌》分析报告,福田汽车排名第 34 位,位居商用车行业第一、汽车行业第四,连续 16 年领跑商用车行业。2021 年,福田汽车总销量突破 1000 万辆,成为我国汽车史上首个销量突破千万辆的商用车企业、中国首个

千万级“双自主”商用车企业。

图 3-5-1　福田汽车品牌标志

福田汽车的全球总部在北京，并在山东、湖南等多个省（区、市）拥有21个整车和零部件基地；在全球化战略指导下，福田汽车构建了覆盖美国、德国、日本、印度等地的全球研发战略布局，并在全球设有工厂，年生产能力约10万辆，覆盖全球110个营销市场和服务网络。福田汽车品牌标志（图3-5-1）整体为钻石造型，象征财富、品质和福田汽车长久的生命力，银色代表卓越的工业化气质与现代感，3条斜线分别代表福田突破、超越、领先的三阶段竞争理论。

北京福田戴姆勒汽车有限公司（简称“福田戴姆勒汽车”）成立于2012年2月18日，是戴姆勒公司和福田汽车强强联合，各出资50%合资成立的一家致力于打造高品质载货汽车的企业。福田戴姆勒汽车建成全球数字化超级载货汽车工厂，拥有冲压、焊接、涂装、总装四大工艺。至2022年，已拥有120多万用户、800多家经销商、3400多家服务站和2000多家配件店，销售服务网络遍布全国。福田戴姆勒汽车产品涵盖欧曼ETX、欧曼GTL、欧曼EST、欧曼EST-A、欧曼银河、欧曼行星六大系列，包括牵引车、载货车、自卸车、各类专用车等200多个品种。

2. 中国重汽

中国重型汽车集团有限公司（简称“中国重汽”）是我国历史最为悠久的研发和制造重型汽车的企业之一，也是目前我国重型汽车行业的龙头企业。其前身是济南汽车制造总厂，始建于1930年。1960年4月，济南汽车制造总厂试制成功我国第一辆重型汽车——黄河牌JN150型8吨重型汽车，结束了当时我国不能生产重型汽车的历史。1984年，济南汽车制造总厂与陕汽、红岩合并，组成重型汽车工业联营公司，并于1990年联合其他相关业务实体组成中国重型汽车集团公司。

目前，中国重汽拥有6个整车制造企业，主要业务范围为开发研制、生产销售各种载重汽车、特种汽车、客车、专用车、改装车等。目前，中国重汽拥有豪沃、斯太尔、黄河等全系列商用车品牌，产品出口110多个国家和地区，连续16年位居重型载货汽车出口榜首。

中国重汽的品牌标志是3个紧密相连的箭头（图3-5-2），每个箭头都指向同一方向，代表济南汽车制造总厂、陕汽和红岩团结一致的奋斗决心，也表明了中国重汽立志做中国重型车企业第一的目标与决心。

图 3-5-2　中国重汽品牌标志

3. 江淮汽车

安徽江淮汽车集团股份有限公司，简称“江汽集团”，前身是合肥江淮汽车制造厂。

江汽集团目前除了包含乘用车、商用车、客车、新能源等整车业务外，还包括核心零部件、汽车出行、汽车服务等其他板块。江汽集团技术先进，研发的多款发动机荣获“中国心”十佳发动机称号，自主开发的6DCT自动变速器打破了国际垄断。

江汽集团是我国新能源汽车产业的先行者，涵盖新能源家用车领域，拥有SUV、轿车等车型，形成国内领先、国际先进的技术平台。攻克电动车领域核心技术50余项，试验里程累积达4300万公里。截至2021年底，累计推广超20万辆新能源汽车，累计行驶里程突破69亿公里。江汽集团在电池热管理技术等方面实现了重大突破，电池液冷技术居于世界领先地位，且与欧洲、南美洲、非洲、东南亚等世界130多个国家和地区建立了合作关系。截至2021年底，江汽集团累计出口产品超70万辆，中高端轻型载货汽车连续多年位居行业出口第一。

江淮汽车品牌标志（图3-5-3）为字母JAC，JAC是Jianghuai Automobile Co. LTD的缩写，即江淮汽车股份有限公司。在江淮汽车的乘用车车型上，添加了具有金属质感的外框，将JAC三个字母紧紧包裹，寓意为江淮汽车将精益求精的“制造精神”灌注于钢与铁、光与热之中，将白金的质感、机械的底气包裹在每一款产品中；但商用车中，只有字母JAC，更加简洁大方。

图3-5-3　江淮汽车品牌标志

4. 解放

一汽解放汽车有限公司虽然正式成立于2003年1月，但起源于共和国汽车长子一汽主体专业厂，具有辉煌的历史。一汽是中国汽车工业的摇篮，在这里诞生了新中国第一辆汽车，并且，该车被命名为解放。一汽解放汽车有限公司是中国第一汽车集团有限公司的全资子公司，产品主要是解放品牌的中重型系列载货汽车。目前。解放载货汽车已经出口至亚洲、非洲、欧洲的20多个国家和地区。一汽解放整车年生产能力约为34.3万辆。截至2021年，解放重型载货汽车销量连续6年居行业第一，中重型载货汽车销量连续5年居行业第一，单一品牌重型载货汽车销量连续2年位居全球第一，牵引车销量连续16年处于行业绝对领先，轻型车销量连续4年实现高率增长。

解放汽车品牌标志与中国第一汽车集团有限公司标志相同，取第一汽车中的“一汽”为核心元素，经组合、演变，构成飞翔的“雄鹰”的视觉景象，如图3-5-4所示。

5. 东风

东风商用车有限公司历史悠久，起源于1969年建立的二汽。1992年，二汽更名为东风汽车公司。2003年，东风商用车公司成立，是东风汽车有限公司的中重型载货汽车事业部。2015年1月，东风集团与沃尔沃集团投资组建新的东风商用车有限公司。

东风商用车有限公司总部位于湖北省十堰市，其年产能可达20万台。产品涉及中重型载货汽车、驾驶室、发动机、车桥、变速箱等关键总成，业务覆盖范围广，主要包括长途运输、区域配送、城际运输、建筑工程及采矿业服务等领域。

东风汽车品牌标志（图3-5-5）与东风集团标志相同，有着双燕舞东风的含义。

图3-5-4　解放汽车品牌标志

图3-5-5　东风汽车品牌标志

引导问题 2　我国主要有哪些载货汽车产品？

1. 欧曼

福田欧曼品牌自2002年开始生产以来，一直是我国商用车领域的中坚系列产品，主

要定位于商用车中高端市场。目前已形成欧曼 CTX、欧曼 ETX、欧曼 EST、专用车全系列产品。

为满足日趋多元化的市场需求，欧曼整合了欧系重型车和日系中重型车的优点，将自身产品平台化，设计有重型（9 系）、中重型（6 系、5 系）和中型（3 系）3 个主要平台。2010 年，在国家知识产权局和世界知识产权组织主办的第十二届中国专利奖评选活动中，福田欧曼 ETX 重型载货汽车的外观设计专利荣获中国交通类外观设计唯一金奖。该奖项为中国专利奖评选活动中首次设立的奖项，也是目前国内外观设计专利领域的最高奖项。

2. 一汽解放 J6

一汽解放 J6 是一汽解放汽车有限公司自 2010 年下线开始生产的载货汽车产品，是解放载货汽车向重型化市场发展的里程碑式产品。在 J6 投产之前，配装 11 升柴油机的重型车是国内外商用车的黄金排量市场产品，虽然国外已经比较普遍，但是真正属于中国自主品牌的机型几乎没有。一汽解放汽车有限公司自主开发的 CA6DM 11 升发动机，在 2008 年实现了量产，彻底打破了合资品牌在 11 升发动机领域的垄断。伴随着 CA6DM 发动机的全面装配，解放 J6 奥威 11 升系列重型载货汽车在全国实现全面投放，成功弥补了我国自主动力重型载货汽车在技术含量与产品品质等方面与国际著名品牌之间的差距。J6 使一汽解放在重型载货汽车领域具有了独一无二的核心竞争优势，J6 产品也因此获得了 2010 年度国家科学技术进步奖一等奖。

3. 天龙

天龙是东风汽车有限公司在 2006 年推出的商用车重型载货汽车产品。东风天龙在融合了世界先进技术的基础上，进行了大量的自主创新，性能得到全面提升，表现突出。2006 年，东风天龙重型载货汽车参加了“首届中国国际卡车节油大赛”，囊括了相应组别的“最省油奖”和“跑得快奖”，同时东风天龙获得该次比赛的唯一一个整车品牌“省油成就奖”，其搭载的东风 dCi 11 发动机获得“最省油发动机奖”。东风天龙的首次亮相，即斩获 8 个奖项，一鸣惊人。2011 年，东风汽车有限公司“东风天龙”重型载货汽车的商标被国家工商行政管理总局认定为中国驰名商标。“天龙”作为中国商用车行业重型载货汽车的领先品牌，成为首个成功入选中国驰名商标的商用车行业子品牌。

引导问题 3　我国主要有哪些客车品牌？

1. 宇通

郑州宇通集团有限公司（简称“宇通集团”）前身是 1963 年在原郑州轻工机械厂的基础上建立的河南省交通厅郑州客车修配厂。1997 年，“宇通客车”股票在上海证券交易所上市，成为我国第一家大客车企业上市公司。宇通公司先后被国家评为“中国名牌”和“中国驰名商标”；2006 年，商务部、国家发展改革委授予宇通客车“国家汽车整车出口基地企业”称号，宇通公司也因此成为商用车客车领域首家获得进出口商品免验证书的企业。

2010 年以来，宇通客车获“中国骄傲”荣誉称号，又连续多年斩获世界客车联盟（BAAV）颁发的年度最佳客车制造商、年度最佳创新客车、年度最佳客车、年度最佳客车安全装备、年度最佳环保巴士等大奖。近几年，宇通客车在重大场合频繁亮相。2018 年，宇通客车为俄罗斯世界杯服务,承载大部分明星球队运输。第一次世界大战停战100周年纪念日,宇通客车载60多位国家领导人在法国参加纪念仪式。2019年,宇通客车服务中华人民共和国成立70周年大阅兵及授勋仪式。2020年,宇通客车的身影又出现在全国抗击新冠肺炎疫情表彰大会、嫦娥五号发射等活动中。

目前,宇通集团已形成5~25米,覆盖公交客车、客运客车、旅游客车、校车、公商务车、房车等各个细分市场,包括高档、中档、普档等各个档次的产品链。截至2020年底,宇通集团产品远销亚太、欧洲、美国等地区,累计出口客车超7万辆,累计销售新能源客车14万辆。

宇通客车品牌标志(图3-5-6)以"圆"为基本元素,由3个半圆组成,形象表示出正在滚动的车轮形象,突出体现企业的行业特性。通过由小到大的图形造型,体现宇通犹如一轮红日,缓缓升起在中国的上空,寓意着宇通脚踏实地、稳步发展、不断壮大。

图3-5-6 宇通客车品牌标志

2. 金龙

金龙汽车集团旗下现有厦门金龙联合汽车工业有限公司、厦门金龙旅行车有限公司、金龙联合汽车工业(苏州)有限公司3家国内外著名的客车整车制造企业。其中,厦门金龙联合汽车工业有限公司,即我们常说的"金龙客车",始创于1988年12月。金龙客车产品主要包括大、中、轻型客车整车,在厦门和绍兴拥有3个生产基地。其中,厦门轻型客车生产基地是国内少有的具有完备的现代化轻型客车生产线的制造基地,拥有冲压、焊接、电泳、涂装、总装五大工艺自动化生产线。金龙客车曾多次服务于国家及国际重大盛会,主要包括2008年北京奥运会、2010年上海世界博览会、2012年伦敦奥运会、2017年金砖国家峰会、2018年俄罗斯世界杯和2018年巴布亚新几内亚APEC峰会等,赢得了"国车"美誉,在海内外享有很高的品牌知名度与美誉度。

目前,金龙客车产品涵盖4.8~18米不同车型,主要包括客运、公交、团体旅游、新能源、校车及特种车,能源覆盖传统动力、混合动力及纯电动、压缩天然气/液化天然气(CNG/LNG)、氢燃料动力等多种动力平台,以及自动驾驶开发平台,全面满足各个细分市场与场景的用车需求。

金龙客车品牌标志(图3-5-7)中,椭圆形象征地球的形状,表明金龙的资源取自地球,金龙决心制造世界级的中国客车。标志中间是抽象的"人"字形,体现服务于人的"处处关怀"理念。"人"字形的右撇与椭圆是相连的,表示金龙根植于民族工业;而左撇则与椭圆留有一定的空间,表明金龙深知开拓永无止境,唯有时时加倍努力,才能"时时领先"于整个客车制造业。

3. 中通客车

中通客车控股股份有限公司(简称"中通客车")是目前国内第三大客车生产企业,仅次于宇通客车和金龙汽车,成立于1958年,总部位于山东省聊城市。1971年开始专注于生产客车,2000年在深圳上市,是国内最早集客车生产企业与客车上市企业于一身的公司。中通客车节能与新能源客车的年生产能力约为3万辆,是行业内首个获得最新版要求的燃料电池、纯电动及插电式混合动力商用车生产资质的企业。

目前,中通客车产品体系涵盖了6~18米,包括公路客运、公交、团体、旅游、高端商务、校车等各个细分市场,共15大系列260余个品种。产品具有极强的市场竞争力,已销往100余个国家和地区。

中通客车品牌标志(图3-5-8)整体造型酷似“中”字。

图3-5-7 金龙客车品牌标志

图3-5-8 中通客车品牌标志

引导问题4 我国主要有哪些客车产品?

宇通10米系列

宇通客车历年来因为在10米车细分市场的表现非常抢眼,又被称为“10米车品牌”。宇通新10米系列客车,以可靠、耐用的品质提升了运营效率,以更低的油耗降低了运营成本,以更丰富的配置满足了用户多元化的需求,被称为“10米之王”。在内饰方面,宇通新10米系列客车均采用无钉化精细内饰,给人以简洁、大气的感觉,整车内饰材料添加了杀菌剂,采用无异味地板革等材料,环保健康,还采用了悬浮式排气系统、低噪声空调、环保材料等。外观方面,整车新颖大方,利用空气动力学原理进行设计,现代感和运动感十足,后视镜采用无盲区设计,并可电动除霜,提升驾驶安全性。

学习测试

1. 填空题

(1)________是福田汽车的全球总部所在地。

(2)北京福田戴姆勒汽车有限公司成立于________,是戴姆勒公司和福田汽车各出资50%合资成立的一家中外合资企业。

(3)________是中国历史最为悠久的研发和制造重型汽车的企业之一,也是目前我国重型汽车行业的龙头企业。

(4)江淮商用汽车品牌标志外框具有金属质感,将________三个字母紧紧包裹,寓意为江淮汽车将精益求精的“制造精神”灌注于钢与铁、光与热之中,将白金的质感、机械的底气包裹在每一款产品中。

(5)一汽解放汽车有限公司是我国________有限公司的全资子公司。

2. 选择题

(1)2006年,东风汽车有限公司推出了商用车重型载货汽车产品——(　　)。

A. 天龙　　B. 欧曼　　C. J6　　D. 天锦

(2)(　　)成为国内第一家大客车企业上市公司。

A. 福田　　B. 宇通　　C. 中通　　D. 金龙

(3)(　　)客车品牌标志以“圆”为基本元素,由3个半圆组成,形象表示出正在滚动的车轮形象,突出体现企业的行业特性。

A. 福田　　B. 宇通　　C. 中通　　D. 金龙

(4)(　　)客车是目前国内第三大客车生产企业,仅次于宇通客车和金龙汽车,成立于1958年,总部位于山东省聊城市。

A.福田　　B.宇通　　C.中通　　D.金龙

(5)(　　)前身为1963年在原郑州轻工机械厂的基础上建立的河南省交通厅郑州客车修配厂。

A.福田汽车　　B.宇通集团　　C.中通客车　　D.金龙汽车集团

3.判断题

(1)福田汽车品牌标志整体为钻石造型,象征财富、品质和福田汽车长久的生命力,银色代表卓越的工业化气质与现代感,3条斜线分别代表福田突破、超越、领先的三阶段竞争理论。(　　)

(2)解放汽车品牌标志与中国第一汽车集团有限公司标志相同,取第一汽车中的"一汽"为核心元素,经组合、演变,构成飞翔的"雄鹰"的视觉景象。(　　)

(3)东风商用车有限公司历史悠久,起源于1969年建立的二汽。(　　)

(4)东风汽车品牌标志与东风集团标志相同,有着双燕舞东风的含义。(　　)

(5)一汽解放J6是一汽解放汽车有限公司自2010年下线开始生产的载货汽车产品,是解放载货汽车向重型化市场发展的里程碑式产品。(　　)

任务六　国外商用汽车品牌与文化

作为一名商用车行业从业人员,你知道国外有哪些商用车知名企业吗?

任务分析: 需要了解国外商用车企业的名称,识别商用车企业的标识并说出其含义。

一　学习目标

通过本任务的学习,应当:

1.能够列举至少五个国外商用车品牌;

2.能够了解车标的含义;

3.能够清晰地表述品牌的发展历程及车标的演变过程;

4.根据任务的实施情况,分组讨论与交流,培养分析问题、解决问题与归纳总结的能力。

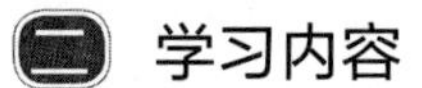

二 学习内容

1. 国外主要在哪些商用车品牌?
2. 国外主要有哪些商用车产品?

资讯储备

引导问题 1 国外主要有哪些商用车品牌?

1. 欧洲

(1)斯堪尼亚

斯堪尼亚(SCANIA)是一家瑞典的货车及客车制造厂商,产品销往全球100多个国家和地区。凭借技术领先的模块化系统,斯堪尼亚成为商用汽车行业盈利能力最强的公司。

1891年,瓦比斯(VABIS)公司在南泰利耶成立,生产火车车厢。1900年,SCANIA机器制造厂在瑞典南部的马尔默成立,生产自行车。两家公司各自建立后不久,都转向研发和生产轿车、货车和客车。1911年,SCANIA与VABIS两家公司合并成立SCANIA-VABIS公司。

SCANIA公司的标志发展历史悠久,确切地说,已经有100多年的历史。虽然随着时间的流逝,这个历史悠久的徽标经历了几次改版,已经与最初的设计图案有很大的不同,但它依然熠熠生辉。居于徽标中间的是神秘的狮身鹰面兽(Griffin),它象征着速度、力量、敏捷和勇气。1901年,位于马尔默的SCANIA公司向瑞典专利注册局注册了一个由自行车脚踏板曲柄、狮身鹰面兽和SCANIA名称组成的商标。第二年,带有这一经典标志的汽车正式驶出工厂,这是瑞典历史上首次批量生产的汽车,当时共计生产5辆。1906年,VABIS公司注册了自己的商标,为居于椭圆之中的VABIS名称。1911年,SCANIA公司与VABIS公司合并,一枚新商标由此诞生,脚踏板曲柄、狮身鹰面兽、SCANIA与VABIS的名称被组合在一起,成为新的SCANIA-VABIS公司的代表徽标。1969年,SCANIA-VABIS公司与萨博(SAAB)公司合并成立萨伯-斯堪尼亚(SCANIA)有限公司,之前值得骄傲的公司徽标曾一度暂时停止使用,只有斯堪尼亚(SCANIA)的英文名称保留在公司汽车的车头上。1995年5月,SCANIA再次成为一家独立的公司,以原始商标为基础,并进行改版,这就是我们所看到的经典的SCANIA公司的标志。2017年,SCANIA公司又对自己的标志进行了修改和优化。修改后的标志显然变得更加立体并富有质感,最显眼的莫过于新标志中的皇冠部分由之前的黄色变为统一的银色,如图3-6-1所示。

图3-6-1 斯堪尼亚车标

(2)沃尔沃

沃尔沃集团(Volvo),以生产轿车起家,于1927年在瑞典哥德堡创立,创始人是古斯塔夫·拉尔森(Gustaf Larson)和阿瑟·格布里森(Assar Gabrielsson)。Volvo一词为拉丁文,原意是“滚滚向前”。沃尔沃集团生产的第一台载货汽车于1928年上市。时至今日,

沃尔沃已经是世界顶级商用车的代名词,成就了一段近一个世纪的传奇。如今,沃尔沃集团轿车产业已被我国吉利集团收购,但载货汽车、客车、建筑设备、游艇及工业用发动机等产业依然在瑞典经营。

沃尔沃车标由三部分图形组成:第一部分是圆圈带有一支箭,箭沿对角线方向指向右上角,这就是铁元素的古老化学符号,其中的圆圈也代表古罗马战神玛尔斯(Mars)。在西方文明中,沃尔沃车标的设计理念普通而不平庸,古老而又深邃。它起源于罗马帝国时代,象征着火星、罗马战神和阳刚的男性,又代表着金属铁和火星之间的渊源。因此,这个标志一直被视为钢铁工业的象征。为了让人们能够联想起有着光辉传统的瑞典钢铁工业及公司钢铁般坚强的实力,沃尔沃公司在汽车上使用代表铁元素的品牌标志。第二部分是对角线设计,在散热器上设置一条对角线彩带。设置彩带主要是出于技术因素的考虑,用来将玛尔斯符号固定在进气格栅上,后来逐渐演变为一种装饰性符号,成为沃尔沃轿车最明显的标志。第三部分是沃尔沃公司注册商标"VOLVO"字样,如图 3-6-2 所示。

图 3-6-2　沃尔沃车标

(3)曼恩(MAN)

曼恩(MAN)集团的前身是奥格斯堡机器制造厂。当时为了改善蒸汽机效率低的问题,鲁道夫·狄赛尔(Rudolf Diesel)和奥格斯堡机器制造厂合作,于 1897 年共同开发了一台以柴油为主要燃料的内燃发动机(又名柴油发动机),自此,柴油机登上了世界舞台,狄赛尔也被载入史册。而当时与狄赛尔合作的奥格斯堡机器制造厂,在 1908 年更名为奥格斯堡-纽伦堡机械工厂股份公司(Maschinenfabrik Augsburg Nürnberg),简称为 M. A. N. ,这也是曼恩(MAN)品牌名称的由来。

曼恩(MAN)集团总部位于德国慕尼黑,是一个在欧洲处于领先地位的工程集团,也是德国商用车的先行者。曼恩(MAN)集团涉及载货汽车、客车、柴油发动机和透平机械等业务,并均在各个业务领域处于全球领先地位。全球最权威的商用车评选活动之一 ETM 最佳商用车大奖每年都吸引着众多商用车品牌商的积极参与,并赢得大众的广泛关注。在 2019 年的评选活动中,曼恩(MAN)集团商用车可谓硕果累累,包揽了 5 个类别组的冠军和其他类共 12 个奖项。

曼恩(MAN)集团的标志(图 3-6-3)上半部分是 Maschinenfabrik Augsburg Nürnberg 的德文缩写,下半部分为创始人 Büssing 与他的两个儿子 Max 和 Ernst 在不伦瑞克共同创办的公司的标志——不伦瑞克最著名的狮子。

(4)戴姆勒

戴姆勒股份公司(Daimler AG),前身是 1890 年戴姆勒和迈巴赫成立的戴姆勒发动机研究院(Daimler Motoren Gesellschaft,DMG),总部位于德国斯图加特。目前,戴姆勒股份公司是全球最大的商用车制造商。戴姆勒股份公司旗下包括四大业务单元,分别是梅赛德斯-奔驰汽车、戴姆勒载重汽车、梅赛德斯-奔驰轻型商用车和戴姆勒金融服务。戴姆勒有各类品种的载重汽车、专用汽车、大客车,仅载重汽车就有 110 余种基本型。

20 世纪 80 年代,戴姆勒公司和中国北方工业公司合作,向我国转让奔驰重型汽车的生产技术。2012 年 2 月,戴姆勒股份公司和福田汽车合资组建北京福田戴姆勒汽车有限公司。戴姆勒车标采用的是三叉星标志,象征着海陆空的机械化,如图 3-6-4 所示。

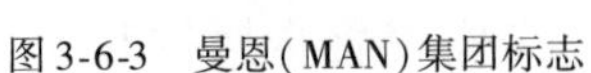

图 3-6-3　曼恩(MAN)集团标志　　图 3-6-4　戴姆勒车标

2. 美国

(1)彼得比尔特

彼得比尔特(Peterbilt)公司,成立于 1939 年,总部位于美国华盛顿州,隶属佩卡集团,是美国老牌的重型载货汽车生产厂商之一。彼得比尔特品牌在美国重型载货汽车市场上占有约十分之一的份额。佩卡集团是载货汽车领域美国排名第一、世界排名第二的企业,仅次于戴姆勒-克莱斯勒汽车公司(1998 年由戴姆勒-奔驰公司与克莱斯勒公司重组而来)。彼得比尔特兼具潮流与古典特色,是最具美国风格的长头重型载货汽车代表之一。

彼得比尔特正是其车标英文的音译,如图 3-6-5 所示。

(2)福莱纳

福莱纳(Freightliner)集团创建于 1929 年,总部位于美国俄勒冈州波特兰。它是世界著名重型汽车品牌之一,也是北美货车、特种车辆和专用底盘的领先制造者。1981 年,德国戴姆勒-奔驰公司收购了福莱纳公司。戴姆勒-奔驰公司与克莱斯勒公司重组后,福莱纳成为该集团的合资子公司。

福莱纳集团拥有几大世界知名货车品牌,包括福莱纳、托马斯比尔特、西星、斯特林、兰番斯等,特别是以传统型长头重型货车为代表。福莱纳车标(图 3-6-6)即是大写的英文 FREIGHTLINER,是英文集中货运车的意思,代表福莱纳商用车所应用的领域。

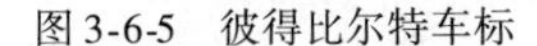

图 3-6-5　彼得比尔特车标　　图 3-6-6　福莱纳车标

3. 日本、韩国

(1)五十铃

五十铃(いすゞ自動車株式会社,Isuzu Jidōsha Kabushiki Kaisha)是一家日本的汽车制造公司,其前身是于 1916 年成立的东京石川岛造船所。1922 年,生产出轿车。1934 年,根据商工省(现通商产业省)标准模式开始批量生产汽车,并以伊势神宫旁的五十铃河来命名成为“五十铃”商标。1949 年,改称五十铃汽车公司。总部位于日本东京,制造与组装一体化。工厂设在日本藤泽市、栃木县及北海道,公司以生产商用车辆和柴油内燃机著名。

五十铃是最早进入中国市场的日本汽车品牌之一,1985 年便开始通过与中国政府合作的方式在中国生产轻型商用车,在中国树立了高端轻型商用车的形象。五十铃公司的车标是五十铃日文的罗马字母拼法,如图 3-6-7 所示。

(2)现代

现代汽车公司成立于1967年,创始人是郑周永。现代汽车公司是世界20家最大汽车公司之一,也是韩国最大的汽车企业,总部位于韩国首尔。1968年,现代汽车公司与福特汽车公司签订组装协议。不久后,现代汽车公司又与三菱汽车公司合作,采用三菱的技术和部件生产现代品牌汽车。1985年,现代汽车公司快速发展,产量为25万辆,1997年达到120万辆。2000年,现代汽车公司和戴姆勒股份公司各出资50%成立现代载货车公司,主要针对亚洲市场研发、制造和销售商用车。2004年,戴姆勒股份公司退出现代载货车公司。目前,现代商用车产品主要有:H1轻型载货车、H100微型客车、Chorus轻型客车、Country/Aero/Universe大中型客车、载货汽车、牵引车、自卸车及各种特种汽车等。

现代汽车公司的标志(图3-6-8)是椭圆内包含斜字母*H*。椭圆一方面代表地球,寓意现代汽车以全世界为舞台,进行全球化经营与管理,另一方面代表汽车转向盘。斜字母*H*是现代汽车公司英文HYUNDAI的首字母,同时也是两个人握手的形象化艺术表现,代表现代汽车公司与客户之间的互相信任与支持。

图3-6-7 五十铃公司车标

图3-6-8 现代公司车标

引导问题2 国外主要有哪些商用车产品?

1.斯堪尼亚R999

斯堪尼亚"红珍珠"R999由世界著名的瑞典斯堪尼亚改装专家Svempa Bergendahl倾心打造,是在斯堪尼亚T164LA4X2NA重型载货汽车基础上改装而成的一款敞篷车,被称为"全球最时尚载货汽车"。自2007年问世以来,斯堪尼亚"红珍珠"R999就一直作为重型载货汽车改装文化的代表而深受世界各地载货汽车爱好者的喜爱。斯堪尼亚"红珍珠"R999配备16升V8发动机,双涡轮增压。虽然该车重约6.5吨,但百公里加速仅需5秒,巨大的发动机声在半公里外就可以听到。

2.彼得比尔特389

彼得比尔特389在美国家喻户晓,是典型的美国肌肉载货汽车,是高速公路上的"霸王",也是美式长头载货汽车的经典之作。自1978年起,它在造型方面没有大的改变,但动力系统和驾驶室内部设计改动较大。如今,外形古典的彼得比尔特389已拥有先进的引擎,驾驶室内部也更加人性化,甚至可以为长途驾驶的驾驶员提供卧铺进行休息。

学习测试

1.填空题

(1)________是一家瑞典的货车及客车制造厂商,1900年在瑞典南部的马尔默成立。

(2)斯堪尼亚商标中,居于徽标中间的是神秘的________,它象征着速度、力量、敏捷和勇气。

(3)________的前身是奥格斯堡机器制造厂。

(4)________和奥格斯堡机器制造厂合作，于1897年共同开发了一台以柴油为主要燃料的内燃发动机（又名柴油发动机），自此，柴油机登上了世界舞台。

(5)曼恩（MAN）集团总部位于德国________，是一个在欧洲处于领先地位的工程集团，也是德国商用车的先行者。

2. 选择题

(1)戴姆勒股份公司（Daimler AG）前身是1890年戴姆勒和迈巴赫成立的戴姆勒发动机研究院（Daimler Motoren Gesellschaft，DMG），总部位于德国（　　）。

A. 斯图加特　　B. 慕尼黑　　C. 沃尔夫斯堡　　D. 科隆

(2)彼得比尔特公司成立于1939年，隶属佩卡集团，是（　　）老牌的重型载货汽车生产厂商之一。

A. 英国　　B. 德国　　C. 美国　　D. 日本

(3)（　　）汽车公司是韩国最大的汽车企业。

A. 福田　　B. 现代　　C. 中通　　D. 金龙

(4)现代汽车公司的创始人是（　　）。

A. 郑周永　　B. 郑梦九　　C. 丰田　　D. 福特

(5)五十铃是一家（　　）的汽车制造公司。

A. 英国　　B. 德国　　C. 韩国　　D. 日本

3. 判断题

(1)Volvo一词为拉丁文，原意是“滚滚向前”。（　　）

(2)1901年，位于马尔默的SCANIA公司向瑞典专利注册局注册了一个由自行车脚踏板曲柄、狮身鹰面兽和SCANIA名称组成的商标。第二年，带有这一经典标志的汽车正式驶出工厂，这是瑞典历史上首次批量生产的汽车。（　　）

(3)沃尔沃车标里面有一支箭，箭沿对角线方向。（　　）

(4)曼恩（MAN）集团的标志上半部分是Maschinenfabrik Augsburg Nürnberg的德文缩写，下半部分为创始人Büssing与他的两个儿子Max和Ernst在不伦瑞克共同创办的公司的标志——不伦瑞克最著名的狮子。（　　）

(5)福莱纳（Freightliner）集团创建于1929年，总部位于美国俄勒冈州波特兰，是世界著名重型汽车品牌之一。（　　）

任务七　地域性的载货汽车文化

任务导入

作为一名称职的商用车行业从业人员，你知道彩绘载货汽车吗？彩绘载货汽车目前在哪些国家比较流行呢？

任务分析:需要了解载货汽车文化的地域特点。

任务学习

一 学习目标

通过本任务的学习,应当:

1. 能够说出不同地域载货汽车文化的特点;
2. 能够分析形成不同地域载货汽车文化的原因;
3. 根据任务的实施情况,分组讨论与交流,培养分析问题、解决问题与归纳总结的能力。

二 学习内容

1. 欧洲载货汽车文化的特点是什么?
2. 美国载货汽车文化的特点是什么?
3. 日本载货汽车文化的特点是什么?
4. 印度载货汽车文化的特点是什么?
5. 中国载货汽车文化的特点是什么?

资讯储备

世界各国、各民族的文化习俗都具有独特性。正是这种文化习俗的独特性,才使得世界文化具有多样性、丰富性的特点。这种文化的差异性同样体现在载货汽车上。

引导问题 1 欧洲载货汽车文化的特点是什么?

说到载货汽车文化,不得不提欧洲,载货汽车彩绘和改装是欧洲载货汽车文化不可或缺的重要组成部分。欧洲许多国家浓郁的载货汽车改装文化已经具有几十年的积淀。每年欧洲很多国家都会举办各类载货汽车展会、赛事、嘉年华,比如瑞典诺丁杯卡车节、荷兰卡车之星汽车节等。从首届诺丁杯卡车节(1980 年)开始,到目前为止获得奖杯的载货汽车中有超过 50% 都是基于斯堪尼亚品牌载货汽车改装的。可以说,“公路之王”斯堪尼亚是欧洲载货汽车文化的代言人。同样,各式各样改装的具有绚丽外观的牵引车头也给人留下极为深刻的印象。相关政策适度性、载货汽车爱好者“情怀”的推崇以及浓郁氛围的影响造就了今天欧洲盛行的改装载货汽车文化。图 3-7-1 所示为欧洲彩绘载货汽车文化的代表。

在欧洲,不仅牵引车具有浓郁的改装风情,就连我们常见类型的自卸车也变成了改装的焦点,经过一番外观颜值的提升后与其说是“改装车”,更不如说是“艺术品”。如图 3-7-2 所示,这辆自卸车整车涂装主打哑光黑色,车门及保险杠侧面的烈焰涂装更显气势,犹如“凤凰涅槃”。

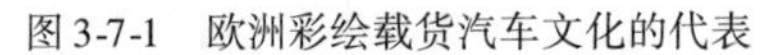

图 3-7-1　欧洲彩绘载货汽车文化的代表

图 3-7-2　改装后的自卸车

引导问题 2　美国载货汽车文化的特点是什么?

美国的载货汽车文化同样历史悠久。美国的公路各方面都远远优于铁路,路况好且收费低,货运几乎靠载货汽车承载,并且驾驶员们也热爱公路行车。在美国,载货汽车文化有多种表现形式:五彩缤纷的彩绘艺术、造型各异的定制改装设计、惊险刺激的载货汽车拉力赛、眼花缭乱的载货汽车展会,这些使得美国的载货汽车文化形成了一道靓丽的风景线。

从外观上来说,美国载货汽车给人的感觉就是霸气、凶猛。因为体积巨大,载货汽车的车身一般也比较稳,因此发生事故的概率也就很小。美国载货汽车的驾驶员不喜欢扁平短粗的车头,也不喜欢驾驶室的位置设计在发动机之上。美国驾驶员将载货汽车当作自己的家,吃喝住行都在车上解决,因此驾驶员对其舒适性要求更高。兼具外观和内涵的长头载货汽车称霸美国公路,已经成为美国载货汽车文化的典型,如图 3-7-3 所示。

图 3-7-3　美国长头载货汽车文化的代表

引导问题 3　日本载货汽车文化的特点是什么?

日本的载货汽车文化理念别具一格,不同于美国载货汽车的方正粗犷和欧洲载货汽车的精细严谨,炫目夸张是其给人的第一印象。日本的载货汽车文化源于日本的特殊人群:暴走族。

暴走族诞生于第二次世界大战后的日本广岛(第二次世界大战时期,整个城市被美国的原子弹摧毁),是由退役的日本军人自发组织而成的。这些曾经接受过日本军国主义教育长大的"昭和青年",成群结队地骑上摩托车,挥舞着武士刀,不守规则地在街道上游荡。为了显示自己的个性,他们开始对自己的摩托车进行改装,夸张的整流罩、高耸的后座靠背,甚至将队旗插在车身显眼位置,实际上更多的是吸引人们的注意。

暴走族发展到后来又分为武暴走和文暴走。武暴走一般年纪较小,多数骑着改装后的本田、雅马哈、铃木、川崎等日本本地产的中小排量摩托车。这些年轻人经济条件一般,穿着特攻服,成群结队地在街道上游走。而文暴走多数为有一定经济条件的中年人，座驾也换为大排量摩托车，一般为三五个人，很少许多人一起出动，主要是为了通过飙车宣泄工作生活的压力。随后，这种暴走文化渐渐蔓延到载货汽车行业。与摩托车的装饰风格一样，载货汽车暴走族在车的装饰上，也极尽浮夸。这些暴走载货汽车一般由小货车或油罐车改装而成，采用大量的电镀和复杂炫目的彩灯，光彩夺目，绚丽至极，如图 3-7-4 所示。如今，由于日本交规的约束，这种改动非常浮夸的“暴走载货汽车”已经很少见了。

图 3-7-4　日本电镀载货汽车文化

引导问题 4　印度载货汽车文化的特点是什么？

在印度，载货汽车驾驶员是非常辛苦的，这主要体现在以下五个方面：一是工作时间长；二是道路环境差；三是住宿条件恶劣，公路两旁有简单搭建的旅馆，床一般是由钢管和回收的内胎做成的，十分简陋；四是交通秩序十分混乱，反光镜基本上没用，停车和变道时的车距极小；五是公路上到处可见牛、猴、羊、骆驼等在其中穿行。

图 3-7-5　浓墨重彩的印度彩绘载货汽车文化

也许是因为生活的艰辛，加之宗教文化的影响，印度的载货汽车驾驶员们喜欢在车上进行彩绘装饰。但与欧洲的精致和日本的炫目不同，印度的载货汽车彩绘图案富有想象力，甚至连国旗图案都可以喷绘到车上。同时，这些彩绘有着浓厚的宗教色彩，凤凰、牛、狮子等宗教图案也被广泛使用。在印度，车辆从内至外的每一个地方都会被精心装饰，甚至油箱底盘和货运箱子也会被涂上各种颜色。除了在颜色上下功夫，印度的载货汽车在内饰部分还喜欢加装风格迥异的小装饰，比如在车前挂流苏等。五颜六色的彩绘载货汽车（图 3-7-5）恰巧体现了印度当地热情奔放的风俗文化特色。

引导问题 5　中国载货汽车文化的特点是什么？

新中国成立初期，我国还没有自己的汽车工业。物以稀为贵，载货汽车在当时具有非常高的地位。这一点在抗美援朝战争时达到了极致，每一位驾驶员都会像爱惜自己的生命一样爱惜自己所开的载货汽车。从个人角度来看，载货汽车俨然已经成为每一个战士最亲密的战友，它是有生命的；从集体角度来看，这一行为是保护国家财产。这就是我国载货汽车文化较早的体现之一。

1956 年，我国造出了自己的第一辆载货汽车。我们国家的载货汽车文化作为一种草根文化、一种流行文化，有它独特的表现形式，例如，“五十岁的老司机笑脸扬”的歌谣；在川藏线、滇藏线上，载货汽车驾驶员们有一个默契的约定，路上带一根结实的绳子，每当遇到遇险被困的车辆时，便伸出援手，这种互帮互助的精神是当时载货汽车文化的缩影。这些都是有中国特色的载货汽车文化。

从近些年载货汽车文化的发展情况来看，我国的载货汽车文化更注重情感的表达，与国外的注重外在装饰有着本质的区别。例如，载货汽车驾驶员在外跑车，身旁带着妻

图3-7-6　简单实在的中国载货汽车文化

子,车上备着的饭菜食物、路上的欢声笑语就是中国当代载货汽车文化的温情呈现。再比如载货汽车人的横幅文化,简单实在,写出了载货汽车世界的真情和理想,没有套路、没有虚伪,写满了载货汽车人的喜怒哀乐,道尽了载货汽车人的英雄气概。如果说国外的载货汽车文化是娱乐调剂,那么中国的载货汽车文化就是现实温情。如果说国外的载货汽车文化是图像艺术,那么中国的载货汽车文化就是文字艺术,如图3-7-6所示。

学习测试

1. 填空题

(1)载货汽车________和________是欧洲载货汽车文化不可或缺的重要组成部分。

(2)首届诺丁杯卡车节是从________开始。

(3)从外观上来说,美国载货汽车给人的感觉就是________。

(4)兼具外观和内涵的________称霸美国公路,已经成为美国载货汽车文化的典型。

(5)日本的载货汽车文化源于日本的特殊人群:________。

2. 选择题

(1)在印度,载货汽车驾驶员的辛苦是普通人难以想象的,这主要体现在(　　)方面。

A. 工作时间长　　B. 道路环境差

C. 住宿条件恶劣　　D. 交通秩序十分混乱

(2)文暴走的特点有(　　)。

A. 以年轻人为主

B. 多数骑着改装后的本田、雅马哈、铃木、川崎等日本本地产的中小排量摩托车

C. 多数为有一定经济条件的中年人

D. 通过飙车宣泄工作生活的压力

(3)武暴走的特点有(　　)。

A. 以年轻人为主

B. 多数骑着改装后的本田、雅马哈、铃木、川崎等日本本地产的中小排量摩托车

C. 多数为有一定经济条件的中年人

D. 通过飙车宣泄工作生活的压力

(4)美国的货运主要靠(　　)承载。

A. 公路　　B. 载货汽车　　C. 铁路　　D. 客车

(5)主要以平头车为主的地区有(　　)。

A. 中国　　B. 欧洲　　C. 美国　　D. 日本

3. 判断题

(1)美国载货汽车以长头车为主。(　　)

(2)炫目夸张是日本载货汽车文化给人的第一印象。(　　)

(3)印度的载货汽车文化受到宗教的影响。(　　)

(4) 五颜六色的彩绘载货汽车恰巧体现了印度当地热情奔放的风俗文化特色。 (　　)

(5) 简单实在是中国载货汽车文化的特点。 (　　)

任务八 造型演变与色彩

任务导入

在公路上,你见过许许多多颜色各异的商用车,你知道最近商用车的流行色是什么吗?

任务分析:需要了解色彩的知识和商用车颜色的流行趋势。

一 学习目标

通过本任务的学习,应当:

1. 能够说出商用车造型演变的历程;
2. 能够清晰地总结每个阶段造型特点及变化原因;
3. 能够列举目前主流的商用车色彩;
4. 根据任务的实施情况,分组讨论与交流,培养分析问题、解决问题和归纳总结的能力。

二 学习内容

1. 不同地区的载货汽车造型有什么特点?
2. 客车造型演变经历了哪些阶段?
3. 载货汽车常见的色彩有哪些?
4. 客车常见的色彩有哪些?

资讯储备

客车和载货汽车,同属商用车,但二者在造型与色彩上的理念是不同的。载货汽车以载货为主要目的,由于几乎全部功能系统都集中在车的前部,后部的装载区集装箱、挂斗等为配件,所以通常我们所说的载货汽车造型与色彩设计主要是指车头造型和驾驶室内部造型设计;客车驾乘空间为整个车身,外部造型为长方体,以载人为主要目的,所以通常我们所说的客车造型与色彩设计的重点是对整个车身外形的设计和乘载空间的合理优化。

引导问题 1 不同地区的载货汽车造型有什么特点?

1896 年,戴姆勒公司于德国制造出世界上第一辆载货汽车。由于刚刚处于起步阶段,发展并不完善,因此直到 20 世纪初期,载货汽车的应用范围并不是很广泛。后来,随着科技的进步、物质需求的增加和两次世界大战的影响,载货汽车才逐渐发展成为一种重要的运输工具。

在现代社会中,不同地区的载货汽车在外形上差异性明显。

美国以长头车最为常见。美国的载货汽车往往给人一种舒适、宽敞的印象,这是由于长头车的发动机不在驾驶室,驾驶者拥有更大的活动空间。并且,长头车的安全性更高,发生正面碰撞时,长头车的溃缩吸能区大。此外,长头车也满足美国车辆长度标准。

美国的载货汽车按造型可分为传统型和现代型。传统型载货汽车的形面特点为棱角分明,金属本色和油漆色结合,排气管外露,使人联想到蒸汽时代的轰鸣声与机械美感。相较于传统型载货汽车,现代型载货汽车采用大圆角过渡,隐藏了排气管,色彩也更加鲜艳。为了降低空气阻力,现代型载货汽车造型以大块面构成为主,体量感强,粗犷有力。而且,不同品牌的载货汽车保持着各自的造型风格,局部和细节造型又各有差异。此外,美国驾驶者对个性、自由的追求,使得美国载货汽车带有浓厚的艺术气息,如图 3-8-1 所示。

万国品牌

彼得比尔特品牌

福莱纳品牌

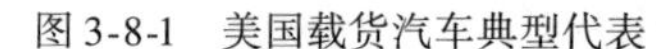

图 3-8-1 美国载货汽车典型代表

欧洲载货汽车以平头车为主。平头型车是由长头型车演变而来的,20 世纪 60 年代后开始出现。相对于长头车,平头车的优点为:一是大大缩短了整车的长度,二是装载空间利用率提高,三是驾驶室内视野开阔。因此,平头车成为国际流行的造型样式。和长头车一样,欧洲载货汽车不同品牌同样拥有自己独特的设计风格。在追求舒适性和安全性的同时,模块化与系列化设计程度高是欧洲载货汽车的特点。此外,就造型而言,欧洲载货汽车形体多呈现为大、平、方、正、稳重,整体风格具有简约、大气、力量感强的特点;棱角过渡圆滑、动感流畅,线条简洁明快,流畅、挺拔,局部细节又呈现变化丰富、细腻、立体的特点,如图 3-8-2 所示。

戴姆勒-奔驰品牌

沃尔沃品牌

斯堪尼亚品牌

图 3-8-2 欧洲载货汽车典型代表

相较于欧美地区,亚洲载货汽车更多地侧重于经济性。日本、韩国的载货汽车整体造型特点与欧洲相似,但显得更加谦和,造型上多了些细腻柔和,稳重内敛,经济实用。

受路况和国家车辆法规的限制，亚洲载货汽车以平头车为主，如图 3-8-3 所示。

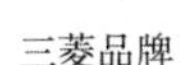

三菱品牌　　五十铃品牌　　现代品牌

图 3-8-3　亚洲载货汽车典型代表

中国载货汽车代表品牌有一汽、东风、中国重汽、北汽福田、江淮汽车等。中国载货汽车的设计研发相较于国外晚了几十年，早期阶段主要以生产制造为主，整体设计比较像欧洲品牌，技术研发的方式主要采取“技术引进”的策略。

21 世纪以来，随着我国重型车市场的迅速扩大和技术的不断进步，载货汽车的发展势头迅猛。在吸收外国先进技术的同时，我国开始注重自主研发，出现了一汽 J6、北汽欧曼、东风天龙等一批重型载货汽车。这些车注重造型的审美价值和品牌特点，造型开始具有现代气息，比例均衡，简约大气，刚健稳重，表现出我国独特的设计风格，如图 3-8-4 所示。

东风品牌　　一汽解放品牌　　北汽福田品牌

图 3-8-4　中国载货汽车典型代表

引导问题 2　客车造型演变经历了哪些阶段？

客车造型的演变受到时代特征、技术要求、审美观念和工艺水平等因素的制约。从整体来看，客车造型的演变分成 7 个阶段。

第一个阶段是简易马车型车阶段。这个阶段的客车实际上就是在马车的基础上安装了发动机，车架非常简陋，如图 3-8-5 所示。到了 20 世纪初，人们对舒适性的要求有了提高，在马车式客车的基础上，加装了窗帘和舒适的座椅，称之为舒适马车型车。

第二个阶段是箱型车阶段。1921 年推出的 Graham 客车，为全封闭式结构，且配备了玻璃视窗以阻挡风雨。因为该车的外形像一只大箱子，因此被称为箱型客车，开创了客车的新时代，如图 3-8-6 所示。1931 年我国汤仲明发明的木炭代油炉车也属于箱型客车。

图 3-8-5　简易马车型客车

图 3-8-6　箱型客车

第三个阶段是流线型车阶段。到了20世纪50年代,随着生活节奏的加快,人们对速度的要求越来越高。由于箱型客车比较方正,空气阻力大,不利于提高车速,人们又研制出一种新的流线型公交客车,如图3-8-7所示。

第四个阶段是梯型车阶段。20世纪70年代,设计师结合古罗马建筑风格,设计出一种前、后、侧视均稍呈梯形的大型公交客车,如图3-8-8所示。

图3-8-7　流线型客车

图3-8-8　梯型客车

图3-8-9　盒型客车

第五个阶段是盒型车阶段。20世纪80年代,出于对节能环保、安全和当时审美的考虑,国外很多大型公交客车制造厂推出了一种方正的大型公交客车,如图3-8-9所示。这种盒形结构的公交客车,不但增大了车内空间、扩大了驾驶员的视野,而且制造工艺简单,便于改型。

第六个阶段是方型车阶段。20世纪90年代时,客车整体方基调还是主流,利用曲率半径较大、圆角较小的曲线和曲面,使车身具有柔和、圆润、饱满的特性,产生了刚柔并济、刚中有柔的效果,增加了艺术感染力。

第七个阶段是个性化阶段。进入21世纪后,客车的品牌及民族特色得以发展,造型风格突出性格化方基调,即整体仍是方基调,但是局部突出个性化,如图3-8-10所示。

我国从1957年自主研发制成公交客车开始,直到2000年,外形多以模仿为主,自己设计的成分较少。进入21世纪以后,我国客车的设计与制造逐渐达到世界先进水平,外形也向着多元化、个性化的方向发展,如图3-8-11所示。

图3-8-10　国外现阶段个性化方基调客车

图3-8-11　我国现阶段个性化方基调客车

引导问题3　载货汽车常见的色彩有哪些?

载货汽车色彩的设计,通过色相、明度和纯度来体现。色相指色彩的相貌,即不同波长给人的视觉感受;明度即色彩的明暗程度;纯度即色彩的纯净程度,又称为饱和度或者彩度。色相、明度和纯度不同,人们对色彩的心理错觉也各不相同,即不同的色彩给人的视觉感受往往是不相同的。例如,红、橙、黄等明度和纯度较高的暖色系列,相比于明度和纯度较低的冷色系列,给人以膨胀、迫近的感觉,显得高大威猛。如果要给人以宁静祥和的感觉,可以采用具有收缩视觉感的色彩,如蓝色、绿色等。另外,也有喷涂多种色彩的载货汽车车身。

在载货汽车的色彩设计中,也需要考虑它的应用环境。例如,在多雾的环境中,载货汽车可以配以红、橙、黄等波长长、明度高的色彩,提高在恶劣天气下的可见度,从而避免交通事故的发生。消防车用红色来表达时间的紧迫和情况的危急,化学物质运输车用黄色来传达它的危险性。

同时,在载货汽车的色彩设计中,也需要考虑地理位置的影响,不同国家和地区的喜好和禁忌不同。在我国,载货汽车市场偏爱红色,如图3-8-12所示,是因为在中华传统文化中,红色代表喜庆。而在热带地区,一般避免使用鲜艳的红色和黄色。在沙漠环境工作的驾驶员则多喜欢绿色。

图3-8-12　我国红色的载货汽车

此外,在载货汽车的色彩设计中,也需考虑色彩的个性化需要。例如,北美地区载货汽车的设计生产都是私人定制的个性化服务,用户可以根据自己的喜好决定车体彩绘图案。

引导问题 4　客车常见的色彩有哪些?

客车的流行色主要体现时代感。20世纪50年代,粉红、粉绿是流行色彩;20世纪60年代,金属银成为主打色;20世纪70年代,暖色调逐渐流行;20世纪80年代,天然色(如橄榄色)和红色兴起;20世纪90年代,随着环保意识的增强,人们更偏爱代表大自然的绿色和代表海洋的蓝色;2000年以后,橘红、灰褐等体现复古情怀的颜色开始流行,同时体现科技感的银色也开始流行。

近年来,银色流行之后,具有特殊质感的灰色也逐渐兴起,深色也开始受到关注。与以前的色彩特征及光亮度不同的蓝色和红色,也逐渐受到人们的青睐。白色体现了纯净与雅致,被称为“永恒的色彩”,一直深受欢迎。清新而健康的色彩,如浅绿、浅蓝等,也逐渐进入人们的眼帘,特别是在新能源车上,这两种颜色应用得最多,如图3-8-13所示。目前,半透明色在日用品上的应用越来越多,小汽车也开始尝试使用,其在客车上的应用是大胆而新异的。彰显成熟魅力的金属色,如香槟金及其他深沉而浓烈的金属色,华丽成熟,是高档与技术的体现,也是近年来的流行色。

a)电动车

b)氢能源车

图 3-8-13　新能源客车

学习测试

1. 填空题

(1)1896 年,________制造出世界上第一辆载货汽车。

(2)美国以长头车最为常见,原因是________,且驾驶者对驾乘舒适的追求高。

(3)客车最初造型风格为________。

(4)在载货汽车的色彩设计中,________等明度和纯度较高的暖色,给人以高大威猛的感觉。

(5)在沙漠环境工作的驾驶员,更多喜欢________。

2. 选择题

(1)美国的载货汽车,按造型可分为(　　)和(　　)两种。

A. 传统型　　B. 现代型　　C. 豪华型　　D. 简约型

(2)亚洲载货汽车更多地侧重于(　　)。

A. 经济性　　B. 使用性　　C. 安全性　　D. 舒适性

(3)欧洲载货汽车的特点是一方面追求(　　)和(　　),另一方面模块化和系列化设计程度高。

A. 经济性　　B. 使用性　　C. 安全性　　D. 舒适性

(4)我国于(　　)年起自主研发制成公交客车。

A. 1955　　B. 1956　　C. 1957　　D. 1958

(5)为了给人以宁静祥和的感觉,可以采用具有收缩视觉感的色彩,如(　　)、(　　)等。

A. 蓝色　　B. 红色　　C. 绿色　　D. 黄色

3. 判断题

(1)载货汽车以载货为主要目的,由于几乎全部功能系统都集中在车的前部,后部的装载区集装箱、挂斗等为配件,所以通常我们所说的载货汽车造型与色彩设计主要是指车头造型和驾驶室内部造型设计。(　　)

(2)客车驾乘空间为整个车身,外部造型为长方体,以载人为主要目的,所以通常我们所说的客车造型与色彩设计的重点是对整个车身外形的设计和乘载空间的合理优化。(　　)

(3)在现代社会中,不同地区的载货汽车在外形上差异性不明显。(　　)

(4)传统型车型的特点是棱角分明,金属本色和油漆色结合,排气管外露。(　　)

(5)客车造型的历史演变规律性是:从马车型客车、箱型客车演变到流线型客车,从方基调客车到个性化客车。(　　)

任务九　商用车赛事

你知道世界技能大赛吗,我国在哪些项目上取得过金牌呢?

任务分析:需要了解商用车赛事有哪些,以及我国在哪些项目上有优势。

任务学习

一　学习目标

通过本任务的学习,应当:

1. 能够列举出两种以上商用车领域赛事;
2. 能够清晰地表述世界技能大赛的起源及发展历程;
3. 能够总结我国参加世界技能大赛获奖情况变化趋势;
4. 能够列举出我国的优势项目与劣势项目;
5. 根据任务的实施情况,分组讨论与交流,培养分析问题、解决问题与归纳总结的能力。

二　学习内容

1. 世界上最艰苦的汽车拉力赛是什么比赛?
2. "世界技能奥林匹克"指的是什么大赛?
3. 中国高效物流载货汽车公开赛有哪些比赛项目?

资讯储备

引导问题 1　世界上最艰苦的汽车拉力赛是什么比赛?

巴黎—达喀尔拉力赛(The Paris Dakar Rally)简称达喀尔拉力赛,是一场每年都会举行的专业越野拉力赛,被称为勇敢者的游戏、世界上最艰苦的拉力赛。达喀尔拉力赛作为最严酷和最富有冒险精神的赛车运动,为全世界所知晓,受到全球5亿人以上的热切关注。巴黎—达喀尔的正式法语名称为LeDakar,每年的赛会都以赞助商或地区名称冠名。

达喀尔拉力赛对车手是否为职业选手并无限制,其中80%左右的参赛者都为业余选

手。虽然名为拉力赛,但事实上是一个远离公路的耐力赛。该项比赛分为摩托车组(赛车的号码以 1 开头)、小型汽车组(包括轿车和越野车,赛车的号码以 2 开头)和载货汽车组(赛车的号码以 3 开头)3 个组别。例如,105 表示摩托车组的第 5 号赛车。而工作车则以数字 8 开头。该项比赛采取间隔发车的方法,但是,比赛的赛段只有十几个,每个赛段都十分漫长,因此,会在某个赛段出现摩托车、小型汽车和载货汽车并驾齐驱的宏大场面。图 3-9-1 为参加达喀尔拉力赛载货汽车的比赛车型。

图 3-9-1　达喀尔拉力赛载货汽车比赛车型

达喀尔拉力赛中经过的地形比普通的拉力赛要复杂且艰难得多,拉力赛的大部分赛段都是远离公路的,需要穿过沙漠、草原、泥浆、岩石和沙丘,有时昼夜温差高达 50℃。除了环境的考验,辨别方向也是选手面临的另一大问题,车手和领航员除了依靠组委会的路线图以外,还需借助其他手段,如指南针、卫星定位系统等,才能到达和通过每一个集结点,但是依然有可能迷失方向。一旦迷失方向,就有可能面临断油、断粮的局面。因此,达喀尔拉力赛是一场人与自然真正较量的比赛。也正是因为这样,虽然每场冠军的奖金不多,但还是会吸引众多不畏艰难的比赛选手前来参加。

此外,除了比赛极具观赏性外,达喀尔拉力赛的维修区也非常值得一看。由于维修队不像其他比赛那样可以通过一般的公路提前到达指定区域等待赛车前来检修和补给,因此,每个车队都会包租专机携带所有的配件、给养和维修技师,在赛车到达之前飞抵指定区域(多为简易机场)。几十架画满了各自车队标志的飞机停在一起,其场面蔚为壮观。当贴着同样车队标志的赛车到达维修区时,便会集中到机翼下进行维修和补给。

引导问题 2　“世界技能奥林匹克”指的是什么大赛?

世界技能大赛是迄今为止全球地位最高、规模最大、影响力最广的职业技能竞赛,被誉为“世界技能奥林匹克”,是世界技能组织成员展示和交流职业技能的重要平台。可以说,一个国家或地区在世界技能大赛中取得的成绩在一定程度上代表了该国家或地区的技能发展水平,反映了这个国家或地区的经济技术实力。发达国家特别是制造业强国都

高度重视世界技能大赛。可以说,世界技能大赛得到了世界各国的大力支持和各国群众的高度关注。图 3-9-2 为第 45 届世界技能大赛的开幕盛况。

图 3-9-2　第 45 届世界技能大赛开幕盛况

世界技能大赛已经有 70 多年的历史,最早的比赛始于西班牙。1946 年,西班牙国内技术工人出现大量短缺的情况,为应对这一困境,时任西班牙青年组织总干事的何塞·安东尼奥·埃尔拉·奥拉索萌生了以职业技能竞赛吸引年轻人接受职业教育的想法。在他的授意下,时任西班牙最大技能培训中心负责人的弗朗西斯科·阿尔伯特·维达和其他几位同事一起,将这一想法变为现实。阿尔伯特·维达提出可以通过组织这项特别的行动来激发年轻人学习技能的激情,并使他们的父母、老师和雇主相信:良好的技能训练也可以为年轻人带来光明的未来。在他的带领下,西班牙于 1947 年进行了第一次尝试——成功举办了第 1 届全国职业技能大赛,当时共有约 4000 名学徒参与其中。

随后,经过一系列努力,1950 年,西班牙与葡萄牙合作,在西班牙首都马德里举办了第 1 届世界技能大赛。至此,世界技能大赛正式拉开序幕。作为当今世界最负盛名的技能赛事,世界技能大赛最初的规模并不宏大,只有来自两个国家的 24 名青年技术工人参加。与此同时,两国在西班牙创立了世界技能组织的前身——国际职业技能训练组织(International Vocation Training Organization,IVTO),这个组织也就是后来各届世界技能大赛的举办者世界技能组织(World Skills International,WSI)的前身。

1953 年,在西班牙的邀请下,一些欧洲国家如德国、英国、法国等纷纷加入国际职业技能训练组织。1954 年,由各成员国选派行政代表和技术代表组成组委会,专门负责制定和完善竞赛规则,这种模式一直沿用至今。1955—1971 年之间,世界技能大赛每年举办一届,但是自 1971 年起,基本稳定为每两年举办一届。20 世纪 60 年代开始,日本、韩国等亚洲国家也先后加入,来自全球不同国家和地区的选手纷纷登上世界技能大赛的舞

台,赛事规模日益壮大。

历届世界技能大赛多在欧洲举办,只在亚洲举办过 7 届,分别是第 19 届(1970 年)日本东京、第 24 届(1978 年)韩国釜山、第 28 届(1985 年)日本大阪、第 32 届(1993 年)中国台北、第 36 届(2001 年)韩国汉城(后更名为首尔)、第 39 届(2007 年)日本静冈、第 44 届(2017 年)阿联酋阿布扎比。此外,在北美洲举办过 1 届,即第 26 届(1981 年)美国亚特兰大;在拉丁美洲举办过 1 届,即第 43 届(2015 年)巴西圣保罗。从欧洲到亚洲、再到美洲,世界技能大赛足迹的延伸充分体现了其成功之处。以技能的比拼、展示和传播为核心,以鼓励青年技术工人成长为己任,世界技能大赛从诞生之日起,就与社会生产紧密相连,满足了社会发展的需求,顺应了时代发展的潮流。

离现在最近的一届世界技能大赛是第 45 届世界技能大赛,是 2019 年 8 月 22 日在俄罗斯喀山举行的。我国为了选拔优秀选手参赛,在上海举办了中国技能大赛暨第 45 届世界技能大赛全国选拔赛。大赛中选拔出了我国参赛代表团的 63 名选手,参加运输与物流、结构与建筑技术、制造与工程技术、信息与通信技术、创意艺术与时尚、社会与个人服务六大领域全部 56 个项目的比赛。这是我国第五次出征,也是我国参加世界技能大赛以来,参赛人员规模最大、参赛项目最全的一次。

第 45 届俄罗斯喀山世界技能大赛中,来自 69 个国家和地区的 1355 名选手,在此次比赛中一较高下。8 月 27 日晚,第 45 届世界技能大赛闭幕,中国代表团荣登金牌榜、奖牌榜和团体总分榜第一。获得金牌的项目是数控车、数控铣、焊接、综合机械与自动化、制造团队挑战赛、建筑石雕、车身修理、电子技术、电气装置、砌筑、移动机器人、花艺、美发、时装技术、混凝土建筑、水处理技术。其中,数控铣、焊接两个项目实现金牌"三连冠",车身修理、砌筑、花艺、时装技术四个项目蝉联冠军,建筑石雕、混凝土建筑、水处理技术三个项目首次参赛便勇夺金牌。

从历届获奖情况看,中国代表团在世界技能大赛中的成绩持续提高,获奖数量逐届增加,且中国代表团获奖项目多数属于制造业领域,这与中国制造业大国的地位相符合,"世界工厂"的称号名副其实。这也表明,我国的部分制造业项目的竞技能力处于国际领先水平,反映出我国正在向制造业强国迈进!

引导问题 3　中国高效物流载货汽车公开赛有哪些比赛项目?

中国高效物流载货汽车公开赛是由交通运输部指导,中国交通报社和各省(区、市)赛区交通运输厅/委主办,福田戴姆勒汽车承办的高效物流类载货汽车公开赛。赛事共有 3 项类别:场地操控赛、道路实况赛、"Super Fleet"超级载货汽车驾驶员联赛。

该大赛是面向高端物流行业的载货汽车赛事,2017 中国高效物流载货汽车公开赛邀请了快递快运、危险化学品、冷链、高附加值日用工业品等行业的客户,通过营造完善的赛事环境与赛事服务,打造高端的赛事品牌,提升赛事参与度与含金量。

2017 中国高效物流载货汽车公开赛致力于推动物流业降本增效,促进中国现代高效物流全面发展。整个比赛共有 6 站,包括上海站、河南站、山东站、四川站、广东站、北京站,其中北京站为决赛站。图 3-9-3 所示为中国高效物流载货汽车公开赛的比赛盛况。

福田戴姆勒杯

CUTR

中国高效物流卡车公开赛

图 3-9-3　中国高效物流载货汽车公开赛

学习测试

1. 填空题

(1)________是一场世界上最艰苦的汽车拉力赛。

(2)历届世界技能大赛多在________举办。

(3)达喀尔拉力赛采取________的方法。

(4)________被誉为“世界技能奥林匹克”。

(5)世界技能大赛已经有 70 多年的历史,最早的比赛始于________。

2. 选择题

(1)达喀尔拉力赛为多车种的比赛,共分为(　　)。

A. 摩托车组　　B. 小型汽车组　　C. 越野车组　　D. 载货汽车组

(2)中国高效物流载货汽车公开赛共有(　　)3 项类别的比赛。

A. 场地操控赛　　B. 道路实况赛

C. 超级载货汽车驾驶员联赛　　D. 摩托车赛

(3)2017 中国高效物流载货汽车公开赛致力于推动物流业降本增效,促进中国现代高效物流全面发展。整个比赛共有 6 站,包括上海站、河南站、山东站、四川站、广东站、北京站,其中(　　)站为决赛站。

A. 北京　　B. 上海　　C. 四川　　D. 山东

(4)第 45 届俄罗斯喀山世界技能大赛,我国(　　)两个项目实现金牌“三连冠”。

A. 移动机器人　　B. 数控铣　　C. 车身修理　　D. 焊接

(5)历届世界技能大赛以在(　　)举办为主。

A. 亚洲　　B. 欧洲　　C. 北美洲　　D. 非洲

3. 判断题

(1)1950 年,西班牙与葡萄牙携手,在葡萄牙马德里举办了第 1 届世界技能大赛。(　　)

(2)世界技能组织的前身是国际职业技能训练组织。(　　)

(3)巴黎—达喀尔拉力赛对车手是否为职业选手有限制。(　　)

(4)中国高效物流载货汽车公开赛是由交通运输部指导,中国交通报社和各省(区、市)赛区交通运输厅/委主办,福田戴姆勒汽车承办的高效物流类载货汽车公开赛。(　　)

(5)第 45 届世界技能大赛正式赛,是 2019 年 8 月 22 日在俄罗斯莫斯科举行的。(　　)

项目四

商用车从业人员职业素养

项目描述

本项目主要介绍了商用车从业人员职业素养，主要包括：职业素养的内涵、构成、作用与养成，职业素养的工匠精神，商用车行业岗位与人员的职业素养，商用车专业学生职业生涯规划的制定与就业准备，商用车维修差错产生的原因与管理措施等内容。本项目包含以下4个任务：

任务一：职业素养概述；

任务二：商用车从业人员职业素养；

任务三：商用车专业学生职业生涯规划；

任务四：商用车维修差错管理。

通过本项目的学习，你能够对商用车从业人员职业素养所包含的内涵与外延有一定的了解与掌握。

项目要求

1. 时间要求：建议8学时。

2. 能力要求：学习商用车从业人员职业素养的内涵与外延，包括职业素养、工匠精神、职业生涯规划、维修差错管理等内容。

3. 质量要求：参照厂家的生产规范和质量要求。

4. 7S作业：自觉按照企业7S生产规则进行项目作业。

任务一 职业素养概述

任务导入

作为一名商用车行业从业人员，应该具备怎样的职业素养，如何培养和熏陶职业素

养,如何制定该行业的职业规划呢?

任务分析:需要了解商用车行业从业人员职业素养的内涵、构成、作用与养成,想一想,该如何实现职业素养养成的教育教学对策和实训教学对策。

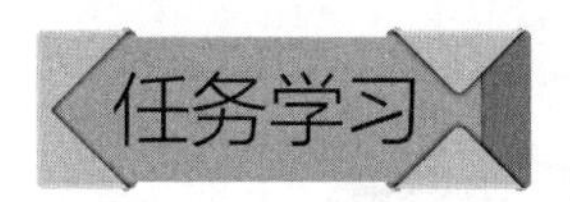

一 学习目标

通过本任务的学习,应当:

1. 能够了解商用车行业职业素养的内涵,包括信念、知识技能、行为习惯等;
2. 能够了解商用车行业职业素养的职业道德、职业精神、职业思想等;
3. 能够了解商用车行业职业素养的五大作用;
4. 能够了解商用车行业职业素养如何在教育教学与实训教学中养成;
5. 根据任务的实施情况,分组讨论与交流,培养分析问题、解决问题和归纳总结的能力。

二 学习内容

1. 职业素养的内涵是什么?
2. 职业素养的构成有哪些?
3. 职业素养的作用有哪些?
4. 职业素养是如何养成的?

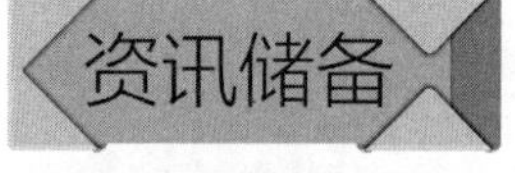

引导问题 1 职业素养的内涵是什么?

职业素养(professional quality)是人类在社会活动中需要遵守的行为规范。个体行为的总和构成了自身的职业素养,职业素养是内涵,个体行为是外在表象。职业素养是一个很大的概念,专业是第一位的,但是除了专业之外,敬业和道德也是必备的。体现在职场上的就是职业素养;体现在生活中的就是个人素质,或称之为道德修养。也就是说,职业素养是指职业内在的规范和要求,是在工作过程中表现出来的综合品质,包含职业道德、职业技能、职业行为、职业作风和职业意识等方面。

职业素养的内涵主要包含三部分核心内容:职业信念、职业知识技能、职业行为习惯。

1. 职业信念

通常说的"事业心",就是"职业信念"。从心理学角度出发,"事业心"不是人与生俱来的,不是后天教育灌输形成的,而是通过能力学习和训练得到的一种本领。职业信念是职业素养的核心,良好的职业素养应该包含良好的职业道德、正面积极的职业心态和正确的职业价值观,这是一个成功的职业人必须具备的核心素养。良好的职业信念应该由爱岗、敬业、忠诚、奉献、正面、乐观、用心、开放、合作与始终如一等关键词组成。

2. 职业知识技能

职业知识技能是指在职业分类基础上，根据职业的活动内容，对从业人员工作能力水平的规范性要求。它是从业人员从事职业活动，接受职业教育培训和职业技能鉴定的主要依据，也是衡量劳动者从业资格和能力的重要尺度。职业标准除包括知识要求和技能要求外，还包括职业环境与条件、教育水平、职业道德等内容。国家职业标准包括职业概况、基本要求、工作要求和鉴定比重四个部分，其中工作要求为国家职业标准的主体部分。职业技能类型，按行业分布可分为：技工类技能、餐饮类技能、工程机械类技能、服装设计类技能、美容化妆类技能、汽修类技能等。

3. 职业行为习惯

职业行为习惯是指通过长时间的学习与经验积累，形成属于自己的一种认知，也就是职业素养。在从事某种职业期间，信念和技能会不断地改善和提高，要让自己正确的信念、良好的技能发挥作用，就需要重复性的训练达到熟能生巧的程度，直到养成良好的习惯。

引导问题 2 职业素养的构成有哪些？

概括地说，职业素养包含五方面内容：职业道德、职业精神、职业思想、职业行为习惯和职业技能，前三项是职业素养中最根本的部分。职业技能是支撑职业人生的表象内容，例如，计算机、英语等属于职业技能范畴的技能，可以在相对较短的时间内通过集中培训的形式掌握，并在实践运用中日渐熟练而成为专家；除了表象，潜在部分的动机、特质、态度、责任心等，也就是职业思想和职业行为习惯，它们属于世界观、价值观、人生观范畴的产物。西方管理学家把职业素养的内容概括成“素质冰山”理论。

“素质冰山”理论认为，个体的素质就像水中漂浮的一座冰山，水面之上的部分是知识、技能等职业技能，是表面特征，可以通过学习、实践、培训获得，较为容易取得。在汽车行业的职业素养中，“素质冰山”理论同样适用，个人的职业素质是该行为人进行职业行为的必要基础。可以将应聘者的职业素养看作一座冰山，汽车行业从业人员的形象、资质、知识、职业行为和职业技能等显而易见的职业素养象征着冰山浮在水面上的部分，约占其总体的15%，这些可以通过各种学历证书、职业证书来证明，或者通过专业考试来验证，是显性职业素养；而汽车行业从业人员的职业意识、职业道德、职业作风和职业态度等方面的职业素养（相当于冰山隐藏在水面以下的部分），是人们看不见的、隐性的职业素养，占整体的85%；显性职业素养和隐性职业素养共同构成了整座“冰山”，也就是所应具备的全部职业素养。显性职业素养是隐性职业素养的“冰山山峰”，隐性职业素养是显性职业素养的“海底根基”，因此，要注重显性与隐性素养的同步提升，才能让职业素养在职业人才从事职业行为时起到引领作用。

1. 职业道德

职业道德的概念有广义和狭义之分。广义的职业道德是指从业人员在职业活动中应该遵循的行为准则，涵盖从业人员与服务对象、职业与从业人员、职业与职业之间的关系。狭义的职业道德是指在一定职业活动中应遵循的、体现一定职业特征的、调整一定职业关系的职业行为准则和规范。概括而言，职业道德主要应包括以下几方面的内容：

忠于职守,乐于奉献;实事求是,不弄虚作假;依法行事,严守秘密;公正透明,服务社会。职业道德的具体特征包括以下四点。

(1)职业性

职业道德的内容与职业实践活动紧密相连,反映着特定职业活动对从业人员行为的道德要求。每一种职业道德都只能规范本行业从业人员的职业行为,在特定的职业范围内发挥作用。

(2)实践性

职业行为过程就是职业实践过程,只有在实践过程中,才能体现出职业道德的水准。职业道德的作用是调整职业关系,对从业人员职业活动的具体行为进行规范,解决现实生活中的具体道德冲突。

(3)继承性

职业道德是在长期实践过程中形成的,会被作为经验和传统继承下来。即使在不同的社会发展阶段,同一种职业,因服务对象、服务手段、职业利益、职业责任和义务相对稳定,职业行为的道德要求的核心内容被继承和发扬,从而形成不同社会发展阶段的人们都普遍认同的职业道德规范。

(4)多样性

不同的行业和不同的职业,有不同的职业道德标准,因而具有多样性。

2. 职业精神

职业精神与人们的职业活动紧密联系,从事某种职业就应具有该种职业的精神、能力和自觉。例如,社会主义职业精神由职业理想、职业责任、职业技能、职业纪律、职业良心、职业信誉等多种要素构成,它们相互配合,形成严谨的职业精神模式。职业精神的实践内涵体现在敬业、勤业、创业、立业四个方面。

3. 职业思想

职业思想,又被称为职业理想,是人们对职业活动和职业成就的超前反映,与人的世界观、人生观、价值观、职业期待、职业目标密切相关。职业思想的特点包括以下三点。

(1)差异性

职业具有多样性,影响职业选择的因素也有很多,一个人选择什么样的职业,或确定什么样的职业适合自己发展,要从多方面进行考虑:思想觉悟、道德修养水平为未来职业发展指明方向;知识结构、能力水平影响个人的职业发展状况;个人天赋秉性、气质性格等非智力因素和性别特征、身体状况等生理特征在确定职业规划时也会起到一定作用。因此,职业思想具有个体差异性。

(2)发展性

在个人职业的发展中,职业理念会随着年龄的增长、经验的积累、阅历的丰富、能力的提升而逐渐明确,越来越贴近生活实际,目标可行性增强。这也是个人趋于成熟稳重、更具责任感的体现,也表现出职业思想具有发展性。

(3)时代性

时代在发展,社会在进步,个人的职业理想也要与宏观的时代要求相契合。生产力发展水平逐渐提升,社会实践的深度和广度不断拓展,对个人职业的要求也日益提高,因为在新时代要求下,职业人才的职业思想代表着整个时代最鲜明的特征。

4. 职业行为习惯

职业行为习惯是指人们在长期的职业活动中形成的比较稳定的行为。良好的职业行为有助于从业者较快地融入团队,胜任并完成自己的工作,从而使自己的事业蒸蒸日上。

5. 职业技能

职业技能是从业人员在职业活动中能够熟练运用的,并能保证职业生产、职业服务得以完成的特定能力和专业本领。人的职业技能是由多种能力复合而成的,是人们从事某项职业必须具备的多种能力的总和,它是择业的标准和就业的基本条件,也是胜任岗位工作的基本要求。

引导问题 3 职业素养的作用有哪些?

1. 驱动作用

人的核心能力是创造力,职业教育的目的不仅仅是为了学生就业,还要为了学生实现职业理想,激励他们在继承既有文明的基础上进一步超越前辈,创造新的文明成果。这种超越和创造的驱动力,往往不是职业技能本身,而是职业素养。

2. 调控作用

职业素养对从业者的精神和行为都具有调控作用。一方面,健康、积极的情感能使从业者生活充满色彩,使其职业活动成为愉悦的精神享受过程。另一方面,端正的职业态度和良好的职业道德,能够规范从业者的职业行为,增强其对不良职业行为和习惯的抵抗能力。

3. 彰显作用

职业素养是从业者充分展示职业技能的精神动力,它彰显了从业者的职业素质。端正的工作态度、认真负责的工作精神、规范的职业行为,能够推动从业者有效发挥职业技能,提高工作效率。

4. 弥补作用

"有志者,事竟成"或"勤能补拙"的范例并不鲜见。一方面,对个体而言,职业素养可以弥补能力上的不足,尤其是敬业的职业态度是克服困难的保证,其弥补作用更为突出;另一方面,对企业而言,终归要靠发挥员工群体的力量来发展企业自身,而在群体力量的整合过程中,员工个体的职业素养显得更为重要。

5. 提升作用

职业素养是以人文素养为基础的,职业素养与人文素养的结合,实质上是科学精神和人文精神的结合。传统的方法是通过学习技术、训练技能、改进工艺、科学发明等来创造出更优良和高效的生产手段。人文精神在现代化大工业生产中被越来越多地贯彻以人为本的主旨,提倡尊重人、关心人、发展人、激励人,极大地提高了生产力。

职业素养具有十分重要的意义。从个人角度来看,适者生存,个人缺乏良好的职业素养,就很难取得突出的工作业绩,更谈不上建功立业;从企业角度来看,唯有集中具备较高职业素养的人员,才能实现求得生存与发展的目的,这群具备较高职业素养的人员,可以帮助企业节省成本、提高效率,从而增强企业在市场上的竞争力;从国家角度来看,国民职业素养的高低直接影响着国家经济的发展,是社会稳定的前提。

引导问题 4 职业素养是如何养成的?

职业素养可以分为显性和隐性两部分,显性职业素养指的是职业行为和职业技能,是通过学校和社会一段时间的训练可以完成的培养,通过学历或职业证书加以证明。而职业道德、职业作风、职业意识和职业态度等方面,是看不见的、隐性的职业素养,是企业更为关注的部分。显性职业素养是隐性职业素养的外在表现,隐性职业素养则支撑着显性职业素养。只有拥有良好的职业素养,才能在职业生涯中适应和胜任所从事的岗位。职业素养的养成应由学校、企业和个人三方共同完成。

1. 学生职业素养养成的教育教学对策

(1)转变育人观念,重视强化职业素养教育

"立德树人"是高等教育的根本任务和重大使命,不应在就业难的背景下被功利主义所遮蔽。职业素养教育体现了育人为本、德育为先的教育本质,不仅是高职院校人才培养的手段,更是培育人才的关键目标。学校应摒弃人才培养中的功利主义,将人才培养和素质养成有效连接,实现从"专业技能"到"德才兼备"、从"职业技能"到"职业素养"的转变。推进和强化职业素养教育应成为高校内涵建设和创新发展的内在动力和必然选择。

(2)完善校企合作平台,建立健全职业素养培育机制

职业素养教育是一项长期的战略任务,学校和企业应进一步深化职业素养培育机制,建立健全符合学生身心特点且具备可操作性的职业素养培育体制,让学生在学校和企业的共同熏陶下,形成爱岗敬业的工作态度、规范有序的行为意识、严谨务实的工作作风、团结协作的团队精神。完善校企合作平台,广泛利用社会、行业资源,拓宽职业素养教育的渠道和空间,让职业素养教育与教学、管理、服务深入融合,形成全员、全程、全方位育人的职业素养教育校内外良性互动机制,将职业素养教育贯穿于人才培养的全过程,渗透于人才培养的全领域。

(3)校企双方共同建立职业素养质量评价反馈机制,促进职业素养教育的良性发展

校企双方需要共同建立健全的职业素养质量评价反馈机制,学校和企业需根据人才培养方案共同确定规范的评价指标和评价标准,建立职业素养和职业技能并重的评价反馈体系。在校企合作的过程中和结束后,学校和企业应根据职业素养质量评价反馈机制,对学生的思想修养、人文素养、专业知识、实践能力、综合素质等方面做出客观评价,以确保未来即将进入社会的高职学生具备较好的职业素养和基本的职业技能。

职业素养质量评价反馈机制能够定期对校企合作背景下职业素养教育的发展状况、取得的成效、存在的问题进行评估,定期进行监督检查。校企双方要根据检查考核方法和测试评价手段,结合相应的指导措施和管理制度,实现高等职业教育的人才培养目标。

(4)加强师资力量自身职业素养水平,落实能力培养任务

校企合作下学生职业素养的提高依赖于校内外专家和教师的共同努力。一方面,通过校企合作的桥梁,社会经验相对较少的学校教师进入企业,不仅可以提高专业实践能力,更可以切身了解企业到底需要具有何种职业素养的技能人才。另一方面,引入行业专家、企业管理者作为教师团队的一员,以兼职的形式与专任教师一起,将职业素养的培

养与行业发展紧密结合，课程实践围绕职业素养提升训练展开，将企业文化、职业精神融入课堂，用他们自身的职业素养精神潜移默化地影响学生，提高学生自我提升职业素养的积极性和主动性。

职业素养教育是一项长期、系统的培育工程，高职院校必须利用"产教融合、校企合作"不断深入的契机，依托校企合作平台，充分整合校内外资源，探索并建立多元主体协同推进职业素养养成的创新型人才培养机制，形成由校企共同设计、共同实施、共同评价的长效机制，将职业素养教育贯穿人才培养的全过程，培养出对国家和社会有用的"双高"(高技能、高素养)综合型人才。

2. 学生职业素养养成的实训教学对策

职业教育的实训教学，只有把职业素养的培养融入其中，才能培养出满足市场需求的技能型综合人才。

(1)设计合理的实训教学目标

教学目标是一切实训教学活动的出发点和归宿，科学合理的实训教学目标具有导向、评价、激励等功能。

首先，设计明确的实训教学目标，包括"教"与"学"双主体的知识目标、能力目标、职业素养目标等。让学生有目标可依的同时，实训教师也有了明确的考核课堂效果的依据，进而有利于实训教学的有效开展。

其次，设计多样化的实训教学目标，在注重培养学生专业技能的同时，突出职业岗位的要求、职业能力的发展等隐性职业素养的培养，即在明确专业技术知识、专业技术能力方面要求的同时，也应注重明确思想意识、方法能力、团结协作、社会能力等隐性职业素养方面的要求。

(2)引入企业规范化的职业要求

规范化的实训教学必须引入企业规范化的职业要求，实现与行业、企业岗位的无缝对接。职业院校应模拟行业、企业的生产工艺流程及岗位生产、操作的规范化要求等，创建仿真实训教学情境，制订科学合理的实训内容、实训规则和规范化操作的工艺流程，要求学生严格执行实训操作规范。让学生在规范化的实训条件下，按规则实训，进而养成良好的职业习惯，在提升自身专业技能的同时，养成良好的职业素养和严谨认真的工作作风。

(3)采取多样化的实训教学手段

实训教师应根据专业实际、岗位需求采取多样化的实训教学手段，有效调动学生的学习积极性、主动性，真正体现在实训教学过程中"教"与"学"的双主体作用。教师在注重培养学生专业技能提升的同时，应采取任务驱动法、项目教学法等多样化教学方法，按照实际岗位操作开展实训，并针对职业的关键技能，周密科学合理地设置实训活动，使学生通过身临其境的学习，真正掌握职业技能。同时，实训教学要有意识地开展各种项目活动，如分组角色扮演、分组展示等，以此来锻炼学生的组织能力和协调能力，提高交流沟通、组织协调、团队协作等能力，在潜移默化中培养学生的隐性职业素养。

(4)巧妙设计实训教学内容

在实训教学设计中，要巧妙设计实训教学内容，着重培养学生养成良好的学习习惯、提升适应工作环境的能力、形成团结协作的意识等。实训教师应巧妙设计实训内容，如

刻意组织竞争、协作训练，让学生养成竞争意识，提高其竞争能力，更好地适应社会、行业环境，同时提醒学生在竞争的同时也要有合作意识。实训教学中可以结合最新政策理念，引导学生学习，培养、激发学生自主学习的能力。还可以指导学生通过开展社会实践活动、到行业企业顶岗实习、参与项目设计等方法，指导、帮助学生从心理到知识结构、专业能力上接受并适应各种变化，从而逐步养成讲诚信、肯钻研、有礼貌、能吃苦、重细节的专业精神。

(5)将职业道德培养贯穿实训教学始终

注重学生职业道德的培养，并将对其融入整个实训过程，贯穿始终。在实训过程中，将对应专业行业劳动模范、先进个人等优秀人物及其先进事迹引进课堂，或者当作实训文化布置内容，积极发挥榜样的引领作用，引导学生树立职业认同、深化职业意识。同时，在实训过程中，教师要强化对学生诚信意识、责任意识、节约意识等的培养，帮助学生内化成为良好的职业习惯与职业道德。

1. 填空题

(1)职业素养是人类在社会活动中需要遵守的________。

(2)________是指在职业分类基础上，根据职业的活动内容，对从业人员工作能力水平的规范性要求。

(3)________是指通过长时间的学习，经验的积累，形成属于自己的一种认知，也就是职业素养。

(4)广义的________是指从业人员在职业活动中应该遵循的行为准则，涵盖从业人员与服务对象、职业与从业人员、职业与职业之间的关系。

(5)________又被称为职业理想，是人们对职业活动和职业成就的超前反映，与人的世界观、人生观、价值观、职业期待、职业目标密切相关。

2. 选择题

(1)职业素养的内涵主要包含三部分核心内容，即(　　)。

A. 职业信念　　B. 职业知识技能　　C. 职业行为习惯　　D. 职业种类

(2)职业素养中最根本的部分是(　　)。

A. 职业道德　　B. 职业精神　　C. 职业思想　　D. 职业行为习惯

(3)职业思想的特点有(　　)。

A. 差异性　　B. 发展性　　C. 时代性　　D. 滞后性

(4)(　　)是从业人员在职业活动中能够熟练运用的，并能保证职业生产、职业服务得以完成的特定能力和专业本领。

A. 职业技能　　B. 职业信念　　C. 职业行为习惯　　D. 职业种类

(5)职业素养可以分为(　　)两部分。

A. 显性　　B. 隐性　　C. 属性　　D. 特性

3. 判断题

(1)西方管理学家把职业素养的内容概括成“素质冰山”理论。　　(　　)

(2)职业道德的内容与职业实践活动紧密相连，反映着特定职业活动对从业人员行

为的道德要求。（　　）

(3)职业行为过程就是职业实践过程,只有在实践过程中,才能体现出职业道德的水准。（　　）

(4)职业精神与人们的职业活动紧密联系,从事某种职业就应具有该种职业的精神、能力和自觉。（　　）

(5)隐性职业素养指的是职业行为和职业技能,是通过学校和社会一段时间的训练可以完成的培养,通过学历证书或职业证书加以证明。（　　）

任务二　商用车从业人员职业素养

任务导入

作为一名商用车从业人员,为了培养良好的职业素养,应该多学习工匠精神的典型实例,通过任务内容的学习,了解如何实现商用车行业岗位和从业人员工匠精神的培养。

任务分析:需要了解培养工匠精神的内涵与意义,学习如何培养工匠精神,什么是商用车行业岗位的职业素养,什么是商用车行业从业人员的职业素养。

一　学习目标

通过本任务的学习,应当:

1. 能够了解工匠精神的内涵与意义;
2. 能够了解工匠精神的典型实例,培养工匠精神;
3. 能够了解商用车行业从业岗位的职业素养;
4. 能够了解商用车行业从业人员的职业素养;
5. 根据任务的实施情况,分组讨论与交流,培养分析问题、解决问题和归纳总结的能力。

二　学习内容

1. 什么是工匠精神?
2. 商用车行业岗位的职业素养包括哪些?
3. 如何培养商用车行业岗位的职业素养?

引导问题 1 什么是工匠精神?

工匠精神,是指工匠对自己的产品精雕细琢、精益求精,追求完美和极致的精神理念。德国和日本一直被视为两个最具工匠精神的国家。在中华优秀传统文化中,也从不缺少工匠精神的精髓。数千年历史中,既有鲁班、黄道婆这样的大师级工匠,也有同仁堂、云南白药等老字号品牌,如今更有华为、海尔、格力等一批可与跨国巨头争锋的龙头企业,这些都是中国工匠精神的典范。可以说,在追求极致、精益求精、精雕细琢等方面,中外的工匠精神内涵并无本质差别。

工匠们喜欢仔细打磨自己生产出来的产品,追求精益求精,使产品近乎工艺品。中央电视台曾播放大型纪录片《大国工匠》,对工匠精神进行了详细描述,也介绍了众多以高标准要求自己、追求创新的大国工匠。

1. 工匠精神的内涵

工匠精神的含义是宽泛的,精益求精、恪尽职守、创新求变都属于工匠精神范畴,工匠精神也是职业精神、职业道德、职业规范的统称,是适应时代所需、紧跟时代步伐的具体实践。每年国家都会评选全国五一劳动奖章获得者、全国劳动模范,引导全体民众学习工匠精神,向大国工匠致敬。

工匠精神内涵包括以下几个方面:

(1)精益求精

精益求精是工匠精神的精髓,“精”即完美,“益”为更加,也就是在已经很优秀的情况下进一步追求完美,体现了工匠们对卓越完美的追求。在历史的各个时期涌现出众多能工巧匠,不断追求自我、追求创新,在新时代,也有很多类似的大国工匠,在基层发挥自己的光和热,献身国防事业,服务广大群众。

刘新安,中信重工机械股份有限公司重型装备厂数控一车间镗铣床大班长,33 年如一日扎根生产一线,凭借认真负责和创新实干,从一名学徒工成长为掌握世界领先技术的全国技术能手,用行动诠释着“大国工匠”精神。2015 年,刘新安获评“全国劳动模范”,以他的名字命名的“刘新安全国劳模工作室”在数控一车间挂牌成立。依托劳模工作室,刘新安组织了“创新课堂”“工艺革命”“攻关课题”“机床能手”等活动,激发青年工人钻研技术、创新创业。近年,刘新安带领创客团队,围绕企业重大项目和关键部件,开展攻关,累计为公司创造经济效益达数千万元。国产航空母舰、国产 C919 大飞机、三峡大坝启闭机等“国之重器”都凝聚了刘新安团队的智慧和汗水。2017 年刘新安当选为党的十九大代表后,市委组织部成立了“刘新安党代表工作室”。除了奔赴各地进行一场又一场的十九大精神宣讲,车间里的党代表工作室也成为刘新安立足本职、落实十九大精神的阵地。

(2)严谨细致

工匠做事严谨细致、一丝不苟,对产品采取严格的检测标准,以确保每个部件的质量,不达要求绝不轻易交货。工匠做事执着专注,一生只做一件事,一件事做到极致。他们认准自己的目标就不轻易妥协和放弃,甘愿为一项技艺的传承和发展奉献毕生的才智

和精力,执着一生,坚守一生。因为全神贯注,所以持之以恒,因为持之以恒,所以以之为乐。就像《我在故宫修文物》里的那些匠人师傅们,如果没有镜头的记录,或许他们还会一直默默地在故宫修复文物,一辈子只做好一件事。

《大国工匠》纪录片中,还介绍了中车青岛四方机车车辆股份有限公司的车辆钳工高级技师宁允展。宁允展是我国第一位从事转向架"定位臂"研磨的技术工人,长期从事高速动车组转向架的研磨和装配工作("和谐号""复兴号"的装配都有他的参与),为高铁运行的安全性和舒适性把住了重要一关。在轨道车辆行业,转向架"定位臂"研磨技术被称为九大关键技术之一,研磨的工作空间小于0.05毫米,对研磨精度要求极高,过小或过大都会给动车安全运行造成不可估量的损失。尽管研磨精度十分苛刻,但是宁师傅每次工作都胸有成竹。这要源于他长年累月的练习,并且将原有的技术进行改进,将效率提升了一倍多,在保证质量的前提下,将工作效率提升至最大。

王连友,就职于中国航天第五研究院北京卫星制造厂,被称为航天领域大型舱体数控加工领域的"鲁班",先后完成了神舟、天宫、嫦娥、北斗等100余颗星船的整星整舱组合加工和高精度异型结构件的精密加工工作。

王树军,就职于潍柴动力股份有限公司一号工厂,独创的"垂直投影逆向复原法"解决了定位精度为千分之一度的NC转台锁紧故障,打破了国际技术的封锁和垄断。

(3)爱岗敬业

兴趣是最好的老师,在工作时最主要的就是热爱这份工作,这样才能将自己最饱满的热情奉献给最热衷做的事业,才能取得骄人的成绩。要将对工作的态度上升到精神层面,而非仅仅为了养家糊口、维持生活,要对所处职业充满敬畏,严于律己,做好自己的本职工作,在长时间的锻炼中积累经验,与同事合作交流学习、一同进步,只有这样,才能有所作为,成为一名合格的"工匠"。

敬业是指对自己的事业要有尊敬、崇敬之意,不可对职业有诋毁、贬低或在工作时存在消极懈怠的现象。在工作中要做到勤勤恳恳、兢兢业业、脚踏实地,从小事做起,不论任务大小或难易,都要认真对待,尽自己努力做到最好。长辈常常教导我们在工作上不可怠慢,要少说多做,尽善尽美地完成自己的工作,同时在工作上要向优秀的同事虚心请教,勤学好问,提高自己的业务素质,提升自己的职业能力,争做行业的榜样。我们常说的精益求精、孜孜不倦,就是对敬业精神最好的概括。

工匠对待问题持之以恒,淡泊名利,始终坚守自己的本心,不受外界的诱惑,不为利益所动,全心全意投身工作、投身事业,坚持事业为上,秉承赤子之心,做好分内之事,坚守本职工作。这样的人才适应时代所需,是我们学习的榜样。

(4)不断进取

精业,就是精通自己的业务,对工作所需的知识和技能有全面透彻的了解,在专业领域不断追求进步,不断精进,技艺精湛。精业,就是精通业务,熟悉本职,对业务熟练自如。心有精诚,手有精艺,必出精品。

方文墨,就职于中航工业沈阳飞机工业(集团)有限公司,25岁时即成为沈飞公司历史上最年轻的高级技师。他创造的"0.003毫米加工公差"被称为"文墨精度",相当于头发丝的二十五分之一。

(5)勇于攻关

"工匠精神"强调与时俱进、创新发展,而不是墨守成规、按部就班,强调有战胜一切

困难的决心和勇攀高峰的毅力，勇于攻坚克难，解决各种技术难题，同时对待工作有高度的责任意识，一丝不苟，兢兢业业。

从古至今，我国涌现出成千上万的大国工匠。如中国航天科技集团公司第一研究院二一一厂发动机车间班长高凤林，从事火箭发动机喷管焊接工作。在工作时，由于工作环境较为恶劣，焊件表面温度常常达到几百摄氏度，双手会被烤出一串串水泡。面对这样的恶劣条件，高凤林依旧坚守在工作第一线，不惧艰苦，为国家科技建设奉献自己的热血。

又如中国商飞上海飞机制造有限公司数控机加工车间钳工组组长胡双钱，人称“航空”手艺人。20 世纪 80 年代初，运 10 项目下马，争抢这些飞机技师的私营公司抛出优厚条件，但是胡双钱丝毫不为所动，几十年如一日的打磨自己的技术。在国家再次起用胡双钱时，凭借自己过硬的技术，他为国家解决了大量的技术难题，为我国的航空事业作出了巨大贡献。

像这样的大国工匠还有很多，他们凭借自己的丰富实践经验与不断改革创新的技术，推进了我国一系列重大技术攻坚项目的发展，让中国创造重新影响世界。

一种精神，精于工、匠于心、品于行，是“道”与“技”的统一。中国航发黎明航空发动机有限责任公司数控车工高级技师洪家光对“工匠精神”的理解就是创新和坚守，“创新是灵魂，坚守是使命”。洪家光的师傅指出，作为新时代的技能工人，创新是真正的灵魂，懂创新是提高生产效率、做出高质量产品的核心。2008 年，洪家光作为公司科研项目的牵头人，主动请战承接科技项目，并成功攻关，获得了科技进步二等奖。创新与否不仅在于工作属性，更在于干工作的人有没有创新的责任和激情。有了创新的责任和激情，哪怕学历再低，也可以通过刻苦攻读迎头赶上；哪怕工作再忙，也可以利用业余时间补充；哪怕机会再少，也可以创造环境捕捉机会。

2. 工匠精神的意义

当前，中国的国际地位逐步上升，中国制造不再是低端劣质的代表，而成了高质量、高性价比的象征，这完全要归功于大国工匠们夜以继日的开拓创新、攻坚克难，尤其是在高精尖技术领域。我国科技基础差，远落后于西方发达国家，正是工匠们的坚持和努力，铸就了我国制造业的辉煌，虽然有些产品在国际上不具备和发达国家“掰手腕”的实力，但是可以相信，这种将工作作为自己使命和责任的工匠精神会影响更多的人才，假以时日，中国的制造业一定会蓬勃发展。

(1)提倡工匠精神是党和政府的要求

工匠精神适应时代所需，和我国从科技大国向科技强国迈进的要求息息相关，这就要求每个人在工作时要做到求真务实、勇于创新，追求执着专一、宁静致远、精益求精的工匠精神；上升到企业层面，是要做到改善供给，满足消费者需求升级换代的强烈要求。百丈之台，起于垒木，只有个人、企业做到以工匠精神为指引，我们国家的发展才会有更强大的动力。

2016 年是中国工匠精神的政策元年。工匠精神被写入《政府工作报告》和《中华人民共和国国民经济和社会发展第十三个五年规划纲要》，李克强总理关于工匠精神的多次重要指示，明确了工匠精神的地位，反映了中央政府高度重视工匠精神在中国社会经济转型发展中的重要作用，也为促进中国制造提档升级、由工业大国升级到工业强国、经济发展由数量时代到质量时代的巨大转变，提供了工匠精神的价值动力和政策基调。由于工业 4.0 和"中国制造 2025"概念的提出,工匠精神被再次推向热潮,这不仅体现了行业对产品的精益求精,更表示它已经日渐升华为一种让社会为之推崇和尊重的文化"图腾"。匠人精神是职业素养的体现,是从业者的一种职业价值取向和行为表现。它的传承和发展契合了时代发展的需要,具有重要的时代价值与广泛的社会意义。

2016 年 3 月 5 日,国务院总理李克强作《政府工作报告》时,首次正式提出"培育精益求精的工匠精神"。在之后的一个月时间内,李克强总理又多次强调了工匠精神。2016 年 4 月 26 日,习近平总书记在知识分子、劳动模范、青年代表座谈会上发表重要讲话,指出素质是立身之基,技能是立业之本;同时他强调,在工厂车间,就要弘扬"工匠精神",精心打磨每一个零部件,生产优质的产品❶。2017 年两会期间,国务院总理李克强作《政府工作报告》时,再次强调:要大力弘扬工匠精神,厚植工匠文化,恪尽职业操守,崇尚精益求精,完善激励机制,培育众多"中国工匠"。这是工匠精神第二次被写入国务院政府工作报告。2018 年两会期间,李克强总理再次强调,全面开展质量提升行动,推进与国际先进水平对标达标,弘扬劳模精神和工匠精神,建设知识型、技能型、创新型劳动者大军,来一场中国制造的品质革命。工匠精神是一种心无旁骛、志如磐石、锲而不舍的技术追求,也是一种敢于创新、精益求精、追求卓越的精神品格。

国家提出"中国制造 2025",意味着将中国制造业快速发展提上了日程,其中对中国制造的质量提出了明确要求,尤其是在装备制造业上。而实现该目标与工匠精神密切相关。对于工匠精神的学习,首先要做到将工匠精神带入学校,走进课堂,将工匠精神落到实处,渗透到教学内容中,培养青少年的自学能力、创新能力和钻研能力。

(2)提倡工匠精神是人才素质提高的迫切需求

加快"中国制造"向"中国创造"的转变,实现制造大国向制造强国的转型,完成中国经济由低端向中高端的华丽转身,没有秉持工匠精神的广大"工匠"式的高素质劳动力是不行的,没有高素质劳动力的精致生产也是不行的。因此,必须大力提升劳动力这个最为关键的生产要素的素质。我们还不是人才大国,更不是人才强国,有不少进城务工人员干的是苦力活,但也有不少人学有一技之长。正是那些学有一技之长的进城务工人员,返乡后创业创新,带活了一个村或者一个地区。他们身上体现的不只是一技之长,更重要的是勇于开拓的工匠精神。

(3)提倡工匠精神是服务经济转型升级的需要

党的十九届五中全会通过《中共中央关于制定国民经济和社会发展第十四个五年规划和二〇三五年远景目标的建议》,将"加快构建以国内大循环为主体、国内国际双循环相互促进的新发展格局"纳入其中。构建基于"双循环"的新发展格局是党中央在国内外环境发生显著变化的大背景下,推动我国开放型经济向更高层次发展的重大战略部署。因此,要鼓励引导企业加快"引进来"与"走出去"步伐,加快推进"同线同标同质"工程等,发扬工匠的钻研精神。只有不断加强科技创新、制度创新和管理创新,充分发挥标准的"树标杆""划底线"作用,才能不断提升服务质量和效能,在提升生产技术水平和产品质量上迈上新台阶,在经济转型发展中有所作为。

(4)提倡工匠精神是促进我国制造业转型升级的需要

随着全面深化改革政策的实施,经济发展方式和产业结构面临着重大变革,《中共中

❶ 习近平:在知识分子、劳动模范、青年代表座谈会上的讲话[N]. 人民日报,2016-04-30(02).

央关于制定国民经济和社会发展第十四个五年规划和二〇三五年远景目标的建议》提出,协调推进全面建设社会主义现代化国家、全面深化改革、全面依法治国、全面从严治党的战略布局,这要求我们每个立志要为实现中华民族伟大复兴的中华儿女学习工匠精神,传播工匠文化,实现个人信念的提升,增长自己的知识技能。

社会发展中新产生的九大科技行业包括:生物工程产业、生物医药产业、光电子信息产业、智能机械产业、软件产业、新材料开发与制造产业、核能与太阳能等新能源开发产业、空间技术与开发产业、海洋技术与开发产业。不难看出,这些新产生的产业结构,都对从业者的职业技能提出了更高的要求。小米CEO雷军提出"要在用户看不到的地方做到最好",而不是一味追求效益最大化。这些都要求企业始终保持精益求精的工匠精神,对产品抱有负责任的态度,注重工艺的精致化,坚持做精品。只有这样,"中国制造"才能真正成为"中国创造"。总之,21世纪将走向知识经济社会,知识经济给职业技能提供了发展平台,同时,也提出了职业技能专业化的发展任务。

(5)提倡工匠精神是国家意志和全民共识的需要

工匠精神是广义范围上的,不局限于装备制造业,适用于各行各业,适用于每个人。工匠精神的养成要求严格自律,精益求精,拥有高超的职业技术和深厚的底蕴,这都是要靠日复一日的积累和练习。

工匠精神作为一种职业精神,是企业员工提升个人精神追求、完善个人职业素养、实现个人成长进步的重要道德指引。尊重员工的价值,启迪员工的智慧,实现员工的发展,不仅是员工个人成长的强烈需求,也是现代企业的责任和使命。工匠精神在企业文化中尤为重要,企业的发展离不开企业员工的创新和钻研,企业员工职业素养、专业知识的提升也离不开工匠精神的指导,这不仅仅对员工个人有益,对企业发展也具有重要意义。

3.工匠精神的塑造

培养未来企业生产一线的技术技能型人才,是企业实现高级运作、中国制造实现由大变强的推动力。为适应时代发展的要求,未来的从业者应脚踏实地,潜心钻研,夯实基础,既要掌握知识本领,身怀一技之长,又要积淀职业素养,自觉加强工匠精神的培养。

(1)公共课教学中培养工匠精神

在日常思想政治理论课的学习中,要将工匠精神贯穿整个学习过程,将民主法治教育、职业素养教育、行为养成教育、时代精神教育和安全教育与工匠精神的内涵相融合;同时,要将社会主义核心价值观、建设文化强国等方针政策与工匠精神相结合,在社会实践中做到知行统一,理论联系实际。强国是一条漫长的道路,需要以工匠精神为指引,深刻理解工匠精神的内涵,明确培养工匠精神对于提升自身专业技能、提升行业水平、推动社会进步的重要价值,培养践行工匠精神的良好心态和主观能动性,为促进良好职业精神的形成奠定坚实的基础。通过案例分析、视频播放、专题讨论、调查访谈、社会实践等多种形式,使学生加深对工匠精神的认识理解和情感认同。端正学习态度,养成良好的行为习惯,以大国工匠为榜样,自觉践行工匠精神,努力成为行业典范。学习优秀品质,贯彻先进思想,加强对产业文化、专业文化的学习和了解,增强职业认同感。

(2)专业课教学中培养工匠精神

在专业课程的学习中,不放过每个环节、每道工序和每个细节,培养严谨认真的学习态度;了解相关技术的发展历史,培养传承创新的能力。

在专业课的学习中，要充分认识工匠精神在提升专业能力和专业水平上的重要作用。工匠精神要求我们不但要有高超的技能，还需要有精益求精、追求极致的精神。因此，在学习和练就技能时要严谨、耐心、专注，要严格执行操作要领标准，要有吃苦耐劳的精神，遇到挫折不退缩，反复练习，不断磨炼技艺，让追求极致成为习惯。

(3)专业实习中培养工匠精神

学生在实际的学习工作环境中才能真正体会到工匠精神的本质，同时自觉追求工匠精神。对于培育和塑造学生的工匠精神，专业课教师要在实践教学中渗透工匠精神，在专业实训、见习中塑造工匠精神。专业实践活动中，每一项教育教学活动的设计、组织、实施都要注重细节，追求精益求精，不放过学习过程中的每个环节、每道工序和每个细节，时时处处严格按照操作程序规范操作。

在专业实训、顶岗实习中，不能仅仅满足于完成技能任务，应在完成任务的过程中不断磨炼技艺，在实践中形成精益求精、精雕细琢、坚持、专注的工匠精神。从而明白工匠精神对于提升自身的专业技能和专业能力水平的重要价值。通过长期练习，使工作要求成为习惯，从而提高工科学生践行工匠精神的能力，实现工匠精神从知向行的转变。

同时，要细化专业技能标准和操作要领标准，使其更具针对性和可操作性。用工匠标准养成工匠习惯，再把工匠习惯升华为工匠精神。

进行项目化教学和实训时，每一项任务也要提出具体的操作规范，在提升专业技能的同时，要加强对追求精湛技艺精神的培养，从教师、企业师傅的身上感受精益求精的治学精神和严肃认真的工作态度。

培养工匠精神，还需要真实的工作环境和企业文化熏陶。要充分利用到企业顶岗实习的机会，在真实的工作情景中感受和培养职业素养、职业态度和关键能力。校企合作是培养工匠精神的重要方式。组织学生走进工厂、企业、车间，零距离接受企业文化和职业精神的熏陶。邀请企业专家指导学生的职业生涯规划、业务技能和创业实践，将学校培养与企业实际对接。通过联合培养、订单培养、冠名培养、委托培养等形式与企业联合办学，将企业文化、员工行为规范作为必修课程，落实到工学结合、产教一体、准员工管理、半工半读、项目化教学、合作式学习中，为学生在校期间接受企业规范管理和学习企业的先进管理理念、技术知识创造条件。学生不仅要强化技能学习、练就职业本领，更要用企业的价值理念规范日常行为，培养职业情感，增强职业意识，遵守职业规范，践行职业行为，信守职业文化，努力成为合格的“准职业人”。

(4)日常行为中培养工匠精神

工匠精神不是虚无缥缈的空中楼阁，它体现在一个人日常学习、生活、工作的每一个细节之中，需要平时一以贯之的认真态度和良好习惯，需要执着精神的支撑和长年累月脚踏实地的历练。如果一个学生平常习惯于迟到早退甚至旷课，习惯于作业不按时上交甚至不交，习惯于自由懒散，毕业后进入企业，很难成为一名杰出的工匠。因此，应从摒弃不良习惯入手，增强规矩意识，自觉规范个人行为，认真对待每一项学习任务和工作任务，兢兢业业、忠于职守、持之以恒地完成，认真负责地履行全部岗位职责。把工匠精神的培养落实到日常行为的全过程，细化到学生文明宿舍创建、戒烟行动、早操晨练、劳动实践、社会服务各环节，在日常宿舍、班级管理中引入企业 7S 管理、团队协作、质量文化、安全意识等元素，按照企业要求规范自身行为，为将来走上职场提前磨砺勤业、敬业的职业精神，培养自理自立、自主文明的良好素养，提高从校园人到职业人的自觉和自信。

(5)校园文化活动中培养工匠精神

参加校园文化活动,体验崇尚劳动光荣、技能宝贵的氛围,在耳濡目染中积淀工匠精神,具体表现为以下三个方面。

①经常性地开展与工匠精神相关的第二课堂活动。根据工科学生培养的目标和学生个人成长发展的需求,形成有特色的第二课堂。可以通过工匠精神的相关讲座、优秀毕业生报告会、演讲征文比赛等,以及诗歌朗诵会、歌咏活动、舞蹈小品等文艺活动的形式展现。这些活动重在确立学生的道德信念和道德情感。在第二课堂中感受文化元素,践行工匠精神。在技能大赛中体验崇尚劳动光荣、高超技能的氛围,在耳濡目染中积淀工匠精神。在社团活动中学会交往、包容、竞争和合作,增强社会责任感和使命感,培养自强自立意识。在道德规范教育、职业道德教育、现代工业文明进校园、企业文化进课堂、职业教育活动周等专题实践活动和社会企业专家、行业能手、优秀毕业生工匠精神宣讲报告会等活动中感悟、习得内涵丰富的工匠精神,进而内化于心、外化于行,成为价值追求和自觉行动。

②结合学校社团活动,教师参与社团指导,锻炼学生意志,培养学生工匠精神的践行能力。根据学生专业学习的特点和学生的兴趣爱好成立各具特色的社团。为了使社团能够经常性开展活动,且活动有意义、有成效,教师要积极指导。校园文化是学校培育学生工匠精神的重要载体,将职业、企业、行业的文化要求以及对从业者的素养要求融入校园文化建设中,把企业元素、生产岗位元素融入校园文化活动中,培养学生的职业理想与职业归属感。

③结合学校教育特点,注重企业文化育人,将企业文化引入课堂。学生认真调研和研究,将职业、企业、行业的文化要求以及对从业者的素养要求融入校园文化建设中,重点培育学生对企业文化的领悟力,形成独具特色的专业文化。在理论教学、实践教学、实习实训等各环节中感受文化元素,践行工匠精神,实现从知识、技能到素养的高度融合。通过身边的教师及企业师傅,感受他们严肃认真、一丝不苟的工作态度,感受他们在教育教学活动的设计、组织、实施时的注重细节、追求精益求精,体会工匠精神的本质,自觉追求工匠精神,在真实的工作环境和企业文化熏陶中培养和践行工匠精神。

4.工匠精神的典型实例

(1)大国工匠——李峰

2016年6月25日20时,长征七号运载火箭在海南文昌航天发射中心首次升空。长征七号运载火箭是载人航天工程为发射货运飞船而研制的新一代运载火箭,创造了中国航天史的多项第一。在长征七号运载火箭的总装车间里,来自全国各地数以万计的火箭零部件在这里集结,经过严格的组合测试,被运送到海南文昌发射场组装,但是有一个部件被特别处理,这就是长征七号运载火箭的惯性导航组合。火箭的惯性导航组合在行业中被简称为惯组,该部件工作过程,就像人在走路的时候,依靠眼睛和大脑确认自己该走哪条路,走到了什么位置,而不用时刻去询问别人。李峰,航天科技集团九院十三所车间铣工,他加工制造的部件,正是惯组中的加速度计。如果说惯组是长征七号中的重要部件,那么加速度计就是惯组中的关键组件。在他心里,精益求精已经成为一种信仰,只有零位误差是最好的,即使达不到零位误差,但一定要尽量靠近一点,否则就会影响惯组的使用精度。惯组器件中每减少1微米的变形,就能缩小火箭在太空中几公里的轨道误差,1微米大约是头发丝直径的七十分之一,那是目前人类机械加工技术都难以靠近的精度。工件铣削运行虽然是数控机床出力,但铣削精微处所用的刀具都需要李峰亲手打磨,整个刀宽 0.3 毫米,只能用更高倍数的显微镜调整。

(2)大国工匠——刘云清

有一位普通钳工,全系统地掌握了设备、机械、电器、液压软件,被人们称为“维修神医”,他就是中车戚墅堰所首席技能专家刘云清。中车戚墅堰所精密锻造车间拥有一台我国顶级的 22000 吨的一次锻压成型机,专门为高铁“复兴号”生产锻钢制动盘。作为厂里唯一一个全面掌握一次锻压成型机维修技术的技术工人,刘云清维修技术之高,远近闻名,一些外地企业遇到相关维修难题也都纷纷向其咨询。同时,他能让“老树开新花”,让老设备变新设备。公司有 2 台诞生于 20 世纪 80 年代的磨床,本应属于淘汰产品,但国内外都买不到适合的机器。公司产品要求做到 1 微米的偏差,德国的产品可以做到 3 微米,所以刘云清对老式磨床进行设备改造,他对磨床的主轴、传输器、液压系统、润滑系统逐一调整,每个环节都依靠手工做到偏差最小,经过 3 ~ 4 个月夜以继日的调整升级,终于达到产品精度要求。刘云清不满足于改造机器,原本只懂机械维修原理的他自学了设备机械、电器、液压、软件等多个领域的内容。

随着技能的不断充实,刘云清开始带头制造机器。高铁“复兴号”的齿轮箱体原本是依靠人工清洗的,经常会出现洗不干净的问题,里面残留的铁锈渣直接影响着齿轮和轴承的寿命,当时国际上对齿轮箱也没有一个清洁度的标准。“复兴号”齿轮箱体内部蜿蜒迂回,普通超声波清洗、常规水洗都很难保证清洁度。在没有经验借鉴的情况下,刘云清带领团队寻找了 30 多家供应商进行技术交流和实地考察,前后拿出十几个方案进行论证。最终,团队用了 2 年时间成功研制出高铁齿轮箱体清洗机。2019 年 2 月,世界首台高铁齿轮箱全密封清洗机开始为“复兴号”齿轮箱体进行清洗,原来人工清洗需要 6 个人清洗 10 个齿轮箱体,现在 3 个人清洗 16 个齿轮箱体。生产效率翻了一倍多,一次性交付合格率由 60% 提高到 80% 以上。如今,刘云清已经拥有几十项创新成果和多项发明专利,由他名字命名的刘云清劳模创新工作室里,有着一批博士硕士学位的技术人员,他们自主研发的创新设备已经有 200 余套,直接创造经济效益超过 1.5 亿元。

工匠们的手上积淀着他们的技艺磨砺、心智淬炼和人生阅历,如同大树的年轮,记载着大树所承接的日月风霜。

引导问题 2 商用车行业岗位的职业素养包括哪些?

1. 商用车行业构成

可以根据商用车行业属性,将商用车行业分为:商用车制造业、商用车营销业、商用车技术服务业、商用车回收业。

(1)商用车制造业

商用车制造业是指将各种材料按照标准规范化处理,利用现代化机械加工设备,生产出具有特定功能、一定价值的商用车整车或商用车零配件,以及商用车零部件产品的研发、加工的行业。商用车制造业涉及商用车的技术开发、研究、设计、生产的所有领域,还包括轿车制造业、客车制造业、特种商用车制造业和商用车零部件制造业等。

(2)商用车营销业

商用车营销业是指从事商用车营销市场策划、商用车产品宣传、商用车市场促销的商用车销售企业。商用车的销售方式可主要分为:商用车交易市场、商用车专卖店、商用车园区。

商用车交易市场是由多家普通销售商和多家品牌专卖店组成的有形零售交易市场，其优势在于消费者拥有自由购物空间、具有更多的选择机会和购物一条龙服务。

商用车专卖店，最典型的是车辆4S店，其销售模式是商用车制造商与商用车经销商之间签订相关合同，授权商用车经销商在一定范围内展开对指定品牌商用车的营销活动，形成商用车制造商对商用车经销商的销售流程、宣传推广方式、服务标准、店面形象设计等统一要求，商用车专卖店主要有新车销售、维修服务、配件销售、二手车回收与销售、信息反馈等功能。商用车制造商可以选择在一个城市开设多家或在多个城市开设多家4S店，形成连锁模式的4S销售形式。

商用车园区比商用车交易市场的功能更加丰富多样化，不仅在规模上比交易市场更大，而且增加了关于商用车历史文化、商用车科研技术交流、商用车教育科普、商用车实车展示、商用车旅游和娱乐等内容，将商用车和日常生活的联系更加凸显，从而吸引消费者来了解并购买商用车。

(3)商用车技术服务业

商用车技术服务业可分为商用车维修技术服务和商用车美容技术服务。

商用车维修技术服务用于对商用车进行的检测、维修、维护等技术服务，商用车检测与维修是借助技术人员的专业知识及诊断设备，检测车辆行驶性能，查出故障原因，并能够根据车况采取一定措施排除故障，使车辆恢复并达到一定的性能和正常工作的标准。

商用车美容技术服务主要是指采用特殊的工艺方法对车辆漆面进行增光、抛光、镀膜及深浅划痕处理、底盘防腐涂胶、发动机表面翻新，以及洗车、打蜡、除臭、洗尘等常规美容护理的系列车辆养护技术服务。

(4)商用车回收业

商用车回收业包括商用车的回收处理和商用车零部件的再制造。商用车的回收处理包括废旧商用车回收、报废商用车粉碎等，回收的商用车中包括交通事故产生的报废车、达到使用车辆年限的商用车或被人为遗弃的商用车等。商用车零部件的再制造是指将拆解后的零部件进行零件整修和表面翻新的工作。

2. 商用车行业人才岗位

因我国商用车行业主要从业人员为蓝领阶层及体力工人，总体研发层次不高，商用车高级人才极其缺乏，所以选择商用车专业的毕业生就业前景非常宽广。商用车人才大约分为以下几类：

(1)商用车维修技术工种

现如今，商用车的需求量逐渐扩大，销量递增，对商用车维修技术工人的需求也越来越大。有调研数据显示，一辆从购入到报废的新品商用车所花费的费用中，购车占35%左右，而后期对车辆的维修费用占比达约45%，并且以每年10%的速度稳定递增。由此数据可以看出，对商用车维修技术工种的缺口将会不断扩大。

(2)商用车服务专员

商用车服务专员是维护公司与客户关系的关键纽带，是集销售、技术于一体的职位。商用车服务专员属全能型服务型人才，虽然对专业技术能力的要求不高，但要求对销售、技术有所掌握和了解，能积极主动与客户沟通、认真了解客户所需，做到及时调查反馈。

(3)增值服务销售人才

商用车增值服务是商用车行业中新的抢手的人才行列，增值服务主要包括商用车保险、贷款按揭、精品销售、商用车装饰、商用车改装等项目。中国商用车精英网中的数据统计表示，商用车增值服务后市场提供的利润远大于前端销售。由此可见，商用车增值服务在我国商用车行业的经济增长中扮演着重要的角色，其地位越来越凸显。

(4)商用车研发设计人才

伴随着中国商用车行业的逐渐发展壮大，很多国外商用车企业都将研发中心转移到中国。在中国商用车发展领域中，商用车高端技术研发占据关键因素，商用车研发设计人才是各大企业每年招聘的重点。

(5)销售经理

销售经理主要负责制订车辆销售计划，主持销售部门工作事务，处理销售从业人员无权或无法解决的重大问题，考核销售部门能力工作，寻求企业新的利润增长点。销售经理的薪资浮动相对比较大，一般由基本工资和销售业绩组成。因此，销售经理要具备丰富的市场经验和管理经验，能够充分考虑车辆品牌和所在地区的销售途径与销售量。

(6)售后经理

商用车售后经理的主要工作是安排好售后的一系列工作，如对客户的跟踪服务，妥善安排人员走访，咨询客户，认真接待、处理客户投诉问题等。因此，商用车售后经理岗位要求细致、专业、耐心。

(7)商用车营销人才

随着中国商用车市场竞争加剧，各大企业对商用车营销人才的需求急剧增长。商用车营销人才是指从事商用车市场调研、经营决策咨询、营销市场策划、产品营销策划、品牌市场宣传的专业营销人员。

(8)商用车采购人才

除了技术研发、销售等职位外，比较急需的人才非商用车采购人才莫属。这种情况在商用车整车领域和零部件领域皆如此。这主要源于商用车价格竞争激烈，许多企业不得不全力以赴降低成本，一方面他们希望借助于新的研发技术，另一方面则希望采购更低成本的部件。因此，有经验的采购人才就成为商用车行业的“香饽饽”。

3. 岗位的职业素养

在商用车维修企业技术构成的人员、设备和信息这三大要素中，人的要素决定着商用车维修企业维修质量和维修成本的高低。21 世纪的企业竞争，归根结底是人才的竞争。按照价值工程论的观点，商用车维修的作用就是以使用最低的社会消耗恢复商用车部分丧失的功能，而实现功能恢复需要具体手段，使用手段不同则效果也不同，要想取得好效果，就必须有更多高超的手段，而手段的先进与否取决于创造与运用手段的人。因此，下面从“人”这一基本思想出发，对现代商用车维修人才应具备的若干职业素养与维修能力进行阐述。

(1)具有良好的维修职业道德

良好的商用车维修职业道德是现代商用车维修业能够正常生存的立业之本。我国合法的商用车维修服务企业绝大部分是讲诚信的，但也不乏存在一些不具备经营资质的“黑”商用车维修企业。这些“黑”商用车维修企业过分夸大、渲染故障内容，开“大处方”

以达到多收维修费用的目的,甚至以次充好,在维修过程中配件只换不修。还有为了达到盈利目的,故意损坏维修车辆的相关零部件,故意添加维修内容等。因此可以看出,培养商用车维修行业人才的良好职业素养是各大商用车维修企业、各类职业院校应着力加强的一项重要任务。

(2)养成规范化的职业观念

商用车维修人才的规范化观念是中国商用车维修业与国外商用车维修业存在的最大差距,同时也是一个难以缩小的差距。因国人普遍缺乏规范化的维修观念,也没有规范化的维修文件,导致维修规范和标准程度方面落后于其他国家。从近几年全国各地举办的风格各异的商用车维修职业技能大赛可以看出,虽然各地的商用车维修人才都纷纷施展了熟练的专业技能,但就大赛评委及业内人的视角看,即使是进入决赛的选手,在维修中动作的规范性、技能的灵活性等方面也存在需要改善的地方。在日本的商用车维修业中,明确且详细地规定了每个安装维修步骤应达到的标准,若要安装相关零件,就必须遵守该企业安装零件的规范标准。正因为这样的高水平、高精度管理,日本的汽车工业如今才这般发达。因此,各类商用车维修企业和汽车职业院校在培养汽修专业人才时,应注重大力培养人才养成规范化、标准化的职业观念。

(3)具备维修新设备的能力

商用车维修企业或维修人员能力的高低在很大程度上取决于对设备的运用技巧和熟练程度。在如今技术更新的时代,传统的检测手段和维修设备被现代化商用车新技术、新设备、新工艺所替代,而在不少商用车维修企业和开设有汽修专业的各类院校及培训机构中,一部分的维修或教学设备并没有发挥它们的用途,只是因为行业管理和上级部门的要求而购置。例如,使用最基本的尾气分析仪进行检测却不会依据数据进行推论,几十万元一台的发动机综合分析仪,其功能利用率还不到10%等。因此,培养一个真正的现代商用车维修人才,一定要会充分开发及利用商用车检测设备,并尽量延伸相关设备的有效用途。

(4)具备维修逻辑推理的能力

大部分商用车维修人才的主要任务还是"诊断",所谓"七分诊断、三分修理",真正反映一个现代商用车维修人才水平的也是其诊断故障的准确程度。现代商用车维修人才应具备一种特殊的逻辑分析能力,通过故障部位进行故障判断与故障筛选,类似于医生对病人的检查,要"懂原理、会分析、能推理、巧诊断"。一名优秀的商用车维修工人,要精通故障诊断的流程和步骤分析,了解故障产生的原因,并能精准找到故障发生的根源,消除故障,保证车辆行驶稳定性与安全性。

(5)具备机电液一体化的工种能力

现代电控商用车车型科技含量越来越高,不再是早期结构单一的商用车,在过去商用车维修业的分工中,如机修工可细分为发动机工和底盘工,电工就只负责修电器附件,而对现代商用车上普遍装备的音响、空调设备束手无策。这种分工随着商用车领域的发展逐渐变得落后,迫切需要将机修工、电工结合起来再辅以液压技术,三者有机地结合利用才是实用的现代商用车维修一体化人才。

(6)具备一定的外语基础(汽车相关外语)

在经济全球化的今天,我国含有大量的进口商用车,进口商用车维修与国内商用车维修存在差异性,实际修车工作中,不仅要查阅相关车型的外文资料,还要了解国外最新的商用车技术、维修手册和诊断办法，因此，有一定汽车专业外语水平的人员会更受用人企业的青睐。在新车正式投入市场运行前，企业都会预先列举出新车在运行过程中可能存在的问题，并设置出解决办法，对维修工人进行专项培训，而往往新车的故障发生会早于新车维修培训，所以，新车维修培训工作相当紧张，有时培训资料根本来不及翻译成中文，这就要求维修人员能够根据说明书进行学习。如果没有一定的外语基础，不但很难学透新车的维修技术，甚至对专业术语产生误解，导致偏离正常维修方向，产生不必要的损失；而且国外的维修技术系统化程度更优于国内，在遇到维修问题时，国内资料查找不到的内容，通过查找外文资料可以获得解决办法，包括工作之余需要上网了解各种新车型的技术特征，没有一定的外语功底也是极不方便的。

(7)具备一定的计算机知识

现代商用车维修人才必须掌握一定的计算机知识，要熟知计算机的使用方法、车用单片机基本原理和控制原理，并且了解车载电子器件总成原理，否则对于许多故障只能是束手无策。此外，就现代商用车维修业而言，数千种车型的维修资料、数据、程序记忆很困难，商用车维修人员的知识、技术、经验无法解决每个车型存在的故障，解决这一问题的最有效途径就是利用互联网寻求解决办法。就国际商用车维修行业而言，商用车维修技术的资料查询、故障检测诊断、新技术培训网络化等早已达到全面普及的程度。因此，现代商用车维修人才必须具备互联网的应用能力，这也是应时代所需，符合商用车维修的发展方向。

引导问题 3　如何培养商用车行业岗位的职业素养？

中国的商业车行业有着无限的发展机遇，商业车从业人员需要具备良好的职业素养，职业素养的高低决定着工作质量的高低。良好的职业素养，应包括：积极进取的服务精神、良好的团队协作能力和对个人职业素养的培养。

1. 人员的服务精神

企业必须建立“用户第一、用户至上”的价值观。

21 世纪是质量的时代，也是质量竞争更加激烈的时代，要在功能、性能及定制需求上符合标准，必须做到“用户第一、用户至上”，使用户的个性定制需求得到满足。企业在市场竞争中取得胜利，就能兴旺发达，这是企业树立“客户至上”的根本原因。

2. 团队的协作精神

企业的成功需要各个部门的人相互协调，团结合作，单打独斗的企业往往走不到最后，只有合作才会实现共赢。在中华传统文化中，通过团结合作而取得非凡成就的事例数不胜数，廉颇、蔺相如将相和，让赵国持续几十年边境安宁，安定祥和；也存在很多原本强大的国家因为内部的自私自利、各自为政而失去平衡，战乱四起，百姓流离失所，经济政治萧条殆尽。国家如此，企业发展也是如此，新时代的企业要有强大的核心竞争力，在企业内部，各个部门协同合作，将自己分内之事做到最好，为整体着想，为大局考虑，心往一处使，才能创造出更好的产品，赢得更大的市场。

用人单位在招聘时，也将团队协作能力作为一项重要的考虑因素。良好的团队协作能力能够使人快速融入新的工作岗位，迅速发挥个人的潜能，为企业带来显而易见的利益。

1)团队协作精神的主要作用

(1)团队协作是集体目标实现的基础

随着现代科学技术的进步,个人能力素质很重要,但是更为重要的是团队的协作能力。现代化生产和经济的发展,要求我们只有将自己融入集体之中,才能发挥自身的最大价值,发挥自己的潜能。在科技发展的今天,所面临的问题是错综复杂的,学科之间的相互交错,只有集思广益,相互探讨,相互交流,才能找出最佳解答方案,孤军奋战只会浪费时间、浪费精力。中国的载人航天工程举世瞩目,其成功的背后来源于每一位科学家、每一个部门的协同工作。

有了团队并不意味着一定会产生员工之间相互合作,一个优秀的团队应有着良好的合作协调能力,团队要有组织、有规范,每个人有自己的任务和目标,而各个任务和目标都是为了团队最终整体的目标。人与人之间相互交流,任务与任务之间紧密联系,才能完成最终的要求,而不是各有私心、各自为政,那样最终会导致任务失败。就像一面城墙,砖与砖之间相互贴近啮合,才会牢不可破。

著名童话作家克雷洛夫曾经写过一个寓言故事。天鹅、梭子鱼和虾一起拉车,它们三个都十分卖力,累得满头大汗。然而奇怪的是,无论他们如何努力,车却始终停在原地不动。这究竟是为什么呢?原来,天鹅拉着车拼命地往天上飞,虾则拉着车使劲向后拖,而梭子鱼则朝着池塘的方向拉。它们谁也不愿意改变用力的方向,车子自然就拉不动了。

这就是企业管理中常会出现的内耗现象。团队成员一个人一个看法,一个人一种工作思维,难以达成共识,造成的结果就是团队缺乏明确的目标和方向。久而久之,企业就会因为这种内耗而造成问题堆积,寸步难行。一个企业组织涣散、人心浮动、人人自行其是,甚至搞"窝里斗",集体的目标如何能实现?

员工对企业有强烈的归属感,将企业当成自己的"家",才会愿为企业利益与个人目标而奋斗,对企业决策持肯定和支持的态度,认可和接受企业的价值观,并在实践中维护和发展企业的价值观,自觉为之效力。员工对企业具有忠诚感,绝不允许损害集体利益的事情发生。

(2)团队协作能充分发挥员工个人的潜力

员工的个人能力在没有具体范围的约束下肆意发展是没有方向的,个人能力如何发展,向什么方向发展是不确定的,只有在团队合作的框架中,才会使自己的潜力发挥得恰到好处,有侧重点,实现潜力最大化。在完成任务过程中,同事之间要相互协作,将个人融入团队中,一滴水只有放入大海才不会干涸,与同事和谐共处、相互学习,从而使团队充满凝聚力。在缺乏团队协作的企业中,即使个人能力突出,有宏伟的目标,长时间的单打独斗,也会使自己的意志和目标逐渐消磨殆尽,对个人的发展也是极为不利的。1901 年到 1996 年,获得诺贝尔奖的人近 500 人,其中约有 300 人的研究成果是合作成果,占总人数的三分之二以上。

(3)团队协作能充分发挥集体的力量

"人无完人,金无足赤。"相同的任务分派到不同的人手中,结果也不尽相同,因为每个人擅长的方面不同,思考的角度不同,问题的切入点不同,所以要进行团队合作、交流学习,交流自己的心得体会,共同提高,以他人之长补己之短。"三个臭皮匠,顶个诸葛亮""人心齐,泰山移""众人齐心,黄土变金""一根筷子被折断,一把筷子牢牢抱成团"

“没有完美的个人,只有无敌的团队”,这些话也都揭示了团队精神的巨大作用。

只有团结协作才能实现共赢。每个人都有缺点,团队就是由一群有缺点的人构成的,但当他们互相搭配、优势互补、目标一致时就能产生巨大的、甚至是不可阻挡的力量。所以说,没有完美的个人,只有完美的团队。

2)团队协作精神的主要表现

具有团队协作精神的企业,必将具有无敌的竞争力。

(1)强烈的归属感

员工在行业中想要取得骄人的成绩,首先要热爱自己的工作,“兴趣是最好的老师”,浓厚的兴趣有利于工作的开展。除此之外,对待同事要真诚,涉及企业利益时,要考虑企业核心价值,要有强烈的归属感。作为企业的一员,要做到在其位、谋其职,为企业考虑,自觉为企业奉献力量。

员工对企业要保持绝对的忠诚,切实保证企业的利益不受侵犯,保护公共财物,遵守企业纪律,有高度的集体荣誉感,在企业成功时,有光荣自豪感,在企业处于困境时,应主动承担责任,与企业共进退。

(2)相互协作

在与同事相处过程中,要注意站在对方的角度看待问题,相互理解,相互信任,将同事看作自己的家人,彼此关心,求同存异;遇到问题时共同寻找解决办法,相互扶持,和谐相处,存在缺点及时指出,方便同事之间职业素质的提高;在共事期间,加强交流,相互鼓励,共同进步,遇到困难向同事虚心请教,追求团队整体的和谐。

(3)尽心尽力

企业、团队、员工之间存在互利共赢的关系:员工为企业、团队的发展尽心尽力、尽职尽责;在员工进行职业提升的过程中,团队和企业要为员工提供便利条件,充分调动员工的积极性,将团队的事情当作自己的事,鼓励员工发展,提升自我价值。

3)团队协作精神的培养

在现代社会,企业越来越看重员工的团队精神,企业之间的竞争,往往是人才的竞争。团队精神是企业抵达成功彼岸的基石。培养团队协作精神,可以从以下几方面着手:

①培养团队精神,要加强团队建设,即应该学会思考,为团队指引前进的方向,这是团队建设的首要问题。制定导向必须遵循一个原则,即产生合力,促使团队成员共同把工作做好,实现目标。

②培养团队精神,同事之间要保持良好沟通。沟通是团队精神的直接表现形式,是企业发挥团队合力的基本方法和技巧。团队中的良好沟通可以使成员间配合默契,提高效率,提高成员的集体荣誉感。

③培养团队精神,要加强团队建设,必须要有团队原则性。作为团队领导,在员工心中要有公信力,既要“俯首甘为孺子牛”,服务好团队成员,也要能够“横眉冷对千夫指”,坚持原则,克服好人主义思想,对于危害团队的人和事,要敢于斗争,以斗争求团结,最终实现团队奋斗目标。

(1)培养团队意识

团队意识是团队内每一个成员都要具备的意识,员工与员工之间要相互关心、相互帮助,领导对待员工要真诚、尊重,让员工们体会到企业的关怀,自觉融入团队建设中,愿

意为企业作贡献。此外,在员工犯错时,应及时指出,适当引导,帮助员工分析错误产生的原因,充分尊重员工的人格尊严,让其在最短的时间里恢复状态,投身企业正常建设。

团队意识意味着要具备协调各方的能力,每名企业员工都是独立的个体,有着自身特有的闪光点和优势。组建团队时,要清楚每个人的特点,使人员优势互补、扬长避短,实现优势最大化;与此同时,要对员工的缺点进行有效正确的引导,自信心过强的员工要让其产生忧患意识,有自卑心理的员工要时常激励,充分肯定他的成绩和能力。对待不同特点的员工采用不同的方式,使员工进步,也间接提升了企业的竞争力。

培养团队意识,要树立领导的威信和号召力。领导的威信使员工心存敬畏,可以使员工服从企业的安排。"正人先正己",作为公司领导班子中的一员,首先应在各个方面严格规范自己,起到表率作用,在成本管理实施的每一环节要以身作则,严于律己,才能让员工心服口服,树立起领导威信。

(2)保持良好的人际关系

保持良好的人际关系在企业中显得尤为重要。良好的人际关系有利于日常工作的开展,"水能载舟,亦能覆舟"。工作过程中,同事之间要相互支持、相互帮助。要有克己容人的态度,同事之间、上下级之间彼此多一些理解和宽容,将心比心,为对方着想,坚决消除同级相害、互相拆台的动机和行为,杜绝背后论人、编造传播谣言。在工作中遇到挫折时,要相互体谅,而不是互相推诿;要携手并进,相互信任,共渡难关。

(3)参加集体活动和学习培训

多名员工组成小团队,多个团队组成大集体。员工在团队中相互学习,取得进步,团队要想有所发展也要在大集体中历练,相互交流,博采众长,吸收外部优秀文化,增强团队建设。

学习培训的目的是将学习的知识转化为企业中的团队意识和集体思维,将理论知识应用于实践,服务生产建设,不断提高团队凝聚力和成员工作能力。通过在学习中互相交流、讨论,从而提高完成任务时配合的默契程度,拓展每名团队成员思维的深度与广度,同时也有利于培养团队中成员互帮互助和团结协作的团队精神。

(4)发扬乐于奉献的精神

绿叶精神就是一种奉献精神。无论是在生活中,还是在工作中,首要的问题就是要端正自己的心态,如果总觉得自己是在为别人付出,总是埋怨自己得到的与付出的不对称,那么就不可能达到乐于奉献的高度。在团队中应发扬乐于奉献的精神,起到带头作用,充分带动成员的积极性,使团队内部形成互帮互助的良好氛围,乐于奉献有助于促进团队成员的凝聚力,促使团队加速进步。

(5)处理好几种关系

①处理好团结与竞争的关系。在市场经济中,竞争是必然存在的,在竞争的同时要注意团结,实现共同进步,而不是相互构陷、随意诋毁。良性的竞争环境促进企业发展,要善于团结同事、协调工作,取得共赢。为了大局而讲团结,为了大局而谦让,这样就能够在竞争的同时团结一致、共同进步。

②处理好分工与协作的关系。在各个阶层、各个领域、各个行业,从业人员所处的岗位都有其明确的分工和发展的目标,完成自身任务也需要团队合作,因为每项工作涉及的范围和学科知识都是错综复杂的,相互交流合作,才能让任务保质保量地完成。在团队中,领导与成员之间的区别不仅仅在于职务,还在于职责,职位越高,责任越大。工作

中既有分工又有合作，任务分配的合理程度直接关系到员工完成任务的决心和领导在员工心中的威信。

③处理好团结协作、互帮互助与坚持原则的关系。团结协作、互帮互助要建立在坚持原则的基础上，要以维护国家利益、集体利益为前提，而不是奉行自由主义的、没有底线的相互包庇缺点，拉帮结派。

(6)克服几种思想

①寄生主义的思想。有极少部分人存在不劳而获的思想，像寄生虫一样窃取他人的劳动成果，据为己有，一味索取，靠别人的劳动创造价值养活自己，寻求所谓的捷径，事实上没有一点硬实力。这种人不会给企业带来效益，反而让企业滋生更多类似的"蛀虫"，对企业的发展极为不利。我们要杜绝这种寄生主义思想的形成。

②享乐主义的思想。有少部分人认为，如今的社会，追求时尚，追求高效，追求利益最大化，再强调艰苦奋斗就是一种落后，久而久之，染上好逸恶劳、投机取巧的陋习，不加节制地享受，最终走上犯罪道路。这要归根于在思想上出现了偏差，在本应奋斗的年纪却选择了安逸，工作马马虎虎，生活不拘小节，认为一切来得理所当然，更有甚者，挥霍父母的血汗钱，奢侈消费，接待场面讲档次，花费令人咋舌，却从不计算费用开支与实际工作效果。我们要杜绝这种享乐主义思想的形成。

③功利主义的思想。个别人以"少干活，多拿钱"为准则，在思想上追求名利至上、不求奉献，对工作挑挑拣拣，认为自己身份尊贵，学历高，不愿从基层和生产一线工作做起，对收入少的岗位嗤之以鼻，有名有利的工作抢着干，无名无利的工作"踢皮球"，在领导面前，争先恐后地工作，领导离开后便将工作抛在一旁。我们要杜绝这种功利主义思想的形成。

④个人主义的思想。社会发展过快也导致了一系列问题的出现，少部分人过分追求自我价值、盲目崇尚自我的思想逐步滋长蔓延，以自我为中心，不听取他人的意见和建议，考虑问题不顾全大局，仅从个人或局部利益出发，自私自利，个人利益凌驾于集体利益之上，甚至有时为了自己的利益而去侵犯他人的权益，无视纪律，无视团队，对他人的工作不正面支持，甚至帮倒忙，暗地设置障碍。

以上种种错误的思想，尽管只体现在极少部分人身上，却严重地影响了企业的建设，与企业文化相违背，消磨了大量员工的斗志，动摇了人们的精神支柱，引导企业员工向错误的方向发展，长此以往必将影响企业的进步。因此，我们必须高度重视，时刻警惕，杜绝此类事件的发生。

3.职业素养的自我培养

工匠精神的核心是"专"，是指对待工作要专心、对待任务要专注、对待问题要专研，持之以恒地干好本职工作，提升自己的业务素质，从而让个人在商业化的社会中获得自我认同。

工匠精神就是能够时刻站在用户的角度，精雕细琢每一件商品，并且持续地对该商品提出改进意见与建议，最大限度地用最少的资源制造精品，为用户提供满意的商品。要有一颗追求进取的心，要有居安思危的心理，不安于现状，始终处在新品研究和开发的路上，全面考虑用户需求。对市场和用户的准确掌握源于不断地学习与工作标准相关的理论知识与实际操作要领，并把这些标准、流程、要求牢记于心。作为汽车行业从业人员，要"精"于一项，把好产品推广的每一道工序，用"挑剔"的眼光对待产品。

1. 填空题

(1)________是指工匠对自己的产品精雕细琢、精益求精,追求完美和极致的精神理念。

(2)________是工匠精神的精髓,“精”即完美,“益”为更加,也就是在已经很优秀的情况下进一步追求完美,体现了工匠们对卓越完美的追求。

(3)________是指对自己的事业要有尊敬、崇敬之意,不可对职业有诋毁、贬低或在工作时存在消极懈怠的现象。

(4)在日常思想政治理论课的学习中,要将________贯穿整个学习过程,将民主法治教育、职业素养教育、行为养成教育、时代精神教育和安全教育与工匠精神的内涵相融合。

(5)可以根据商用车行业属性,将商用车行业分为:________、________、________、________。

2. 选择题

(1)(　　)也是职业精神、职业道德、职业规范的统称,是适应时代所需、紧跟时代步伐的具体实践。

A. 工匠精神　　B. 职业精神　　C. 职业道德　　D. 职业规范

(2)工匠精神的内涵包括(　　)。

A. 精益求精　　B. 严谨细致　　C. 爱岗敬业　　D. 不断进取

(3)(　　)是工匠精神的精髓,“精”即完美,“益”为更加,也就是在已经很优秀的情况下进一步追求完美,体现了工匠们对卓越完美的追求。

A. 精益求精　　B. 严谨细致　　C. 爱岗敬业　　D. 不断进取

(4)在专业课程的学习中,不放过每个环节、每道工序和每个细节,培养(　　)的学习态度。

A. 严谨认真　　B. 马马虎虎　　C. 差不多就行　　D. 得过且过

(5)在理论教学、实践教学、实习实训等各环节中感受文化元素,践行(　　),实现从知识、技能到素养的高度融合。

A. 工匠精神　　B. 职业精神　　C. 职业道德　　D. 职业规范

3. 判断题

(1)为适应时代发展的要求,未来的从业者应脚踏实地,潜心钻研,夯实基础,既要掌握知识本领、身怀一技之长,又要积淀职业素养,自觉加强对工匠精神的培养。(　　)

(2)工匠精神不是虚无缥缈的空中楼阁,它体现在一个人日常学习、生活、工作的每一个细节之中,需要平时一以贯之的认真态度和良好习惯,需要执着精神的支撑和长年累月脚踏实地的历练。(　　)

(3)培养工匠精神,需要真实的工作环境和企业文化熏陶。(　　)

(4)工匠精神要求我们不但要有高超的技能,还需要有精益求精、追求极致的精神。(　　)

(5)兴趣是最好的老师,在工作时最主要的就是热爱这份工作,这样才会将自己最饱满的热情奉献给最热衷做的事业,才会取得骄人的成绩。(　　)

任务三　商用车专业学生职业生涯规划

任务导入

作为一名商用车专业的学生，应如何进行职业生涯规划，就业前应做哪些准备，职业技能鉴定流程及求职过程中有哪些技巧等，是学习过程中一直思考的问题。

任务分析：了解职业生涯规划的意义，在职业规划过程中，如何进行职业资格与职业技能鉴定？商用车专业学生如何制定职业生涯规划？就业前，又需要做哪些准备呢？

一　学习目标

通过本任务的学习，应当：

1. 能够了解职业生涯规划的概念与意义；
2. 能够了解职业资格与职业技能鉴定流程；
3. 能够了解商用车方向学生职业生涯规划的制定；
4. 能够了解就业前的准备，熟悉求职程序与技巧；
5. 根据任务的实施情况，分组讨论与交流，培养分析问题、解决问题和归纳总结的能力。

二　学习内容

1. 什么是职业生涯规划？
2. 什么是专业与职业？
3. 商用车专业学生职业生涯规划如何制定？
4. 就业如何准备？
5. 求职程序是怎样的？

资讯储备

引导问题 1　什么是职业生涯规划？

1. 生涯

“生涯”是我们在日常生活中运用得比较广泛的一个词，比如学习生涯、革命生涯、军旅生涯、教书生涯等。根据《现代汉语词典》(第7版)的解释,“生”是活着的意思,“涯”泛指边际。一般认为,生涯就是指人的一生。在英文中,“生涯”是“career”一词的翻译,有时也会将之翻译为“职业生涯”。《辞海》对“生涯”一词的定义是:指从事某种活动或职业的生活。

大多数西方学者所接受的生涯定义是萨柏(Super,1976)的论点:生涯是生活里各种事态的演进方向和历程,它统合了人一生中的各种职业和生活角色,由此表现出个人独特的自我发展形态。生涯是人生从青春期到退休之后,一连串有酬或无酬的综合。除了职业之外,还包括任何与工作有关的角色,如学生、退休者,甚至包含家庭和公民的角色等。而在中文里,“生涯”一词最早来源于《庄子·养生主》篇的“吾生也有涯,而知也无涯”。因此,中文语境中的“生涯”一词含有生命历程之义,并有着“有涯”的时间性特征。而在后世的生活体验中,中国的文人又对之做了进一步的衍化。或者将“生涯”视为“生活”,或者更具体地定义在“生活的方式”这一层次上。因此,中国人的生涯观不只有其时间性,亦有其空间性,大致可以粗分为两个层次:第一个层次是指“生活”,用以说明某一类市井小民的生活方式;第二个层次是指“生业”,谋生之业,也就是一个人用来谋生的事业之意,亦为“生计”之义。

2. 职业生涯

从规范性的角度看,“生涯”是人们一生所经历的顺次相连的全部事件,也可以指在某个特定领域或者方面的历程或进步,如婚姻生涯、学术生涯、学业生涯等。而特定到职业领域就是我们所称的“职业生涯”。这里的职业生涯不能等同于工作,也就是说有份好工作并不等于就有一个光辉的职业生涯。在现实生活中,大部分学生毕业后找到了一份工作,但这并不意味着他们即将开启自己的职业生涯。他们为了生存不得不工作,而且工作不能给他们带来快乐。所以一个人如果想在工作、生活中获得幸福感,那么他就必须以新的方式思考工作的意义,思考工作和生活的关系。

职业生涯通常是一个人一生所经历的职业发展过程,西方学者格林豪斯(Greenhaus,2000)的观点则认为,与传统职业生涯的两个属性(职业属性和个人属性)有所不同,更加强调的是“人的生命周期与工作相关经历相结合”。他认为职业生涯包括了主观和客观部分,主观部分是个人的价值观、期望等,而客观部分则指工作内容、职位等,两者有内在的联系。职业生涯既是一个复杂现象又是一段一生职业的漫长经历,应该将职业生涯科学地划分为不同的阶段,再根据相关阶段做出不同目标和特性的划分。

3. 职业生涯规划

职业生涯规划是把组织的发展和个人的发展结合起来,再根据相关分析,制订出一套关于个人的事业发展计划的目标,也就是指个人和组织相结合,结合自身条件和现实环境,在对个人职业生涯的主客观条件进行测定、分析、总结研究的基础上,对自己的兴趣、爱好、能力、特长、经历及不足等各方面进行综合分析与权衡,结合时代特点,确定其最佳的职业奋斗目标,选择职业道路,制订相应的培训、教育和工作计划,并按照职业生涯发展的阶段实施具体行动以达到目标的过程。职业生涯设计的目的绝不只是协助个人按照自己的条件找一份工作,达到和实现个人目标,更重要的是帮助个人真正了解自己,为自己定下事业大计,筹划未来,拟定一生的方向,进一步详细估量内、外环境的优势和限制,在“衡外情,量己力”的情形下设计出各自合理且可行的职业生涯发展方向。

职业定位、目标设定和通道设计为职业生涯规划的三大要素，所以职业生涯规划可以分为以企业为核心或以个人为核心的职业生涯规划。但在任何组织下，个人职业设计更为重要，因为人才是企业或组织发展的核心，特别是在知识经济发展下的今天。职业生涯规划按时间属性也可以划分为短期规划、中期规划、长期规划和人生规划四种类型。

职业生涯规划的主要目的就是要解决"干什么""何处干""怎么干""以什么样的心态干"的问题。"干什么"即是根据自己的兴趣、理想、专业去选择职业方向；"何处干"就是确定职业发展的地点；"怎么干"实际上就是确定自己在职业人群中的位置，即根据自己的实际水平，在择业时对职位、薪资、工作内容等做好判断和把握；"以什么样的心态干"就是稳定自己的心态，敢于直视就业过程中的困难和问题，始终坚定地按照自己的正确计划去实现理想。

引导问题 2 什么是专业与职业？

1. 定义

(1) 专业

专业泛指专门学业或专门职业，是高等学校或中等专业学校所分的学业门类或产业部门的各业务部分。大学设置专业是大学培养人才的重要特征。

(2) 职业

根据职业在《现代汉语词典》(第 7 版) 中的解释，可以理解为，职业是个人的主要生活来源，是社会中从事的工作。不同学者、专家虽然在学术上对"职业"的定义不尽相同，但都包含了经济、社会和技术三个重要特征。由此可以将职业总结为人们通过自身技能在社会生活中获得相应经济收益并能满足自身的精神需求。

2. 性质

(1) 专业

有知识修养的专门职业者，如职业画家、职业选手、内行、专家，也就是一种物质或某种作业的作用范围。

(2) 职业

职业是人类在劳动过程中的分工现象，它体现的是劳动力与劳动资料之间的结合关系，其实也体现出劳动者之间的关系，劳动产品的交换体现的是不同职业之间的劳动交换关系。不同的职业在其劳动过程中都有一定的操作规范性，这是保证职业活动的专业性要求。

职业活动既满足职业者自己的需要，也满足社会的需要。只有把职业的个人功利性与社会功利性结合起来，职业活动及其职业生涯才具有生命力和意义。

3. 专业与职业的关系

专业是学业门类，职业是工作门类，专业与职业之间有四种关系。

①专业包容职业。在这种情况下，个人的职业发展一直在所学专业的领域内，选择的职业与学习的专业相吻合，能够做到学以致用。

②专业是核心。是指以专业为核心发展职业，个人的职业发展以所学专业为核心，向外扩展。这种情况下，选择的职业与学习的专业虽然方向一致，但职业发展超出所学专业领域，需要根据自己的职业规划，在学好专业的基础上通过选修、自学提高自己所从

事职业的素质。

③专业与职业交叉。以专业为基础发展职业,个人的职业发展在所学专业基础上有重点地沿某一方向拓展。所学专业在个人职业发展中仍有重要意义,需要在职业生涯规划的指导下,在学好本专业知识的基础上,同时辅修或自学自己规划要从事的其他专业课程。

④专业与职业分离。个人规划要从事的职业与所学专业基本无关,所学专业的某些方面在个人职业发展中有一定的重要性,但方向并不一致,这时应尽早调整专业,若为时已晚,应辅修其他专业。

4. 专业与职业的区别

①专业区别于一般职业在于它们非同寻常的深奥知识和复杂技能。

②专业需要接受长时间的专业化训练,一般以是否接受过高等专门教育为标志,而职业主要是通过个人体验与个人的经验总结。

③专业与职业相比,要更多地提供一种独特、明确、必要的社会服务与奉献,而普通职业的从业人员仅仅把工作当作是一种谋生的手段。

④职业更多地体现为工匠式的特点,一旦掌握,即可不断重复,无须创新,而专业的一个重要特点就在于需要不断地面对文化,需要不断进修,并做出创新。

5. 职业信息分析

结合所学专业,分析本专业所对应的职业群的相关职业信息,了解并把握你的专业与未来职业的关系。对专业而言,专业的人才培养方案制定的基础,就是对专业与职业的关联性分析,查阅所学专业的人才培养方案,可以从以下两个方面了解所学专业对应的职业信息。

一是与本专业对应职业群有关的职业资格。例如,汽车类专业的学生不但应了解与汽车有关的职业资格,还应了解机械、计算机、电气、交通运输等职业资格,甚至汽车服务、营销的职业资格。对于相关证书,不但要分清种类和功能,更要知道取得这些证书应具备的学识、技术和能力,即资格标准。这是结合自己的专业方向进行职业生涯设计的基础。

二是科技进步对本专业对应的职业群及相关职业群的影响,以及这些职业群的演变趋势。在分析中,必须明确现行的职业资格标准是否与职业岗位的现实需求相一致。随着科技进步,职业资格标准也会不断调整。因此,你不但要努力学习,为今后一生做好铺垫,还要树立"活到老、学到老"的终身学习观念。

6. 职业资格与职业技能鉴定

(1)职业资格

职业资格是对从事某一职业所必备的学识、技术和能力的基本要求。职业资格包括从业资格和执业资格。从业资格是从事某一专业(工种)学识、技术和能力的起点标准。执业资格是指政府对某些责任较大、社会通用性强、关系公共利益的专业(工种)实行准入控制,是依法独立开业或从事某一特定专业(工种)学识、技术和能力的必备标准。

职业资格是一种综合的能力,包括从事某种职业所需要的生理和心理素质、思想品质、职业道德、职业知识、技能和技巧,也包括从事某种职业所必需的实践经验等。高校毕业生不仅应获得本专业的从业资格证书,还应对相关的职业资格有所了解。例如,会

计专业的学生,除取得会计专业的毕业证书外,还应至少考取会计电算化证和会计证。这是具有从业资格的基本条件。此外,还有一些与此专业对应的资格证书,包括注册会计师证、资产评估师证等(这些是今后能否具有执业资格的证明);专业技术职务证书,如助理会计师、会计师、高级会计师等技术职务证书(这是专业水平的体现);体现个人综合素质和能力的证书,如外语等级证、计算机等级证、普通话等级证等。

(2)职业资格证书

职业资格证书是职业标准在社会劳动者身上的体现和定位,是对劳动者具有达到某一职业所要求的知识和技能标准的认证。职业资格证书是通过职业技能鉴定的凭证。职业技能鉴定必须按照法定的职业标准,统一考核和鉴定规范,统一考务管理,并由政府或政府授权的鉴定机构实施。职业资格证书是劳动者晋升、求职、任职、独立开业和用人单位录用的主要依据。我国职业资格证书分为 5 个等级:初级(五级)、中级(四级)、高级(三级)、技师(二级)和高级技师(一级)。

职业资格证书制度既是劳动就业制度的一项重要内容,也是一种特殊形式的国家考试制度。它是指按照国家制定的职业技能标准或任职资格条件,通过政府认定的考核鉴定机构,对劳动者的技能水平或职业资格进行客观公正、科学规范的评价和鉴定,对合格者授予相应的国家职业资格证书。

职业资格证书分为从业资格证书和执业资格证书两种。

从业资格证书是国家发给达到从业资格条件的劳动者的证明。例如,为了实现农业现代化,我国需要一批有文化、懂技术、善经营、会管理的农民,为此农业部提出试行“绿色证书”(农民从业资格证书)制度,财政部实施了会计上岗证制度。

执业资格证书制度是国家对某些承担较大责任、社会通用性强、关系国家和社会公共利益的重要专业岗位实行的一种管理制度,实行全国统一考试,注册有效,由政府监督。凡具备规定的相关专业学历、实践工作年限的专业技术人员都可以报考。

推行国家职业资格证书制度,是我国人力资源开发的一项战略措施,是党中央和国务院的一项战略决策,具有多方面的重要意义。

①职业资格证书制度为人才培养开辟了广阔道路。推行职业资格证书制度,不但有助于纠正和克服教育培训工作中脱离生产实际的偏向和缺陷,更重要的是,对于解决我国技能型人才严重短缺的问题有重要的促进作用。

②推行职业资格证书制度有利于政府加强对劳动力市场的监控管理,而职业技能鉴定是加强政府管理和服务职能的一个有效手段。

③推行职业资格证书制度对企业产生直接的影响和巨大的作用。它能够加强企业的劳动人事管理,为建立科学合理的分配制度提供技术基础,带来企业劳动效率和经济效益的提高。

④推行职业资格证书制度与减少生产事故、加强劳动安全工作也有十分密切的关系。

⑤推行职业资格证书制度有利于提高劳动者的能力和地位。职业资格证书是劳动者知识和技能的证明。职业资格证书对劳动者的效用是推行职业资格证书制度的直接动力。

随着职业资格证书制度的实行,越来越多的职业学校在完成正常教学计划的同时,进行相关的职业资格证书的考试、考核,鼓励学生一专多能。国家有关部门也明确规定

学历认定是获得职业资格证书的必要条件。所以说,学历证书和职业资格证书是密不可分的。

要全面提高劳动者素质,就必须充分开发和有效利用我国丰富的劳动力资源,坚持把人才的培养和合理使用结合起来,制定各种职业的资格标准和录用标准,实行学历文凭和职业资格两种证书制度。《中华人民共和国劳动法》规定:“国家确定职业分类,对规定的职业制定职业技能标准,实行职业资格证书制度,由经备案的考核鉴定机构负责对劳动者实施职业技能考核鉴定。”“双证书制度”得到逐步推广,不仅有利于鼓励和调动学生学习专业理论和专业技能的积极性,也有利于适应多种专业岗位的需求。

(3)职业技能鉴定

①职业技能鉴定的含义。《中华人民共和国劳动法》规定,“由经备案的考核鉴定机构负责对劳动者实施职业技能考核鉴定”。职业技能鉴定是国家职业资格证书制度的重要组成部分,是一项基于职业技术水平的考核活动,属于标准参照型考试。它是由考试考核机构对劳动者从事某种职业所应掌握的技术理论知识和实际操作能力做出客观的测量和评价。

②职业技能鉴定所。职业技能鉴定所是经劳动保障行政部门批准设立的实施职业技能鉴定的场所。它是职业技能鉴定的基层组织,承担规定范围内的职业技能鉴定活动。其具体工作任务包括:

受理职业技能鉴定的申请,对申报人的资格条件进行审查,经鉴定指导中心核准后,签发准考证;组织申报人员按规定的时间、地点和方式进行考核或考评;协调鉴定过程中的有关事务;汇总鉴定成绩,并负责报送鉴定指导中心;向鉴定指导中心提供鉴定报告,对考评小组的工作提出评价意见;协助鉴定指导中心办理证书手续,并负责向鉴定合格者发放职业资格证书;负责鉴定咨询服务和信息统计等工作。

③申报职业技能鉴定的条件。职业技能鉴定面向社会所有劳动者,按照国家职业技能鉴定的标准为其提供职业技能鉴定服务。职业技能鉴定的对象具体包括各类大、中专院校、职业技术学校和培训机构毕(结)业生,企业、事业单位的在职职工和社会各类人员。参加不同级别的鉴定,其申报条件不尽相同,考生应根据公告要求,确定申报的级别。一般来讲,不同等级的申报条件为:

参加初级鉴定的人员必须是学徒期满的在职职工或职业学校的毕业生;参加中级鉴定的人员必须是取得初级技能证书并连续工作 5 年以上,或是经劳动行政部门审定的以中级技能为培养目标的技工学校以及其他学校的毕业生;参加高级鉴定的人员必须是取得中级技能证书 5 年以上,连续从事本职业(工种)生产作业不少于 10 年,或是经过正规的高级技工培训并取得了结业证书的人员;参加技师鉴定的人员必须是取得高级技能证书,具有丰富的生产实践经验和操作技能特长,能解决本工种关键操作技术和生产工艺难题,具有传授技艺能力和培养中级技能人员能力的人员;参加高级技师鉴定的人员必须是任技师 3 年以上,具有高超精湛技艺和综合操作技能,能解决本工种专业高难度生产工艺问题,在技术改造、技术革新及排除事故隐患等方面有显著成绩,而且具有培养高级工和组织带领技师进行技术革新和技术攻关能力的人员。

④职业技能鉴定的实施。

报名。申请职业技能鉴定的人员,可向当地职业技能鉴定部门提出申请,填写职业技能鉴定报告表。报名时应出示本人身份证、培训毕(结)业证书、技术等级证书或工作单位人力部门出具的工作年限证明等。申报技师、高级技师任职资格的人员,还须出具本人的技术成果和工作业绩证明,并提交本人的技术总结和论文资料等。

实施步骤。职业技能鉴定的实施步骤分为三个步骤,分别是:鉴定前的技术准备,鉴定实测,鉴定后的结果处理。

鉴定内容。职业技能鉴定分为知识要求考试和操作技能考核两部分。这些内容是依据国家职业(技能)标准、职业技能鉴定规范(即考试大纲)和相应教材来确定的,并通过编制试卷进行鉴定考核。

知识要求考试一般采用笔试,而操作技能考核一般采用现场操作、加工典型工件、生产作业项目、模拟操作等方式进行。计分一般采用百分制,两部分成绩都在60分以上为合格,80分以上为良好,95分以上为优秀。

办理证书。根据国家有关规定,办理职业资格证书的程序为:职业技能鉴定部门将考核合格人员名单报经当地职业技能鉴定指导中心审核,再报经同级劳动保障行政部门或行业部门劳动保障工作机构批准后,由职业技能鉴定指导中心按照国家规定的证书编码方案和填写格式要求统一办理证书,加盖职业技能鉴定机构专用印章,经同级劳动保障行政部门或行业部门劳动保障工作机构验印后,由职业技能鉴定所送交本人。

引导问题 3 商用车专业学生职业生涯规划如何制定?

职业生涯规划,对学生而言,就是在自我认知的基础上,根据自己的专业特长、知识结构,对自己的兴趣、爱好、能力、特点进行综合分析与权衡,结合社会环境、市场环境与时代特点,对将来要从事的职业,确定其最佳的职业奋斗目标,并为实现这一目标做出行之有效的安排。根据舒伯的职业生涯发展理论,学生处于职业生涯的探索阶段。在这个时期,学生的个体能力迅速提高,职业兴趣趋于稳定,逐步形成了对未来职业生涯的预期;而完成了职业学习和职业准备,学生毕业后则会走上初次就业岗位,正式开始职业生涯。因此,许多学生往往需要就自己的未来职业生涯做出关键性的决策。大学期间是职业生涯规划的黄金阶段,对学生个人的未来职业走向和职业发展具有十分深远的影响。

商用车涉及多个行业与系统,商用车行业的快速发展为其售后维修行业带来了发展契机,给商用车方向毕业生带来了大量的就业机会。目前,大部分商用车专业方向的学生在毕业后往往并没有进入到商用车行业中,主要原因在于学生不能适应现今商用车行业的就业环境。正因如此,学校在对学生进行职业能力教育的同时,也要注意引导学生对自己的职业生涯有一个合理的规划。规划时应该充分考虑自身的特点与能力,切合实际地做出自己的职业生涯规划,通过乐观的心态来面对未来可能遇到的各种困难。学生根据自己制定的职业生涯规划可以有针对性地学习知识并培养自己的能力。对商用车专业学生的职业规划情况进行调研,分析存在的问题,帮助学生建立正确的职业生涯规划,有助于学生充分认识自我,确保职业教育工作快速进行。

1. 商用车专业学生职业生涯规划现状

(1)缺少对自身正确的认知

目前,大部分的学生对于自身的认知是不够的,不知道自身的定位是什么,也就导致不能做出正确的决定。大部分的学生对于自身的优点比较清楚,例如良好的人际关系、责任感、信守承诺、积极向上、专业知识丰富等，但无法明确认识自身的缺点，比如缺少实践经验、缺乏自信、专业技能掌握不熟练等，有的学生甚至根本认识不到自己的缺点，盲目自信，这样也就不能做出适合自己的职业生涯规划。

(2)缺少对商用车行业的认知

既然学生选择了商用车专业，那么就代表他们想从事商用车行业的工作。所以，就应该对商用车行业的发展状况和商用车的就业形势有一定的了解，对于商用车行业的其他相关行业，比如配件制造行业等也要有一定的了解，同时应清楚商用车行业对专业人员的综合要求，这样才能制定出合理的职业生涯规划。目前，高校学生在这方面做得明显不足，其侧重点主要在于课堂学习，只掌握了理论知识，很难与社会实际相结合，有的教材甚至比较落后，偏离实际，更不利于学生了解如今的商用车行业。

(3)缺乏对职业规划的正确认识

明确职业生涯规划的重要性，是学生制定自身职业生涯规划的先决条件。然而，商用车专业的学生对职业生涯规划，对自身未来的发展和专业学习过程中的重要性，认知不足，没有发现制定合理的职业生涯规划对于自身未来发展所起到的积极作用。职业生涯规划，其主要内容就是要明确"做什么""去哪里""怎么做"这三大根本问题，明确了这三个问题，才能使职业生涯规划顺利开展。目前，在"做什么"这个问题上，大部分的商用车专业学生表示只愿意从事技术层面的工作，而不愿意从事服务方面的工作。传统的商用车行业单纯指的就是商用车维修工作，而目前与商用车专业相关的职业类型有很多，对于商用车售后服务方面的人才需求也日益增加。在"去哪里"这个问题上，大部分的学生则认为无关紧要，没有认识到不同的环境对自身发展所带来的不同影响。在"怎么做"这个问题上，商用车专业的学生大部分不重视体力劳动，不愿意从基层做起，眼高手低，有时候甚至于连基本的工作也不能胜任。

2. 商用车专业学生职业特点

分析职业教育与商用车行业的特点，商用车专业学生的职业特点有很大的差异。

(1)流动性大

因商用车维修工的工作性质所致，其工作环境差、劳动强度大、薪资待遇一般，故而学生的流动性比较大。据保守调查显示，不低于30%的学生会在一年实习期结束后选择离职。

(2)职业技能更新快

随着商用车维修技术日新月异的发展，商用车维修早已经实现了由传统经验型判断向专家问诊和信息网络辅助的转变。网络化、信息化的特性要求从业人员不断学习、不断更新知识。他们要承受来自体力和智力等多方面的考验。

(3)职业前景竞争激烈

商用车专业学生的最后一年通常是到企业进行顶岗实习，从学徒工开始其职业生涯，沿着辅修—主修—班组长，再升职到企业管理层，越往上路越窄。而每年大量的商用车专业实习生的进入，使得其必须承受来自两头的压力，最终导致相当一部分商用车维修工不得不面临职业生涯的二次选择。

3. 提高其规划能力的有效策略

(1)增强职业规划观念，优化教育模式

由于学生的社会经历缺乏，解决问题的方法也非常匮乏，所以，应当提升学生的职业生涯规划意识,让他们熟悉具体的方式方法。目前,高校的商用车专业教学状况主要还是以课堂教学为主,学生们只能被动接受教师所讲授的知识和理论技能。进行职业生涯规划教育要建立在专业知识的学习之上,通过辅助学生确定自己的职业目标,促使其有针对性地对欠缺能力进行弥补。学生只有掌握了这些理论的知识,才能结合实际制定出适合自身的职业生涯规划,才能更好地适应社会环境,为就业、自主创业做好准备。在对学生进行职业生涯教育时,教师可以通过实例进行教学,这些事例应该取自身边的人,让学生感觉到职业规划的可行性与重要性。通过激发学生的积极性,让学生自己参与并熟悉职业生涯规划的方式方法、就业信息获取的途径、个人简历的制作、面试技巧等知识。以学生为主体,让学生在教学活动中有所体会,在掌握知识的同时提高能力。

(2)与企业紧密合作,搭建科学职业教育理念

现阶段,商用车专业的理论教学过程脱离了实际应用,常常出现理论无法适用于实践的现象,学生无法充分自我认知,就无法准确做出职业规划。由于对目前行业状况了解不足,学生在制定职业生涯规划时只能依靠想象,在职业定位时较为理想化。实习是将知识应用到实际中的必要环节。通过实践,可以使学生了解该行业的竞争激烈性,正确认识社会发展趋势,了解商用车行业的发展方向,从而促使其认识到该行业需要的是综合素质高、技术能力过硬的从业人员。还可以让学生了解不同岗位之间的区别,从而结合自身的实际情况明确自己所要努力发展的方向,进一步有针对性地提高自身的专业能力。

(3)培养责任意识,树立正确的世界观、人生观、价值观

虽然职业教育过程以技术教学为主,但是仍然需要辅助进行职业道德教育,让学生在掌握一定的工作技能的同时,能够正确地认识自己所从事的工作,并能够认真、负责地工作,树立正确的世界观、人生观、价值观。现在大多数的学生是独生子女,所以很多父母会提前为孩子规划好一切,这样不仅使得孩子更加依赖他人,也使得他们缺少社会责任感。一部分学生会认为有没有一份好的工作以及工作努力与否变得不那么重要,但职业道德与责任感才是行业评断一个技术人员的重要标准。对商用车维修专业学生责任意识的培养,除了利用思想政治课、班集体活动正面教育外,还应当采用案例教学、情景模拟、角色模拟等多种教育方式,组织各类教育活动,加强对学生责任意识的培养,使其具备担当能力,促使其快速成长。

引导问题 4　就业如何准备?

直接就业是目前多数学生毕业后的选择,学生通过参加各种双选会、招聘会,签订就业协议后就业。就业是一项政策性很强的事务,我们需要了解就业手续办理的相关规定,以及在此过程中的一些注意事项。

就业手续,即从择业到就业的整个过程中所涉及的相关程序。就业手续的办理是一个非常重要的过程,关系到我们是否能够顺利离开学校,踏上就业岗位。同时,就业手续中的许多环节有很强的法律规范性、政策规范性及严格的时间限制性,我们需要清晰地了解相关规定,以免造成不必要的麻烦而影响就业。下面介绍在办理就业手续过程中非常重要的三类文件:就业协议书、报到证和档案。

1. 就业协议书

(1)什么是就业协议书

学生在毕业离校之前,当与用人单位初步达成意愿后,就开始进入就业的实质性操作阶段——签订就业协议。就业协议书是明确毕业生、用人单位和学校三者之间的权利和义务的书面表现形式。协议条款就三方在毕业生就业工作中的权利和义务进行明确无误的表述,一旦签订,对三方都有约束力。

(2)签订就业协议书的主要事项

①查明主体。学生在签约前一定要先审查用人单位的主体资格,看是否具备进人的自主权力。如果用人单位本身不具备进人的权力,则必须经其具有进人权力的上级部门批准后同意。学生还应注意核实单位实际情况与招聘广告内容是否相符。

②慎重签约。有些学生在就业洽谈会上,由于时间仓促等原因,未对用人单位的历史背景、经营状况、企业发展、服务期限、是否允许深造等情况进行全面了解,便贸然签下协议。事后却发现存在不如意的地方,追悔莫及。因此,一定要仔细斟酌后再签约,切忌草率行事。

③把握时机。要避免在签约时左顾右盼,企图脚踏"两只船"或"多只船",导致错失最佳的签约时机。在签约时,毕业生既要考虑自己的利益,也要顾及用人单位的利益,不能过于苛刻,避免给将来的进一步合作造成影响。

④弄清程序。签订就业协议书需要遵循一定的程序,按章办事。学生应注意完整地履行相关的手续。

⑤明确合法。学生一定要认真审查就业协议书的内容,看看是否符合国家相关的法律和政策,仔细推敲双方的权利、义务是否合理,弄清楚除协议本身是否还有补充协议等。

⑥诚实守约。学生在填写就业协议书时,要坚持诚信的原则,不能含糊其词、弄虚作假。比如:有的学生参加了研究生或公务员的考试,应该在协议书的备注栏如实向用人单位说明情况,让用人单位有所准备。签约后应遵守协议,不能轻易违约。

(3)就业协议书的签订程序

毕业生与用人单位达成就业意向→毕业生与用人单位填写协议内容并签名盖章→毕业生院校签署意见并加盖公章→毕业生和用人单位各留 1 份,学校留 2 份。

2. 报到证

(1)什么是报到证

报到证,全称为"全国普通高等学校本专科毕业生(毕业研究生)就业报到证",由教育部授权地方主管毕业生就业调配部门审核签发。报到证是毕业生就业派遣的书面证据,是毕业生人事关系正式从学校转移到就业单位的证明。就业的毕业生在毕业后,需要持报到证到就业单位报到。用人单位凭报到证办理有关接收和接转档案、户口迁移等手续。

(2)报到证的作用

①报到证是到接收单位报到的凭证,毕业生就业后的工龄从报到之日起开始计算。

②证明持证的毕业生是纳入国家统一招生计划的学生。

③接收单位凭报到证予以办理毕业生的接收手续和户口关系。

④报到证是毕业生在工作单位转正和干部身份的证明。

3. 档案

(1) 什么是档案

人事档案是中国人事管理制度的一项重要特色，它是个人身份、学历、资历等方面的证据，与个人工资待遇、社会劳动保障、组织关系紧密挂钩，具有法律效用，是记载人生轨迹的重要依据。高校学生档案则是国家人事档案的组成部分，记录和反映本人经历、德才能绩、学习和工作表现，是以学生个人为单位集中保存起来以备查考的文字、表格及其他各种形式的历史记录，是学生就业及今后各单位选拔、任用、考核的主要依据。

(2) 档案的作用

在政府机关和事业单位，人事档案相当重要。当进入公务员或事业、企业单位工作时，在职业生涯中定级、调资、任免、晋升、奖惩等方面的呈报、审批材料都要记入本人档案，作为评价依据。另外，工龄、待遇、社保受保时间等也是以个人档案的记录为依据的。如退休时需要依据档案认定个人出生时间，从而确定退休时间，需要确定个人参加工作时间，从而确定开始缴费或视同缴费的时间，以计算养老金金额等。除了养老金外，其他社会保险如领取失业金等，也与个人档案相关。

(3) 档案的保管

按国家政策规定，组织、人事部门所属的各级人才交流机构具有资格保存大中专毕业生就业后的人事档案，各种私营民营企业、乡镇企业、中外合资、独资企业都无权管理员工的人事档案，一般由委托的各级人才交流机构托管。毕业生也可以以个人名义委托人才交流机构托管人事关系。

高校毕业生到具有档案管理权限的机关、事业单位、国有企业就业的，由单位直接接收、管理档案。到无档案管理权限的单位（私营企业、外资企业等）就业的，可由各地公共就业和人才服务机构负责提供档案管理等人事代理服务。

(4) 档案的补档

档案丢失需进行补档，也就是说，持有者需回到小学、初中、高中、大学及原工作单位，补齐相关证明材料，因为档案未归档会影响到入党、升学等，影响评定职称、考研政审、劳动保险及日后的离退休手续办理。如果有考公务员的意向，档案必须保管好。

(5) 如何看待“档案无用论”

目前，在高校毕业生中流传着一种“档案无用论”的观点，认为现在是市场经济体制，档案已经失去往日的重要作用了。因此，不少毕业生在毕业时根本不关心自己档案的去处，有的把档案留在学校就不闻不问了，有的换工作时不调档案而把档案留在原单位不管，有的甚至根本不知道自己的档案到哪里去了。造成“弃档”或“丢档”的原因主要有：

①我国的人事档案注重对过去和历史的描述，多为静态的资料描述，不能够动态地反映劳动者的个人现状。

②随着市场经济体制的发展，用工形式呈现出多样化趋势，许多用人单位在招聘和录用员工时并不看重档案。

③部分学生在毕业时还没有落实就业单位，便把档案留在学校，而找到工作之后由于身在外地或者忘记等原因，没有及时回学校办理档案转移手续。

④有的毕业生在就业后离开原来的单位，而又不想缴纳违约金，而有的用人单位又

因为员工没有缴纳违约金而不为其办理档案转移手续。时间一长,跳槽的员工觉得没有档案也没有什么影响,就不再关注了。

⑤目前我国的大多数三资企业与民营企业是没有人事档案管理权的,劳动者需要将人事档案放在人才中心等机构进行管理,每年需要缴纳一笔金额不低的档案管理费,许多毕业生觉得费用太高,而档案又没有什么作用,因此对档案置之不理。

4. 如何应对就业发展情况

面对年年增长的就业人数,以及严峻的就业形势,学生应当如何应对呢?

(1)调整期待,先谋生存再谋发展

调整过高的就业期待。从基层做起,先进入职场,再慢慢朝着自己的理想职业发展,避免想着一步到位。因为有些毕业生没有工作经验,主观上又不愿意吃苦,不愿意从基层做起,找工作高不成低不就。所以,对于快要毕业的学生来说,先谋生存再谋发展、先就业再定位是一个好的策略。而对于大一大二的学生来说,可以提早进入职场,锻炼职业技能,这样在毕业的时候才会有实力找到心仪的工作。

(2)提前准备,未雨绸缪

在就业数量上升、就业质量有待提升的就业形势下,我们学生应该怎样提高就业质量呢?首先,要在进入职场之前做好充分准备,未雨绸缪,及早进行职业生涯规划,加强自我的认知与对职场世界的认知,找到适合自己的职业发展方向与定位。其次,要提升自己的职场竞争力,在校期间通过职业访谈、实训、实习等方式充分了解职场,了解未来职业的能力要求,为进入职场积累知识、技能与经验。

(3)拓宽就业视野,转变就业观念

学生就业市场的需求不平衡现象,使得"学生就业难"问题不仅仅是劳动力市场中供需矛盾的问题,更是大学毕业生如何看待职业选择中各要素重要性的问题。这就需要我们拓宽就业眼界、转变就业观念,积极应对就业。

(4)关注国家的就业政策

如果你留意,就会发现原来国家和地方对学生就业的扶持政策还真不少。政策虽然很多,但可能很多政策我们了解得还不够充分,这既有信息传递方面的原因,也有学生未增强了解就业政策意识的原因。如果没有主动搜集信息的意识,只是被动地接受,可能会漏掉很多重要的信息。因此,经常关注国家和学校的就业网站,掌握最新的政策动态不是可有可无的,而是求职过程中必须要做的一件事。

那么,如何收集与了解就业形势与政策呢?

首先,积极关注学校就业指导中心的信息。学校就业指导中心承担着对毕业生进行就业政策咨询和就业指导的工作职能。就业指导中心能及时掌握最新的就业形势与政策,并能有针对性地对本校学生进行指导,这是毕业生及时获取就业形势与政策的最重要的途径。

其次,关注与就业相关的报纸、杂志、微博、微信等传播媒体,留意就业相关的形势与政策报道,特别要关注目标就业地区的相关信息。有时,一条不起眼的消息,或许会给你带来意想不到的惊喜,比如各地出台的新的学生创业扶持政策等。

再次,利用网络资源进行有针对性的搜索。当你想了解一些就业政策的具体信息时,也可以通过访问互联网、登录权威的学生就业网站,或者利用搜索引擎去搜索相关的信息。不过在利用网络资源的时候,一定要注意考察信息来源的真实性与可靠性。

引导问题 5 求职程序是怎样的?

在大学里,许多同学的求职程序是这样的:首先,阅读一些求职指导书,上网浏览一些求职网站,学习怎样找工作、怎样写、怎样准备;然后制作一份自己满意的简历,根据从各个渠道收集来的信息,将简历投给自己认为合适的企业;等待面试通知,接到面试通知后,做一些准备,参加面试,最后静候面试结果。

在这种常见的求职流程中,缺乏两个基本环节:求职调查和求职追踪。

我们认为基本的求职程序应该包含五个环节:①求职调研和准备;②进门;③谈话;④结束;⑤追踪。

对这五个环节,我们试做简单的分析。

第一阶段:求职调研和准备——兵马未动,侦察先行。

即在求职前针对目标企业和面试官展开调查。根据调查的相关信息,做好求职准备。这一阶段,求职者的目标应该是充分了解,准备妥当。

第二阶段:进门——一见钟情。

求职的第二个阶段应该是从敲开面试室的大门到走到面试官面前并做好谈话准备的这段时间,称为进门阶段。这一阶段是十分重要的阶段,在极短的时间内,面试官可能就已经对你有了一个初步的判断,是同你认真沟通还是准备敷衍你、打发你,面试官在心里已经有了决断——也就是我们说的5秒钟定律。因此,这一阶段的目标是让面试官对你"一见钟情",甚至让面试官牵挂你、感到耳目一新等。

第三阶段:谈话——心与心的约会。

求职的第三个阶段是求职者与面试官的面谈。这一阶段是许多求职者最为重视的一环,也是对整个求职起决定性作用的关键阶段。这一阶段,求职者要表现出良好的个人素质和品德,使面试官被打动、被感染,或对求职者产生有利于求职者的情感。

第四阶段:结束——复习的艺术。

结束阶段是面试官对求职者表示结束谈话的意思到求职者最后离开面试室的阶段。许多求职者认为面试已结束,结论已在面试官心中形成。其实不然,结束阶段对求职者的求职成功仍有巨大的影响力,一些求职者就是在这一阶段最后实现求职的,因此,我们把结束阶段专门列为求职的一个环节。在这一阶段,求职者应当努力使面试官对自己产生特别的感觉,下定录用自己的决心。

第五阶段:追踪——耐力和勇气的胜利。

许多求职者面试结束后,所做的事就是等待招聘单位的录用通知,很少有人主动与招聘者沟通和接触。消极被动地等待面试官的裁决是大多数求职者面试后的选择,接到录用通知,心中大喜;杳无音讯,也无所谓。

所谓"求职",求是关键。什么是求?求就是追求,就是不断地努力、不断地争取,正如求爱,告诉别人一声"我爱你",就没有了下文,然后静候回音。这样的行为无法称为"求爱",没有几个回合的努力,哪里能算"求爱"?求职也是如此,面试一次就回家静候佳音或等候噩耗,同样不能算是求职。求职的第五阶段就是追踪,不断地与招聘者沟通和接触,努力去获得机会。

这五个环节是求职的一个基本流程,每一个环节都可以独立地、有效地帮助求职者

实现求职目标。求职者可将产品策略、价格策略、渠道策略、促销策略运用到求职流程的各个环节中,根据自己的情况和企业的特点,有效地提高每一种求职策略的使用效果。

学习测试

1. 填空题

(1)________是把组织的发展和个人的发展结合起来,再根据相关分析,制订出一套关于个人的事业发展计划的目标。

(2)________泛指专门学业或专门职业,是高等学校或中等专业学校所分的学业门类或产业部门的各业务部分。

(3)________是人类在劳动过程中的分工现象,它体现的是劳动力与劳动资料之间的结合关系,其实也体现出劳动者之间的关系,劳动产品的交换体现的是不同职业之间的劳动交换关系。

(4)________是对从事某一职业所必备的学识、技术和能力的基本要求。

(5)________是职业标准在社会劳动者身上的体现和定位,是对劳动者具有达到某一职业所要求的知识和技能标准的认证。

2. 选择题

(1)专业是学业门类,职业是工作门类,专业与职业之间的关系为(　　)。

A. 专业包容职业　　B. 专业是核心

C. 专业与职业交叉　　D. 专业与职业分离

(2)(　　)制度既是劳动就业制度的一项重要内容,也是一种特殊形式的国家考试制度。

A. 职业资格证书　　B. 职业精神　　C. 职业思想　　D. 职业行为习惯

(3)(　　)是国家发给达到从业资格条件的劳动者的证明。

A. 从业资格证书　　B. 执业资格证书　　C. 学历证书　　D. 学位证书

(4)(　　)制度是国家对某些承担较大责任、社会通用性强、关系国家和社会公共利益的重要专业岗位实行的一种管理制度,实行全国统一考试,注册有效,由政府监督。

A. 从业资格证书　　B. 执业资格证书　　C. 学历证书　　D. 学位证书

(5)职业资格证书分为(　　)。

A. 从业资格证书　　B. 执业资格证书　　C. 学历证书　　D. 学位证书

3. 判断题

(1)职业生涯规划的主要目的就是要解决“干什么”“何处干”“怎么干”“以什么样的心态干”的问题。(　　)

(2)职业定位、目标设定和通道设计为职业生涯规划的三大要素,所以职业生涯规划可以分为以企业为核心或以个人为核心的职业生涯规划。(　　)

(3)专业区别于一般职业在于它们非同寻常的深奥知识和复杂技能。(　　)

(4)专业需要接受长时间的专业化训练,一般以是否接受过高等专门教育为标志,而职业主要是通过个人体验与个人的经验总结。(　　)

(5)职业技能鉴定所面向学校学生,按照国家职业技能鉴定的标准为其提供职业技能鉴定服务。(　　)

任务四 商用车维修差错管理

任务导入

作为一名商用车行业从业人员,应了解商用车维修差错的基本概念和特征,会分析其产生的原因,能提出预防的具体措施,找出商用车维修差错管理的规律。

任务分析:了解商用车维修差错的基本概念和特征,分析商用车维修差错原因,实现商用车维修差错的管理。

任务学习

一 学习目标

通过本任务的学习,应当:

1. 能够了解商用车维修差错的概念与特征;
2. 能够了解人为维修差错造成故障的典型案例;
3. 能够了解商用车维修差错产生的原因;
4. 能够了解维修差错管理的原则与措施;
5. 根据任务的实施情况,分组讨论与交流,培养分析问题、解决问题和归纳总结的能力。

二 学习内容

1. 什么是商用车维修差错?
2. 商用车维修差错的原因有哪些?
3. 商用车维修差错如何管理?
4. 福田戴姆勒商用车维修案例分析。

资讯储备

引导问题 1 什么是商用车维修差错?

在商用车维修工作中,维修差错是危及商用车使用安全的问题之一。因此,研究、预防和减少维修差错对商用车行业发展意义重大。从商用车维修差错的基本概念和特征入手,对其产生的原因及预防措施进行分析总结,希望能从中找出商用车维修差错管理

的规律,为商用车行业职业素养建设开辟新径。

商用车维修差错是商用车维修行业作风建设的主要内容,更是行业职业素养的一种外在表现形式。良好的维修作风,可以减少维修差错的产生,直接降低因人为因素产生的商用车事故率。

1. 基本概念及内涵

(1)人为因素

人为因素是以人的因素为基本点,通过对事故、设备和环境进行分析,深入研究其与人的生理、心理及行为之间的相互关系,从而找出预防事故、避免人为差错的办法。

(2)差错

差错是计划行动未能达到预期目标,它是在没有不可预见的或偶然干扰情况下发生的。所有的差错都涉及某种类型的偏离,偏离了预定的行为过程,偏离了实现预定目标的行为路径,或行为中偏离了适当的运行程序。有时,这些偏离中涉及违法行为,例如超速驾驶等。

(3)人为差错

人为差错也称人的差错,有两种基本观点。一种是皮特(Peters)定义的:人的行为明显偏离了预定的、要求的或希望的标准,它导致不希望的时间拖延、困难、问题、麻烦、误动作、意外事件或事故。另一种是里格比(Rigby)定义的:人的行为结果超出了可接受的界限,换言之,人为差错是指在生产操作过程中,实际实现的功能与被要求的功能之间的偏差,其结果可能以某种形式给系统带来不良影响。从这两种观点可以看出,人为差错是指人的行为结果偏离了规定的目标,并产生了不良影响。它包含两方面内容:一是没有完成规定的、正确的、适当的动作和行动;二是做了不合规定的、不正确的、不适当的动作和行动。

(4)商用车维修差错

商用车维修差错是指商用车维修人员在维修活动中,由于受到各种内外因素的影响,违反维修对象的客观要求,导致维修人员的操作与预定目标所发生的偏差,且产生秩序、状态异常或人员伤亡及商用车损伤的结果。通俗地讲,就是商用车维修人员在维修过程中因种种原因所发生的丢、错、漏、损等人为差错和因维修不当引起的车辆事故,这些都属于商用车维修差错的范畴。

2. 商用车维修差错的特点

商用车维修差错的特点是维修差错本质的具体反映,深入研究差错的特点,对揭示发生维修差错的规律具有重要作用。

(1)必然性

根据墨菲定律,做某件事情,如果存在着发生差错的可能性,那么差错迟早总要发生。完成某一项维修工作,不管发生差错的可能性是多么小,当操作次数增多时,至少发生一次差错。基于这样的事实,可以用一种积极的观点看待维修差错,尽管人的失误在所难免,但通过对人为差错的性质、类型和来源进行识别,可以采取有效措施加以预防,达到减少错误的目的。比如:拆装商用车制动盘,可能出现装错制动块或轮速传感器位置等维修差错,也可能什么差错都不发生,但随着拆装次数的增多,这些差错迟早会发生,且可以证明,当拆装次数趋向于无穷时,发生一次以上差错事件的概率为1,即是个必然事件,这是由本身的属性决定的。

(2)突变性

一般地讲,故障的形成往往经历从量变到质变的过程,但维修差错则与人的一次或几次操作错误关联,量变过程极短,即维修差错的产生过程具有突变性。

(3)可传递性

维修人员在操作过程中,前一个错误可以诱导后一个错误,后一个错误可以发展前一个错误,即差错具有可传递的特征,并且这种传递规律是非线性的,可能具有放大作用。

(4)可逆性

差错的可逆性是指差错可以在后面工作中被发现并纠正,从而将差错转化为可逆性的错误,避免因差错而导致严重后果。一般来讲,维修差错发生并危及行车安全,必须具备三个条件:一是车辆结构上存在出现差错的可能;二是人出了差错;三是管理上出了漏洞。维修差错的产生以及最终危及行车安全的后果,是由这三个基本事件交错构成的事件链,这些事件一环扣一环,最终导致事故的发生。

3.人为维修差错造成后桥主减速器损坏故障典型案例

(1)故障现象

某单位商用车主减速器在行驶途中发生异响,使用千斤顶将后桥一侧的驱动轮顶起后,用手旋转驱动轮,结果发现后桥传动轴与半轴之间的传动间隙较大。为了进一步确定故障位置,将主减速器动力输入端的传动轴拆卸下来后用手转动主减速器的主动锥齿轮轴,而后发现主从动锥齿轮之间的配合间隙较大,以此判断该车主减速器主从动锥齿轮有出现异常磨损的情况。

(2)故障排查

将后桥齿轮油放掉,并将后桥两侧的半轴拆除,然后将主减速器从后桥拆除。拆卸时发现,该主减速器与后桥壳体配合面无石棉垫(一般国产车辆其配合面均安装有石棉或者其他材质的密封垫)。解体后发现,主从动锥齿轮接合面已过度磨损,齿面已经出现台阶,因此更换主从动锥齿轮。在解体过程中还发现,用来将从动锥齿轮固定于差速器壳体的固定螺栓无任何止退措施(一般国产车辆的主减速器,其从动锥齿轮固定于差速器壳体的固定螺栓的螺纹顶端一般钻有通孔,以便用开口销防止螺母松动),说明国产车辆与进口车辆之间的技术差距已经越来越小。主减速器配件备齐以后由维修人员将该主减速器进行装配(注:装配过程中未对将从动锥齿轮固定于差速器壳体的固定螺栓采取任何防止螺母松动的措施)。主减速器装配完毕后,用油漆涂于主从动锥齿轮的接合面,做痕迹检测,分别通过调整主动锥齿轮前后间隙和从动锥齿轮左右方向的间隙,将主减速器主从动锥齿轮的接合面调整至规定范围内,然后装车使用。该车使用近一周时间后,驾驶员发现在车辆运行时后桥声音较大。维修人员对该车再次鉴定,认为该主减速器主从动锥齿轮的间隙增大,即又出现了该主减速器维修前的“症状”。将该主减速器从后桥拆除后发现,用于将从动锥齿轮固定于差速器壳体的固定螺栓全部松动。

(3)原因分析

该车原主减速器在装配过程中使用了厌氧胶对差速器壳体固定螺栓进行了有效固定,而该单位维修人员在此次主减速器维修过程中未使用厌氧胶,只是利用套筒扳手对从动锥齿轮与差速器壳体固定螺栓进行紧固后,便装车使用。由于主减速器在车辆行驶过程中,频繁承受冲击载荷,尤其是重载情况下,由此造成从动锥齿轮与差速器壳体之间

产生较大的冲击力,由于紧固螺栓的螺母缺乏防止松动条件(未装配弹簧止退垫圈或者防止螺母松动的开口销等),结果造成紧固螺母逐渐松动,在发动机强大传动力的作用下,主减速器的主从动锥齿轮之间产生了很大的配合间隙,最终导致故障发生。由此判断,本次故障是由人为维修差错造成的,其原因就是车辆维修人员缺乏维修专业常识及良好的职业素养,加上维修车间未能对车辆的维修工作进行有效的监督检查,直接造成了故障。

(4)预防措施

①加强员工职业素养培训,增强维修作风,提升业务技术水平。尤其是目前广大厂矿企业内部的商用车维修人员,由于其自身的条件限制(如服务范围有限、维修同类型商用车较多,接触其他车辆种类较少),对商用车的维修形成了一套模式,很难使维修人员的技能得到进一步提高。针对这一问题,车辆管理部门应该努力为维修人员创造一个良好的学习环境,如定期参加行业、协会等单位组织的专业学习、培训等活动,使广大维修人员开阔视野,结合单位内部商用车维修的实际情况,切实提高个人的维修水平。采取以上措施,无论是对企业还是对维修人员个人,都有很大的益处。

②维修人员应发挥学习的主观能动性,在认真学习和借鉴先进的维修工艺、方法、技能的基础上,勇于创新,不断提高自己的职业素养、专业素质和维修技能。

③整车制造商或者代理商应能够通过商用车维护使用手册及其他方式对用户进行指导和警示,重点是发动机、变速器、主减速器等重要总成的维护要点与注意事项。

④商用车零配件供应商应对所提供的配套总成给予简单明了的装配使用说明,并对用户进行装配指导。

⑤驾驶员应加强对商用车的日常检查和定期检查,及时发现问题并解决,防止故障扩大,危及车辆行车安全,避免发生车辆安全事故。

引导问题 2 商用车维修差错的原因有哪些?

商用车维修差错并不是随机出现的,而是与维修人员的职业素养、维修作风、技术水平和所处环境等诸多因素相关联,如图 4-4-1 所示。正常情况下,维修人员是不会故意犯错误的,只有在工作中,违反图中所列因素规则,才会导致维修差错的发生。下面对导致商用车维修差错发生的关键因素及其可能引发的各种差错进行分析。

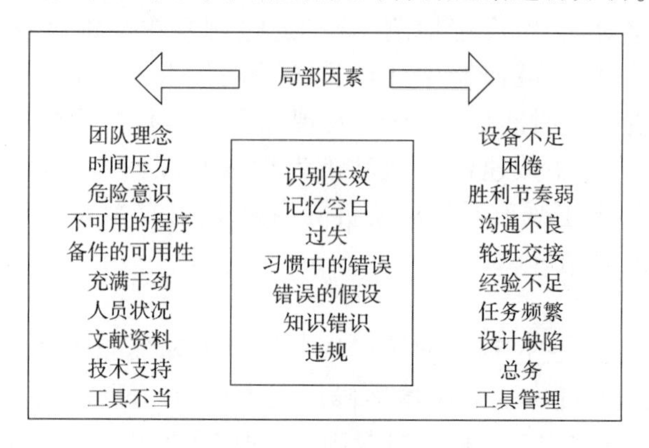

图 4-4-1 影响维修差错的因素

1. 职业素养因素

职业素养因素是指影响维修人员在职业素养方面表现和正常发挥的因素，主要指身体状况、工作精神和情绪、条件限制和各种压力等。影响职业素养表现的因素因人而异，它包括个人带入工作的因素（如身材、力量、健康状况及个人事务等）以及各种外界因素（如同事的压力、时间限制以及工作本身引起的疲劳等）。

①身体健康状况。主要包括人体感觉的敏锐性、身体状况和疾病。人体的感觉，特别是视觉、听觉和触觉，在商用车维修中发挥着重要作用，也正是平时所说的眼看、手摸、耳听等手段，边检查、边试验、边分析，进而对商用车技术状况进行定性分析或对故障部位和原因进行准确判断。维修人员常常必须完成接近或达到其感觉能力极限的任务。例如，有些任务需要很好的视觉或触觉，像目视检查裂纹或用手指检查毛刺。良好的听觉对于在维修任务之前或维修过程中获取说明或反馈信息也是很必要的。患病、饮酒等因素，会对人体的感觉和集中注意力的能力产生负面影响，可导致精力下降，以致在维修中出现错、忘、漏现象。

②疲劳。从古至今，人类基本上都是在白天活动。人类的很多机体功能都遵循着白天/黑夜 24 小时的循环规律运行。天黑后，人体内会发生多种变化，体温开始下降，体内的各种化学物质水平也发生改变，最重要的是警觉性开始衰退。一组来自企业的统计数据表明，人在清晨比在一天中的任何时间都更易发生差错。最近的调查表明，因轮班工作而产生的并不严重的睡眠缺乏与酒精对人体的作用会产生相似的结果。在连续 18 个小时无睡眠的情况下，人的身体和精神在各方面都会受到影响，重要的是，疲劳者就像醉鬼一样，无法了解自己能力降低的程度。人疲劳后会变得很虚弱、易怒，但对于维修者，更重要的可能是他们开始很难控制自己的注意力。短期记忆的信息更容易出错，记忆空白的可能性更大。维修人员的轮班时间和睡眠质量同等重要。尽管有些轮班维修人员表示能够在白天获得充足的睡眠，但与夜晚相比，白天的睡眠总体上较短，对恢复体力的效果也较夜间睡眠差。疲劳可能由情绪或身体状况所导致，严重的疲劳可能由情绪紧张、身体能量耗竭、缺乏睡眠、进食不足、健康状况不良或过度激动而引起，或者长时间连续从事脑力劳动或繁重的体力劳动，如果在这种情况下继续从事维修工作，就会增加出现维修差错的风险。

③时间限制。这对商用车维修人员来说是常见的，因为客户为了尽快恢复商用车运输能力，让车辆能重新投入使用，无形中使维修人员感觉到要尽快完成维修工作的压力。研究表明，使用过少或过多的时间都会增加维修差错，有一个广为人知的速度/精度比较研究结论是：一个人越想尽快完成一项任务，他就越容易出错；同样，当工作干得太慢时，人会感到枯燥，这样也增加了出错的可能性。

④同事间压力。同事间的压力会影响维修人员的工作表现。例如，也许同事们都认为不应去翻阅维修手册，因为他们认为那是缺乏技术知识的表现，同事间的压力还会影响维修人员与安全相关的行为。

⑤个人事务。个人事务主要包括家庭成员生病或伤亡、婚姻遇到困难、工作职责分配和任务改变、生活状况改变等，这些都会影响维修人员的维修状态。

⑥工作中断。工作中断主要包括由于客观原因造成工作中断、由于自己的原因造成工作中断、中断的工作未做适当记录等，这种中断极易产生错、忘、漏现象。

⑦场所干扰。场所干扰主要包括对在工作中所承担角色认识模糊、在多步骤工作中

漏掉步骤、各项工作做得不完整、工作环境过于活跃等。

2. 职业技能水平因素

职业技能主要指维修人员必须具备的技术技能、技术知识、专业知识和维修知识，以及工作程序知识等。技术知识，指对直接应用于完成一项任务的信息整体的了解。能成为维修差错诱因的技术知识是那些人们认为维修人员应该知道（记住）的知识。维修人员应掌握三个范畴的知识：工作程序知识、商用车系统知识和维修任务知识。工作程序知识，指关于维修人员和维修单位的工作程序及各项实际操作的知识，例如交接班程序、零部件挂标签要求以及工作签署的要求，这些技能一般是从普通的维修操作中和工作时与同事讨论得来的，但也可以通过公示牌和专门训练之类的其他渠道获得。维修任务知识，指为完成一个不常见的任务所需要的专业知识，比如制动系统泄压的程序、轮胎磨损的监控方法，这些技能一般通过维修说明或在工作中与同事讨论获得。

①技能不足。主要包括反复犯相似的错误、有简洁明了的工作程序但部件安装或勤务等杂乱无章、书面表达不准确、记忆力差或不善于做诊断等。

②任务知识不足。主要包括完成任务缓慢、维修人员擅自改变维修职责、维修人员第一次完成任务、实施工作次序不对等。

③任务计划不足。主要包括经常因要取工具或零部件而中断工作、没有做好准备工作、在有限的时间内安排过多的任务、没有实施必要的安全措施等。

④程序和规定的知识不足。主要包括零部件领取不及时、维修人员初次接触这类工作、在培训中没有系统地学习或强调工作程序等。

3. 维修手册资料因素

商用车维修是典型的基于手册资料且止于手册资料的工作。手册资料不仅传递维修任务的相关指令，而且通过记录维修任务的完成和系统扰动的程度，在交流中起着关键作用。由于纸质记录在维修中很重要，所以导致很多事件的原因来源于设计不良的手册资料也就不足为奇了。但是，随着商用车维修人员对一项工作熟悉度的增加，他们使用手册资料的可能性就会变小。这样，特别是在程序发生变化时，就存在维修风险。

维修中所使用的维修文件主要包括维修方案、维修指令、维修检查卡片和自己编写的各种工艺文件。

①文件不正确/不完善。主要包括缺页、描述不准确、与原始文件不符、内容与标题不符、与商用车构型不符、缺少重要提示等。

②未得到有效手册。主要包括使用的不是现行有效的手册、不同手册要求不一致等。

③缺少实用文件。主要包括未编写维修检查卡片、未将实用的手册部分复印等。

④维修检查卡片可操作性差。主要包括维修要求等无法执行、维修人员无法理解、工具设备与实际不符、维修检查卡片无法正确签署等。

⑤错误地更改初始文件。主要包括未理解原文件、无根据更改原文件、差错改变了原文件等。

4. 维修设备工具因素

商用车实施维修工作必须要用相应的维修设备和工具，维修设备工具包括举升机、扒胎机、动平衡机、四轮定位检测仪、发动机综合性能分析仪、发动机与整车用诊断仪、校准的扭矩扳手、螺丝刀以及维修过程中要用到的特殊工具和设备等。如果不具备或无法获取设备和工具,维修人员也许会使用一些不完全适合这项工作的设备或工具,就有可能导致旧故障尚未完全排除,由于维修不当而产生了新故障。还有可能导致维修差错的因素包括仪器失准、使用不可靠的设备或设备/工具没有使用说明。此外,维修人员职业素质较差,不按规定使用设备工具或使用不适合的维修设备工具,也有可能导致维修中出现新故障。

①不安全。主要包括平台移动不稳定、举升装置、制动装置或安全设施无法使用、防滑物质磨损或丢失、锁定机构失效或不合格、告示牌(用于警告或注意事项)缺失或褪色、锋利的边缘暴露在外或个人防护设施丢失、电源未标识或未得到保护等。

②不可靠。主要包括刻度盘或指示器上读数断续或不均匀、已被毁坏或磨损、超过使用期限、有故障历史而又重复发生等。

③不适用。主要包括将标准的手工工具用作杠杆、无法承受任务所需的重量强度或压力、接头或夹紧装置尺寸不对等。

④控制器或显示器布局不当。主要包括容易导致读出错误的显示结果或错误地使用控制器、摆放位置别扭而难以拿到、因太小而难以读取或控制、无法对旋钮或刻度盘进行精确的方向性控制等。

⑤没有说明。主要包括使用说明牌丢失或无法辨认、方向记号丢失、工具没有使用说明等。

⑥用错工具和设备。主要包括未选用正确的设备和工具、设备和工具不完善等。

5. 维修设备管理因素

维修设备管理是维修的重要环节,设备管理不当将经常诱发差错。有时,维修差错是由维修设备管理不当造成的,若缺乏匹配备件,维修人员可能使用替代品而导致差错。

①缺乏备件。缺乏备件导致维修过程中不能按照标准维修、不能及时维修、使用不合格的替代品维修等。

②使用超期设备。主要包括时限管理差错、未按规定时限管理、未按规定重新校验等。

③不具备保管条件。主要包括保管环境(温度、湿度等)不符合要求、不具备特殊保管要求、保管期内损坏、未按规定存放等。

④不具备合格标签。主要包括标签填写不完整、填写错误、标签丢失或位置放错等。

6. 维修协调沟通因素

维修协调沟通不畅是指在商用车维修任务中,维修技术人员获取正确信息的途径中断和技术人员交流不充分等。维修经理和技师们的技术技能很强,但有时由于缺乏沟通,导致复杂操作的精确性和安全性产生不必要的风险。在工作中充分培养团队合作意识,充分发挥沟通协作的重要性,才可以确保团队维修的安全性和准确性。

①维修人员之间。由于个性差异,导致维修人员之间传达信息时发生信息不对等的问题。

②维修工作交接。维修工作交接的问题主要有完成维修工作较差,应付了事,对自己维修工作的记录模糊,没有提供所需要的程序或文件,不及时更新维修信息等。

③维修员工和维修经理之间。主要包括维修经理没有将重要信息传送给维修员工;在一个班次开始时,口头交接含糊或维修工作安排欠妥;维修职责不明;维修经理未就维修员工的表现提供反馈信息;维修员工未向维修经理汇报维修中的问题等。

7. 维修组织部门因素

维修组织部门对维修差错的影响是重大的。管理层与维修人员的配合度、信任度、参与度及沟通态度等都直接影响着维修人员维修工作的效率与维修质量、心态的稳定与工作积极性。因此,公司高层应注意与维修人员的配合协调,做到正确领导,言行一致。

引导问题 3 商用车维修差错如何管理?

商用车维修差错管理已被逐渐纳入车辆维修职业素质教育的建设研究内容中,现已构成众多良好体系,包括维修人员职业素质教育、维修人员技能培训、维修作业制度化、维修作业程序化、维修计划、维修卡片、维修中警示语提示、持证上岗制度、复查把关制度、人力资源管理、规章条例、安全管理、7S 理论等。经过不断学习,商用车维修管理人员已经逐步了解了维修差错的随机多样性,并在构成更加成熟完善的系统管理办法。

1. 维修差错管理原则

(1)维修差错普遍存在性原则

人的易错性可以减轻但永远不可能消除。维修差错不属于道德问题,但其后果是具有一定破坏性的。维修问题在维修行业中是必然存在的。虽然恶意违规是一种具有目的、企图的行为,但它也包含于维修差错中。

(2)维修环境的可变性

维修差错涉及两方面原因:精神状态与外在状态。我们的精神状态是已知的,而外在状态是未知的,不同的外在状态造成的维修问题也不同。因此我们要对导致维修差错的未知因素具备自我认知,且能分辨其特性并进行有效维修。

(3)维修差错的可重复性

维修差错源于各种维修情况的独特配合过程,也可能源于维修中反复出现的问题。这说明维修差错具有随机性,很难预测。而后者的原因为系统或重复性差错。将重心置于注重已重复发生的维修差错问题上,才是利用有限资源进行维修差错管理的最可行办法。

(4)维修差错的系统性

出错的原因并不都是维修人员的“专利”。在出现维修差错的事实中,通过案例可以看到,若维修组织中的高级决策发生失误,就会改变整体维修的结果,因此维修差错管理原则必须应用于整个系统。

2. 维修差错管理措施

正确有效的维修差错管理措施是以墨菲定律为起点,对维修人员、维修部门、维修环境和维修任务等方面采取措施以进行控制,最终达到降低维修差错率的目的。

(1)维修人员措施

维修差错有一部分来源于系统问题,但维修人员作为维修系统的最后一道防线,应具有可信的职业素养、充足的维修技能、良好的维修习惯、正确的专业知识,通过加强维修人员这些方面的能力,提高维修人员的可塑性,降低维修事故发生的概率。

(2)维修团队措施

多数的维修工作都以维修团队的整体形式来完成维修任务,因此在提高个人技能水平和职业素养的同时,还要加强整体团队的良好维修作风的训练。这样做既可以降低差错率,还可以提高发现维修问题的可能性。因此,对维修团队整体精神的塑造是十分重要的。

(3)维修组织措施

虽然维修差错都是人为原因造成的,但是整个维修系统是促使维修差错问题产生的根本。对于维修差错的管理,不但要在场所和人员方面采取必要措施,还要在组织方面采取对策。这些组织对策具有主观性,具有某些不必要的局限和偏见,且有不必要因素制约。因此我们要及时发现,减轻其负面作用。

目前找到原因并消除原因的方法分两种:主动预防措施和被动结果措施。

主动预防措施不限制于先前的差错,目的是确定以后可能导致事件的因素,并在重要问题上给予纠正。

被动结果措施要求由已发生的事件诱发,是预防差错的必要手段,其能从已发生的不安全事件中找到不安全因素,作出应对对策,并吸取教训。

(4)维修差错管理的管理

维修差错管理包括三方面:减少差错、遏制差错以及对前两项的管理。最后一项的目的是保证前两项能够持续地发挥效用。三者中,最后一项是迄今为止最具挑战性也是最艰巨的一项任务。欲使维修差错管理持久高效,必须对其进行连续的监控,并随着条件的不断变化对其进行调整。制定并执行一套维修差错管理方法,之后却不给予任何进一步的关注就期待其发挥作用,是不现实的。

引导问题 4 福田戴姆勒商用车维修案例分析。

为了巩固学习维修管理与维修措施内容,下面列举北京福田戴姆勒汽车有限公司维修中两个典型的维修案例。北京福田戴姆勒汽车有限公司(简称"福田戴姆勒汽车"),从事中重型载货汽车及发动机的设计、制造和销售,以用户为中心,联合戴姆勒、康明斯和福田汽车集团,整合三方服务优势资源,为用户构建开放、互通、互容、共享的产品全生命周期服务平台,打造人、车、生活可持续发展生态系统。

1. 维修案例一

(1)故障现象

客户购买的商用车刚行驶 1000 多公里,驾驶员就反映商用车在行驶过程中出现方向行驶不稳现象。

(2)故障处理

到达服务站后,进行高速试车检查,故障确实存在,但不是方向发飘,而是自由回位性差引起,发现高速直线快速行驶时需要频繁修正方向,也不是一直往一个方向跑偏,因此不是车桥不正引起的方向发飘,同时方向感也不是太重,放开转向盘自行回正能力也还可以,说明车桥、方向机、主销后倾角应该没有问题,所以重点考虑是主销与压力轴承及拉杆球头运转不灵活或者前束偏差标准值导致方向回位差。因此,首先检查前桥转动是否灵活,打起前桥发动机熄火,手动转动前轮,并左右转动发现阻力有点大,但是不太严重,因为新车球头与压力轴承需要进一步磨合,当车行驶 5000 ~ 10000 公里后,此现象就会消失。然后,进一步检查前束,发现商用车前束值为 12 毫米,与该车型匹配的车桥要求前束标准值为 1 ~ 3 毫米,所以前束值属于严重超差,检查人员对前束进行调整,故障现象极大减轻。

(3)案例分析

根据故障现象,检查了转向主销、轴头间隙、方向机固定螺栓、转动阻力、轴距和前束,

最后发现驾驶员描述的商用车方向发飘现象，主要原因：前束值过大，严重超过标准值；其次，球头与压力轴承运动阻力较大。通过故障分析可知，此故障现象不需更换球头和压力轴承，采用调整前束值即可解决。这个案例告诉我们，当商用车出现故障时，有可能有多个原因导致，维修人员应综合分析，找出故障形成的主要原因，不要因为维修技术和方法问题，将故障的主要原因定位到商用车使用过程中出现的正常现象上。因此，在商用车维修过程中，应综合考虑多方面因素，提高维修人员故障检测与诊断能力，避免出现维修中人为差错的产生，导致真正的故障没有排除，出现商用车带故障行驶，给安全行车带来隐患。

2. 维修案例二

（1）故障现象

用于运输沙石料用途的 EST 牵引车，运输里程约 50000 公里时，出现变速器漏油故障现象。

（2）故障处理

商用车服务站请示上级市场部，对故障的 EST 牵引车进行现场检查，发现故障部位为变速器放油螺栓孔位置，由于该位置处于商用车底盘底部，极有可能为意外碰伤或者是维修人员在安装时扭力过大等原因造成。针对故障原因，现场更换变速器后副箱壳体，换件后，进行了试车检查，故障排除。

（3）案例分析

根据故障现象，通过试车检查，发现变速器放油螺栓孔滑牙破裂，导致出现变速器漏油故障现象。由于变速器放油螺栓孔为铝壳体，因此在安装放油螺栓时要严格按照标准力矩进行操作安装，拧紧力矩为 60 牛/米（不同车型要求不一样），严禁过度对螺栓进行扭紧操作，更不应该进行野蛮暴力操作维修，如果违规操作维修，就会出现人为差错导致故障或者故障隐患。因此，商用车维修人员一定要养成良好的维修习惯，具备良好的维修素养。

综合上述案例，并咨询福田戴姆勒汽车售后技术维修管理人员，该公司把良好的职业素养、良好的维修作风作为售后技术服务培训的主要目标，以为用户着想、勇于担当、技术过硬、学习能力等为出发点（表 4-4-1），突出先检测诊断、再适时维修、后定期护理的方法，杜绝或者减少因为各种因素导致的人为差错问题。

售后技术服务要素　　表 4-4-1

序　号	要　素	说　明
1	为用户着想	• 了解用户需求 • 为用户提供优质的产品或服务（全生命周期、24 小时服务、高效率） • 从用户角度出发，关注用户“痛点” • 少说空话多办实事
2	勇于担当	• 担当岗位责任 • 处理问题或排除故障有见解 • 为用户的设备安全负责 • 客观公正处理客户遇到的问题 • 处理实际问题不推诿、扯皮

续上表

序　号	要　素	说　明
3	技术过硬	●良好的学习习惯 ●重视实践,解决问题深入一线,调查研究后再决策,不纸上谈兵 ●同事之间有良好的交流与沟通,协同解决技术问题
4	学习能力	●接受各类技术培训 ●敢于挑战技术难点 ●注重实践知识的积累 ●了解行业动态,学习前沿技术

学习测试

1. 填空题

(1)________是以人的因素为基本点,通过对事故、设备和环境进行分析,深入研究其与人的生理、心理及行为之间的相互关系,从而找出预防事故、避免人为差错的办法。

(2)________是计划行动未能达到预期目标,它是在没有不可预见的或偶然干扰情况下发生的。

(3)________是指人的行为结果偏离了规定的目标,并产生了不良影响。

(4)________是指影响维修人员在职业素养方面表现和正常发挥的因素,主要指身体状况、工作精神和情绪、条件限制和各种压力等。

(5)差错的________是指差错可以在后面工作中被发现并纠正,从而将差错转化为可逆性的错误,避免因差错而导致严重后果。

2. 选择题

(1)商用车维修差错的特点有(　　)。

A. 必然性　　B. 突变性　　C. 可传递性　　D. 可逆性

(2)(　　)是指在生产操作过程中,实际实现的功能与被要求的功能之间的偏差,其结果可能以某种形式给系统带来不良影响。

A. 人为差错　　B. 职业差错　　C. 职业思想　　D. 职业道德

(3)完成某一项维修工作,不管发生差错的可能性是多么小,当操作次数增多时,至少发生一次差错,这属于维修差错的(　　)特点。

A. 必然性　　B. 突变性　　C. 可传递性　　D. 可逆性

(4)一般地讲,故障的形成往往经历从量变到质变的过程,但维修差错则与人的一次或几次操作错误关联,量变过程极短,即维修差错的产生过程具有(　　)。

A. 必然性　　B. 突变性　　C. 可传递性　　D. 可逆性

(5)维修人员在操作过程中,前一个错误可以诱导后一个错误,这属于维修差错的(　　)特点。

A. 必然性　　B. 突变性　　C. 可传递性　　D. 可逆性

3. 判断题

(1)根据墨菲定律,做某件事情,如果存在着发生差错的可能性,那么差错迟早总要发生。 ( )

(2)商用车维修人员在维修过程中因种种原因所发生的丢、错、漏、损等人为差错和因维修不当引起的车辆事故,这些都属于商用车维修差错的范畴。 ( )

(3)人为差错是指在生产操作过程中,实际实现的功能与被要求的功能之间的偏差,其结果可能以某种形式给系统带来不良影响。 ( )

(4)商用车维修差错是商用车维修行业作风建设的主要内容,更是行业职业素养的一种外在表现形式。良好的维修作风,可以减少维修差错的产生,直接降低因人为因素产生的商用车事故率。 ( )

(5)在商用车维修工作中,维修差错不是危及商用车使用安全的问题之一。 ( )

项目五

我国商用车行业发展趋势与前景

项目描述

本项目主要介绍商用车行业的发展历程及前景、商用车行业发展趋势,包括后市场的发展趋势、技术的发展趋势以及学生就业方向等。通过本项目的学习,学生可以对商用车行业有更为深入且感性的认识。本项目包含以下4个任务:

任务一:商用车的社会需求与社会问题;

任务二:商用车行业发展趋势;

任务三:商用车后市场现状与前景;

任务四:商用车的行业现状与研发技术现状。

通过本项目的学习,你能够了解我国商用车的发展历程与行业情况。

项目要求

1. 时间要求:建议4学时。
2. 能力要求:了解商用车行业的发展历程与行业现状。
3. 质量要求:参照厂家的生产规范及质量要求。
4. 7S作业:自觉按照企业7S生产规则进行项目作业。

任务一　商用车的社会需求与社会问题

任务导入

作为一名商用车行业从业人员,我们应该对商用车的社会需求和社会问题有一定的认知,你是否做到了呢?

任务分析:我们需要深入、客观地了解我国商用车的社会需求和社会问题,考虑我国

商用车行业的实情,并且在当前技术条件下,客观分析商用车的社会需求和社会问题在将来会有哪些变化。

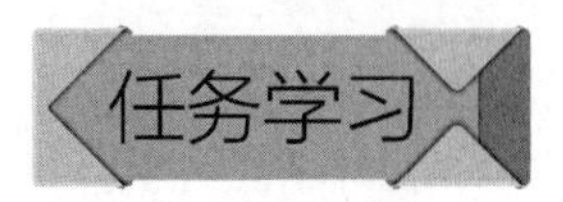

任务学习

一 学习目标

通过本任务的学习,应当:

1. 能够了解我国商用车社会需求;
2. 能够了解我国商用车社会问题;
3. 能够简述我国商用车的社会需求和社会问题的特点;
4. 能够通过学生相互之间的交流总结,培养学生的团队合作和语言表达能力;
5. 根据任务的实施情况进行自我评价与总结,培养分析问题、解决问题和归纳总结的能力。

二 学习内容

商用车的社会需求与面临的社会问题有哪些?

资讯储备

商用车的销量与国家的经济政策息息相关,随着淘汰黄标车、治理超重超载车辆政策的颁布与实施,商用车的销量在近些年逐渐回暖;伴随着“一带一路”倡议的落实与发展,国外市场对中国制造的认可程度逐渐提升,从而获得了大量的订单项目,亚洲、非洲地区的众多国家和地区更是成为中国商用车主要的合作伙伴。

根据公安部统计数据,截至 2020 年 9 月,中国的载货汽车保有量约 2997 万辆,整个市场呈现多品牌、多车型、多使用场景的庞大格局。中国汽车工业协会发布的数据显示,截至 2021 年 3 月,我国商用车销售总量累计 140.80 万辆,累计同比增长 77.3%,持续创下了商用车销售以来的新高。

近年来,我国商用车逐渐走出国门,走向世界,国内的各大商用车企业纷纷与国际上的知名商用车车企合资建厂,提升自身品牌影响力的同时也提升企业的技术创造能力。虽然乘用车数量巨大,但多为私家车,截至 2019 年 6 月,全国私家车达 1.98 亿辆。然而,私家车一般在早晚高峰时间占用路面资源,而商用车则全天候工作在交通运输线路上。因此,无论是在路面占有率上,还是在创造经济效益方面,商用车都具有无可比拟的价值。

商用车市场的发展在我国具有一定的优势,主要体现在以下几个方面。

(1)我国的货运、客运需求量大

国家统计局统计结果显示:我国的货物运输量在 2018 年以前都在增加,2018 年后有所减少,但每年的货物运输量依旧很大;我国的旅客周转量 2019 年以前逐年增长,2020 年受新冠肺炎疫情影响,旅客周转量下降,待疫情结束后,旅客周转量会增加,由此可见,我国货物运输及客运需求仍较大(图 5-1-1),商用车的经济作用也会日益增大。

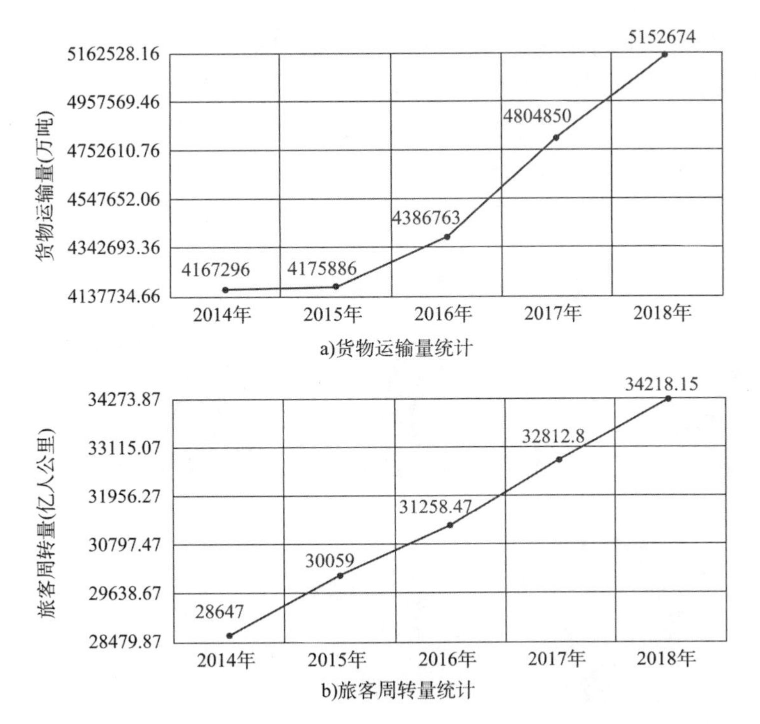

图 5-1-1　我国 2014—2018 年的货物运输量和旅客周转量统计图

(2)具有庞大的就业人群

据国家统计局统计:截至 2019 年 12 月,公路运输业就业人员数为 3647405 人;随着汽车市场的不断发展,二手车市场、汽车评估、汽车保险理赔及相关汽车服务行业将需要更多更优秀的人才,就业从业人员数量将持续增长。

(3)我国商用车技术突飞猛进,拓展国际市场势在必行

2019 年,宇通客车、金龙客车、金旅客车、安凯客车、苏州金龙、银隆新能源 6 家客车企业完成 5G 智能巴士上路测试和运营;中国重汽集团研发的两款无人驾驶汽车在山东省内第一条智能网联汽车测试道路试运行,在无人干预的情况下,实现集装箱从岸边到堆场的全程自动驾驶;福田汽车开启与华为在 5G 领域的合作,打造智能驾驶计算平台。

在发动机领域,中国一汽解放汽车有限公司无锡柴油机厂(锡柴)联合德国知名汽车零部件制造商马勒公司宣布,马勒激光焊钢活塞产品在锡柴奥威 6DM3 发动机上实现首配,标志着中国发动机在技术应用方面大幅提高,全球竞争力增强。

1. 能源问题——石油消耗

BP 是世界著名的石油和天然气企业之一,总部位于伦敦,在全球超过 70 个国家和地区从事生产和经营活动。每年定期发布《BP 世界能源统计年鉴》和《BP 世界能源展望》,这两份报告被各界视为全球最可靠的能源数据来源之一,并被广泛征引。

如图 5-1-2 所示,图片越大表示节能的潜力越大。年节能潜力以标准能量单位次方焦耳(EJ)表示。1EJ 约等于北美 2600 万家庭年平均能耗或 1.6 亿桶石油当量。可见汽车是重要的能源消耗来源,其节能减排工作具有重要的社会经济价值。

据 BP 统计:至 2018 年,中国仍然是世界上最大的能源消费国,占全球能源消费量的 24% 和全球能源消费增长的 34%。2018 年,中国能源消费增速由 2017 年的 3.3% 增长至 4.3%,过去 10 年的平均增速为 3.9%。中国化石能源消费增长主要由天然气(+18%)和

石油(+5.0%)引领。中国成为全球第一大油气进口国,石油对外依存度达72%,为近50年来最高。中国(68万桶/日)和美国(50万桶/日)是全球石油消费增长来源。早在2013年,美国油罐车行业运输的货物已占所有载货汽车运输量的25.6%,而我国已经是世界上最大的石油需求增量来源国,如此巨大的消费量意味着公路运输环节的重要性。随着环境污染与能源损耗的日益加剧,商用车的高效、绿色行驶越来越受到人们的关注。

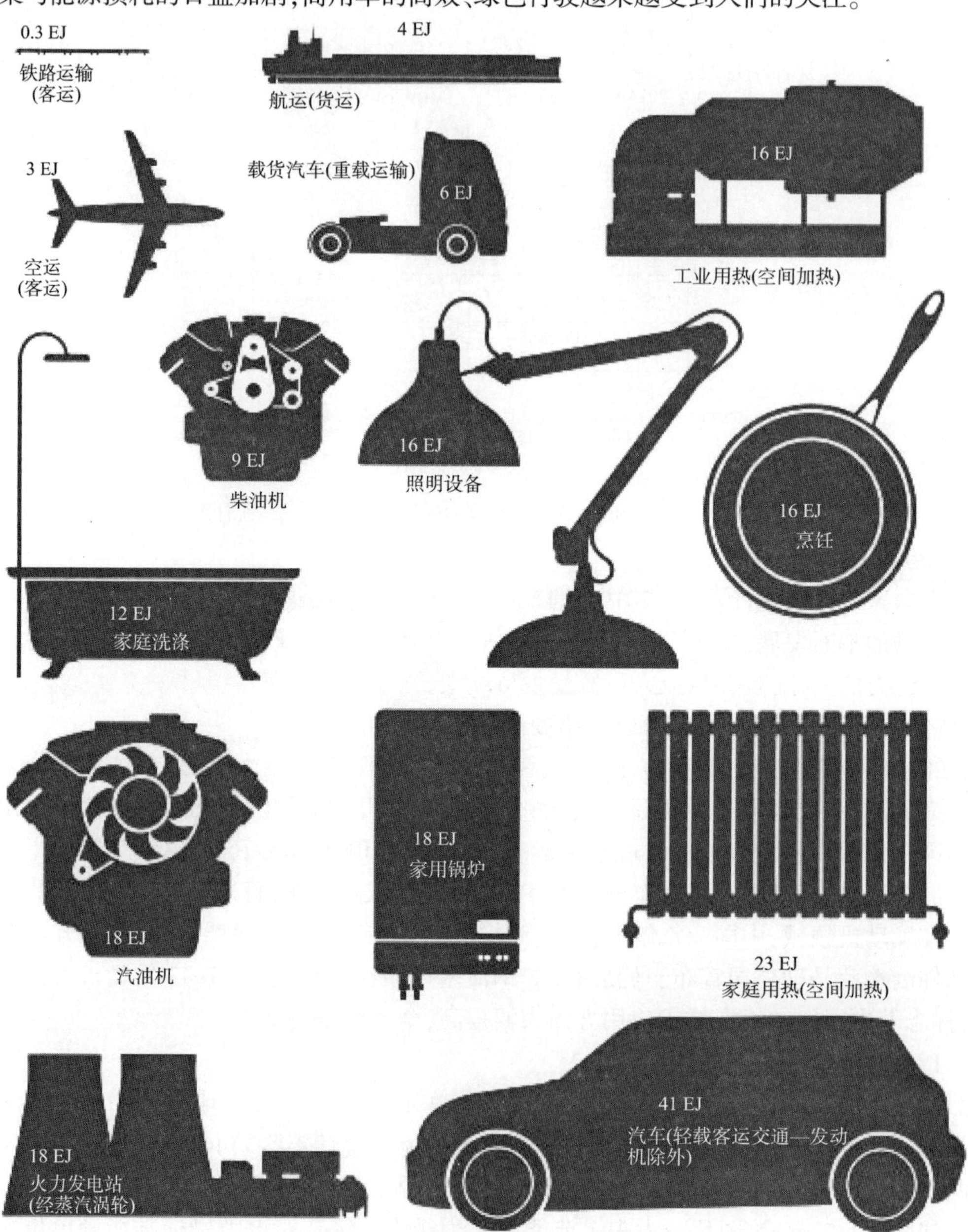

图5-1-2 BP年度报告能源消耗分析

2. 交通安全问题

1)驾驶员安全意识淡薄,超载、超长、超高等违法违规现象明显

科学研究表明,疲劳驾驶会导致驾驶员反应时间增加,并且极容易引发交通事故。因此,《中华人民共和国道路安全法实施条例》规定,不得连续驾车超过4个小时。但是,

商用车运营车辆多为营利目的,且 8 ~ 10 年实行强制报废,因此运输行业内“多拉快跑”的现象已经十分常见,在长途运输过程中“人歇车不歇”已属行业内常态,疲劳驾驶的现象也屡见不鲜。这对安全行车是十分不利的,也会对公共安全和交通安全产生危害。

此外,商用车的公告和生产受到工商部门和质监部门的管理,但是上路行驶后,也受到交通运输部门、公安交警部门和交通路政部门的管理。多部门的协同管辖,相互之间也存在法律法规“管理”不到的地方。因此,许多边缘性行为没有被相关法律和法规命令所约束,无法得到有效监管。

2)非法改装和拼装问题

(1)案例一:非法拼接商用车辆

2010 年 5 月 13 日,央视《经济半小时》播出《三访十堰非法拼装大货车市场》,如图 5-1-3 所示。

图 5-1-3　央视《经济半小时》播出《三访十堰非法拼装大货车市场》节目截图

背景:湖北省十堰市是我国商用汽车产业的发源地之一,也是东风汽车有限公司的创始地,被称为“汽车城”。2006 年,东风汽车有限公司研发总部正式搬离湖北省十堰市,但是仍有许多为其配套生产商用汽车零部件的企业落户于十堰市。因此,十堰市依然是重要的商用汽车零配件生产和供应基地。

事件:2010 年,央视记者采访、调查后了解到,湖北省十堰市存在大量非法拼装大货车市场的情况,经过进一步深入采访和调查,发现了一种“特殊的汽车生产方式”:大货车上所使用的主要部件——驱动后桥，是工人手工敲打出来的；仅需要一个星期的时间，就生产了6台自卸式大货车；拼装汽车的车间里面，各种汽车零部件散落一地；而且可以根据客户需要选装不同厂家的发动机；每个厂家均提供至少5家厂商的汽车商标，且提供上牌服务。

经过媒体数次的报道和十堰市相关政府部门的停业整改通知后，获知湖北省十堰市新大地汽车有限公司至今尚未取得国家发展改革委批复的汽车生产资质合格证和3C认证。

在东风商用车销售总部门前，遇到客户过来购买东风品牌商用车，有部分"销售人员"会主动与客户搭讪，推荐购买这些"地下非法拼装商用车的窝点所生产的商用车"；此类汽车，可以采用"点菜式"的方式对汽车零部件进行选购和匹配，并进行整车组装。

这样的"点菜式"商用车，汽车安全性无法得到保证，而且发动机及传动系统等各个系统的零部件存在匹配不良的问题，导致汽车在使用过程中问题频出，由此危及汽车安全性，损害客户利益，危害人民群众的生命财产安全，同时严重扰乱市场秩序。

经过对东风汽车销售公司相关领导的采访后获知，"地下非法拼装商用车的窝点所生产的商用车"，多采用报废零件或二手拆车零件等进行拼装，就此，此类"假冒汽车"或"拼装汽车"的零售价格大约比正规厂家生产的商用汽车低10%～18%。

（2）案例二：非法改装商用车辆

2014年《焦点访谈》播出《别让货车变"祸车"》，如图5-1-4所示。

a)　　b)　　c)

图5-1-4　2014年《焦点访谈》播出《别让货车变"祸车"》节目截图

背景1：《中华人民共和国道路交通安全法》规定：任何单位或者个人不得拼装机动车或者擅自改变机动车已登记的结构、构造或者特征。相关法律也规定：机动车载物不得超过机动车行驶证上核定的载质量、装载长度、宽度不得超出车厢。重型、中型载货汽车、半挂车载物，高度从地面起不得超过4米。

背景2：山东省日照市五莲县是我国农用机车的生产基地之一，每年农用机车的产销量位居国内前列。

事件：在山东省日照市五莲县，农忙时节，部分运输从业人员为了提升半挂汽车运输农机车的运输效率，将半挂汽车车厢进行"非法改装"。超高、超长、超宽的半挂汽车运载

农用车的现象屡见不鲜。经过一番“变形”(摆放横架、加高车厢、伸长车架),半挂车厢的长度尺寸由17.5米变成22.5米,车厢宽度加宽1米,由2.8米变成3.8米,车厢高度提升至4.2~4.3米。非法改装厂同时会提供买卖非法半挂车的运营手续,经过上述这样一番“变形”操作后,一台半挂汽车车厢可以装载24台农用车。但是这样的“变形”违反了《中华人民共和国道路交通安全法》及相关法律的规定。

经过记者的进一步调查,并通过与有关专家进行交谈后了解到,经过此类非法改装的货车、半挂车行驶在路上会增加货车的“内轮差”,增加驾驶员的盲区,极容易导致交通事故;而且改装后,整车重心位置发生改变,这对整车制动系统的性能有着严重影响,无疑增加了发生事故的概率,危害道路交通环境秩序和人民群众的财产安全。

3. 环境污染问题

气候变化问题已成为影响人类社会发展和全球政治经济格局的重大战略课题。在温室气体排放方面,全球公路运输行业的 CO_2 排放量占总排放量的11.9%,其中公路运输中公路货运占比为40%。因此,重型载货汽车作为交通运输业的主要载运工具,其节能减排技术已受到各国科研院所、物流企业、重型车辆制造商,以及政府交管、环保等部门的关注与重视。目前,我国提出到2030年,单位国内生产总值 CO_2 排放将比2005年下降65%以上,实现碳达峰的目标。“十四五”时期是我国能源低碳转型的关键期,交通运输行业作为温室气体排放的重点领域之一,将坚持科技创新赋能交通运输发展,以数字化、网联化、智能化为主线,以提效能、扩功能、增动能为导向,着力在四个方面发力。

4. 生存空间问题——废旧商用车回收

2019年1月30日,国务院总理李克强主持召开国务院常务会议,通过了《报废机动车回收管理办法(修订草案)》。草案坚持市场化导向,打破数量控制的垄断管理,符合规定的企业经批准均可从事报废机动车回收工作。允许将具备再制造条件的报废机动车“五大总成”出售给具有再制造能力的企业,并对回收、拆解等规定了更严格的环保要求。

在此之前,我国尚未对废旧机动车的回收和利用有相关的管理办法,但是法律中明确规定不允许对废旧汽车的“五大总成”再利用,包括买卖、二次组装等。

报废汽车中含有大量可回收的金属和非金属材料,相比其他可再生原材料(废家电、废电脑、易拉罐),具有存量大、资源价值高、零部件可再制造应用等特点。报废汽车的材料构成中,废钢铁占69%、废塑料占6%、废有色金属占5%、废橡胶占5%、废玻璃占4%,其他各种材料占比约为11%。综合考虑轿车、载货汽车和客车等不同车型,假设报废车平均质量1.5吨,理论上1000万辆报废汽车可以回收废钢1035万吨、废有色金属75万吨、废塑料90万吨、废橡胶75万吨、废玻璃60万吨。报废汽车中可以拆解和回收的零部件如果没有得到有效利用和处理,那么废旧机动车零部件的安置也是一大难题,占据了大量的城市面积和生活空间。

因此,报废汽车的有效回收利用,是一项利国利民的伟大工程,对环境保护、循环利用具有重要意义和积极作用。

1. 填空题

(1)汽车行业的“新四化”包括________、________、________、________。

(2)推进我国由交通大国迈向交通强国的必由之路是________。

(3)《中华人民共和国道路交通安全法实施条例》规定,不得连续驾车超过________小时。

(4)在________年,我国重型载货汽车销售总量突破了100万辆。

(5)《报废机动车回收管理办法(修订草案)》中规定允许将具备再制造条件的报废机动车________出售给具有再制造能力的企业,并对回收、拆解等规定了更严格的环保要求。

2.选择题

(1)对于我国公路运输行业来讲,较为常见的交通违法行为有(   )。

A.私自加长半挂车车厢　　B.私自加宽半挂车车厢

C.半挂车超载　　D.以上都对

(2)对于特种车辆或专用车辆来讲,以下(   )是正确的。

A.对于用户群体来讲,应该在经过相关部门认定的合法专用车辆改装厂家购买专用车辆

B.可以在购买已经报废的特种车辆或专用车辆

C.可以在购买商用车底盘后,私自加装或改装车辆的特种功能或专用功能

D.可以购买采用报废车辆零部件"拼接"而成的改装车辆

(3)为了降低商用车尾气排放污染,尤其是柴油机的尾气污染,下列说法正确的是(   )。

A.我国已经推出并实施国六标准

B.采用清洁能源作为柴油机燃料

C.淘汰黄标货车与不符合排放标准的车辆

D.以上三项都正确

(4)对于交通环境中的行人来讲,遇到商用车时,应该注意(   )。

A.按照交通法规通行

B.注意大型货车转弯行驶盲区的问题

C.必要时避让车辆,按照交通信号灯指示通行

D.以上三项都正确

(5)下列选项中,已经广泛采用电动化驱动装置的商用车辆是(   )。

A.矿山用重型载货汽车

B.城市内公交车辆

C.牵引车辆

D.中型载货汽车

3.判断题

(1)我国商用车行业正处于高速发展的阶段。(   )

(2)短途运输使用的商用车可能会优先采用电动化驱动结构型式。(   )

(3)环境污染问题的关键是温室气体的产生对环境所产生的破坏。(   )

(4)石油消耗、环境污染和超载行驶仍然是汽车行业现阶段急需解决的重要问题。(   )

(5)废旧机动车的回收利用是一项利国利民的伟大工程,对环境保护、循环利用有着积极的作用。(   )

任务二 商用车行业发展趋势

任务导入

作为一名商用车行业从业人员，我们应对商用车的行业发展趋势有一定的认知，从多方面、多视角研究商用车行业发展趋势，你是否做到了呢？

任务分析：我们需要客观、多方面地了解商用车行业的发展趋势，在新技术和新标准的条件下，分析商用车行业发展趋势会产生哪些变化。

一 学习目标

通过本任务的学习，应当：

1. 能够了解在智能网联和自动驾驶背景下的商用车行业发展趋势；
2. 能够了解在节能和环保要求下的商用车行业发展趋势；
3. 能够概括商用车行业发展趋势的基本情况；
4. 能够通过学生相互之间的交流总结，培养学生的团队合作和语言表达能力；
5. 根据任务的实施情况进行自我评价与总结，培养分析问题、解决问题和归纳总结的能力。

二 学习内容

商用车行业显现何种发展趋势？

资讯储备

1. 智能网联

智能网联汽车，即 ICV（Intelligent Connected Vehicle），是指车联网与智能车的有机联合，是搭载先进的车载传感器、控制器、执行器等装置，并融合现代通信与网络技术，实现车与人、车、路、后台等智能信息交换共享，实现安全、舒适、节能、高效行驶，并最终可替代人来操作的新一代汽车。

国内北汽、一汽、长安、比亚迪等汽车厂商也已在无人驾驶汽车这一领域深耕多年。2015 年，乐视、蔚来、车和家、智车优行、小鹏汽车等一批国内互联网企业也纷纷跟进。原工业和信息化部部长苗圩曾表示，鼓励非传统汽车产业的企业与当下的汽车制造商开展合作，促进创新，增强竞争。

2021 年 4 月 19 日,由上汽集团、张江高科和阿里巴巴集团共同成立的智己汽车发布了首款智己 L7 的预售车型“天使轮版”,其车长 5098 毫米,轴距 3100 毫米,与宝马 5 系、奔驰 E 级、奥迪 A6L 相近。电池容量 93 千瓦时,综合工况续航 655 公里,双电机配置,零百加速 3.9 秒,具有 11 千瓦的无线充电功能。除了已发布开始预定的智己 L7,还有智己的首款 SUV 智己 LS7 预计也将在 2022 年底上市。

2021 年,小米、OPPO、百度、华为纷纷布局智能汽车产业。6 月 29 日,华为技术有限公司公开“智能汽车的控制方法、装置和控制系统”专利。智能汽车控制系统获取当前时刻智能汽车的驾驶模式、驾驶风格模型和目标车速,再根据驾驶模式和驾驶风格模型确定速度控制指令,向智能汽车的执行系统发送速度控制指令,以此提供一种舒适度高、体验好的智能汽车的控制方法。

美国将发展智能网联汽车作为其发展智能交通系统的一项重点工作内容,通过制定国家战略和法规,引导产业发展。美国于 2016 年发布的《美国自动驾驶汽车政策指南》也引起了行业的广泛关注。

日本较早开始研究智能交通系统,政府积极发挥跨部门协同作用,推动智能网联汽车项目实施。目标是在 2022 年实现在限定区域、车辆条件下的仅依赖远程监控(L4 级)的自动驾驶服务,到 2025 年在国内形成完全自动驾驶汽车市场。

欧盟支持智能网联汽车的技术创新和成果转化,在世界保持领先优势。通过发布一系列政策和自动驾驶路线图等,推进智能网联汽车的研发和应用,引导各成员国智能网联汽车产业发展。

2. 自动驾驶

根据美国汽车工程师协会(SAE)对自动驾驶的分级,可将自动驾驶等级分为 L1、L2、L3、L4、L5 级别,具体如图 5-2-1 所示。

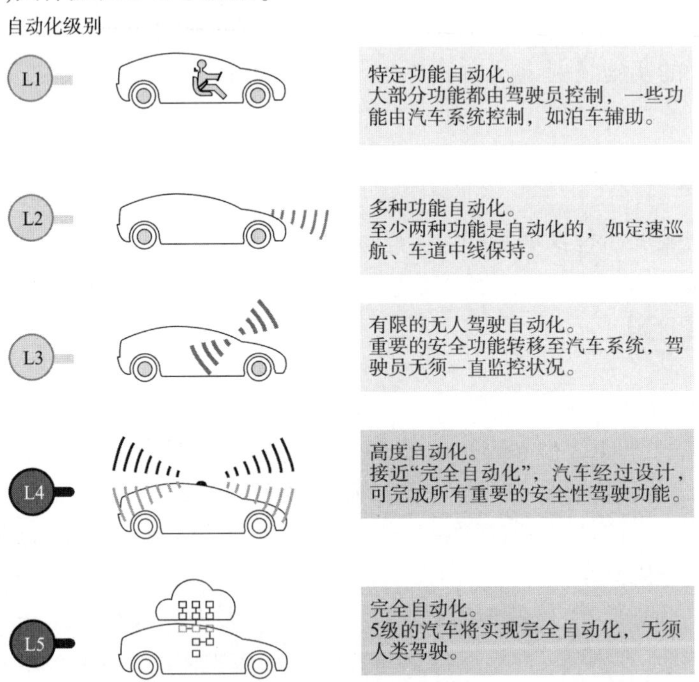

图 5-2-1　汽车自动化等级

针对载货汽车的自动驾驶,国内外已经有研究机构开展相关研究,其中解放、东风、重汽、陕汽、沃尔沃、斯堪尼亚、奔驰等国内外知名载货汽车品牌,都正在或已经研发出自己的自动驾驶载货汽车。其中,中国重汽研发了一款具备L4级别的HOWO T5G纯电动自动驾驶牵引车,目前,这款车少量应用于港口运输,在港区内进行无人货柜转运。

3. 汽车轻量化

车辆的燃油经济性与车辆本身的质量和车辆的发动机构造有关,在不改变车辆使用性能的基础上降低车辆的质量,进而降低车辆的燃油消耗量也是各大车企追求的目标。工业和信息化部2010年数据显示,商用车数量占当年汽车总量的13.9%,但燃油消耗量约占汽车油耗总量的50%左右,所以应围绕先进轻量化材料、轻量化先进工艺和轻量化结构优化技术创新,推动结构轻量化技术在汽车产业各领域规模化应用。重点研究高强度钢、轻合金材料(如铝合金、镁合金)、碳纤维等新型材料特性和应用技术,热冲压成型、液压成型等先进制造技术和激光拼焊、胶粘连接等先进连接工艺技术,整车及零部件结构的拓扑、尺寸、形状/形貌、多学科/多目标等优化技术及应用。形成轻量化整车产品和关键零部件的自主开发能力,降低乘用车和商用车产品的平均单车整备质量。

4. 商用车列队行驶技术

商用车列队行驶技术(Platooning)是在车路协同环境下,通过Wi-Fi、Zigbee或DSRC等多种车联网通信方式实现人、车、路之间的实时信息交互,在安全行驶的前提下,车辆匀速行驶并保持较小的行驶间距,通过改善整个车队的空气动力学特性,实现节能减排的一种车辆控制技术。目前,各国政府部门或科研院所都高度重视该项技术在节能减排方面的潜力,进行了节能减排效果的试验、预测或分析。该技术的实施带动了更多企业部门、甚至国家政府部门之间的合作,促进智慧城市以及车联网、物联网、车路协同等技术的进一步实施。除此之外,其附加优势还包括以下几点:

(1)缓解交通拥堵,增加道路的通行能力

有数据显示:两辆重型载货汽车在80公里/小时的速度下列队行驶,车头时距可以由原来的2秒降至0.3秒,那么列队行驶车辆在公路上的行驶长度将减少46%。

(2)提高车辆行驶效率,减轻驾驶员的驾驶负担

据统计,Platooning技术可以增加载货汽车每人每天45分钟的行驶时间,即在同等条件下完成更多的货物运输任务。同时,由于跟随车辆一般采用自动或者半自动驾驶技术完成跟随过程,因此,可以减轻驾驶员15%~25%的劳动强度。

(3)减少由于疲劳驾驶、人为失误导致的交通事故,增强道路安全性

有数据显示:全球每年约有120万人死于交通事故,而93%的事故原因与人有关,其中57%的交通事故由人为失误直接导致。因此,使用车联网技术,增加人与车辆之间、车辆与道路之间的信息交互,不仅可以实现车辆之间的列队行驶,也增加了交通道路的安全性。

具体的商用车列队行驶试验见表5-2-1。

商用车列队行驶试验技术研究项目　　表5-2-1

项目名称	研究内容
 CHAUFFEUR项目	1996—2004年,由德国Daimler主导,目的是在假设坡道、风速、车辆速度和滚动阻力等因素不变的工况下,确定跟随间距、气动减阻能力与油耗的关系,领头车由一名驾驶员以60公里/小时或80公里/小时的稳定速度驾驶,后车自动驾驶,但驾驶员可以随时干预

续上表

项目名称	研究内容
KONVOI 项目	2005—2009 年,由德国发起,旨在实现重型载货汽车列队行驶技术的具体应用,研究重点为列队行驶车辆对交通流与气动阻力的影响。左图为 2009 年 3 月在德国高速公路上的路面测试
 PATH 项目	美国的 PATH 项目始于 20 世纪 80 年代,目的是缓解交通拥堵,增加道路的通行能力与安全性,减少能源损耗。早期以轿车列队行驶研究为主,2000 年之后开始进行重型载货汽车的列队行驶研究
 Energy ITS 项目	2008 年,由 METI 发起的 Energy ITS 项目,建立冗余、可靠的多传感融合系统,通过 2 个通道、5.8 吉赫兹的 DSRC 通信设备搭建车联网环境,进行了 3 辆 25 吨重型载货汽车与 1 辆轻型载货汽车的列队行驶试验
 SARTRE 项目	2009—2012 年,欧盟主导的 SARTRE 项目重点研究多种车型在未改造的公路上列队行驶的可能性。此项目由英国、德国、西班牙、瑞典的多家科研机构和重型载货汽车制造企业协同工作。车辆配备了毫米波雷达和红外激光雷达探测器,主要以混合车型的列队行驶研究为主
 eTV 项目	2013—2014 年,加拿大开展名为 eTV 的项目,试验由 4 辆重型载货汽车组成,其中头车为被控车辆,其他 3 辆装有协同式自适应巡航系统(CACC 系统)与用于测量燃油消耗量的辅助油箱,研究列队行驶过程中行驶间距、行驶速度、整车质量、货车配置等参数对油耗的影响

除此之外,2016 年 4 月,为加快欧洲各国对智能交通系统(ITS)的立法和标准化进程,在欧洲汽车工业协会(ACEA)的支持下,荷兰发起了欧洲货车列队行驶挑战赛 ETPC,六大货车制造商戴姆勒(Daimler)、斯堪尼亚(SCANIA)、沃尔沃(VOLVO)、曼恩(MAN)、达夫(DAF)和依维柯(IVECO)积极参与,这一挑战赛消除了国家的边界,作为一种新的运输方式受到世界各国高度的重视,如图 5-2-2 所示。

5. 节能环保

依据国家第六阶段机动车污染物排放标准,提出了新的《重型柴油车污染物排放限值及测量方法》,内容指出必须使用符合国六标准的汽车。近年来,我国汽车排放污染控制标准逐步上升,从 2001 年国一标准实施至国六标准,有效促进了我国汽车行业技术的升级,有助于我国商用车车企参与国际市场竞争,推动我国商用车行业淘汰落后产能,引领产业升级,促进企业发展,同时改善了部分区域空气质量,创造了良好的生存环境。

a)戴姆勒(Daimler)
出发地：德国迪青根

b)斯堪尼亚(SCANIA)
出发地：瑞典南泰利耶

c)达夫(DAF)
出发地：比利时韦斯特洛

d)依维柯(IVECO)
出发地：比利时布鲁塞尔

e)曼恩(MAN)
出发地：德国慕尼黑

f)沃尔沃(VOLVO)
出发地：瑞典哥德堡

g)六大货车制造商生产的载货汽车
目的地：荷兰鹿特丹

图 5-2-2　2016 欧洲列队行驶挑战大赛(六大货车制造商参与、路线跨越五国)

在推行节能减排途中也存在一些社会问题,如各地方燃油标准不同、油品质量不同等,都会在节能减排实施过程中扮演“拦路虎”的角色。但节能减排是商用车发展的必然,大多数商用车企业通常会寻找新的清洁燃料来源,从根本上寻找降低排放污染物的解决办法,因此也诞生了一系列新能源(如天然气、生物甲烷、纯电、混合动力、氢燃料等)车辆。节能减排发展方向的确立,对商用车行业的发展来说是一次考验,也是机遇,商用车行业会因节能环保而产生变革,会将部分车企生产的油耗高、污染物含量多的车型进行淘汰,同时也会涌现出更加优秀的、节能绿色的商用车车型，受到政府的支持和消费者的欢迎。

6. 车辆综合性能的提升

随着生活水平的提升,从商用车用户的需求来看,商用车的购买者越来越趋近于年轻化。在挑选购买时,不单单考虑车辆的载重能力和燃油经济性,同时还考虑驾驶舒适性、驾驶安全性,以及安全辅助驾驶系统的配备和驾驶室电控功能的丰富性、是否满足人体工程学等方面的因素。

学习测试

1. 填空题

(1)汽车行业已经处于“新四化”的发展阶段,对于商用车而言,已经在某种程度上优先实现了“共享化”，根据现阶段的发展趋势，未来可能会实现________、________、________。

(2)自动驾驶技术已经逐渐走进人们的视野之中,根据美国汽车工程师协会(SAE)

对自动驾驶的分级,可以分为________、________、________、________、________。

(3)商用车列队行驶的优势在于________、________、________。

(4)欧美国家关于商用车列队行驶的项目研究有________、________、________。

(5)我国于________年开始推行国一排放标准的政策。

2.选择题

(1)未来商用车技术的发展,可能有(　　)。

A.自动驾驶技术　　B.智能网联技术

C.列队行驶技术　　D.以上都对

(2)实现高效的商用车列队行驶技术的优势在于(　　)。

A.提升车辆的燃油经济性　　B.降低队列内车辆的空气阻力系数

C.降低驾驶员驾驶负担　　D.提升运输效率

(3)依据国家第六阶段机动车污染物排放标准,提出了新的《重型柴油车污染物排放限值及测量方法》,内容指出必须使用符合(　　)标准的汽车。

A.国二　　B.国三　　C.国六　　D.国五

(4)制约节能减排技术推行和发展的根本问题在于(　　)。

A.各地方燃油标准不同、油品质量不同　　B.不按照规定使用标号汽油

C.私自改装发动机　　D.私自改装后处理系统

(5)对于未来商用车辆综合性能的提升,尤其是安全性方面的提升,则有(　　)。

A.ADAS技术的应用　　B.尾气排放标准的提升

C.采用自动变速器　　D.采用差速锁结构

3.判断题

(1)短期内全面实现商用车辆动力总成电动化是不太可能的。(　　)

(2)商用车主动安全技术的提升,得益于ADAS技术的发展和应用。(　　)

(3)对于商用车而言,智能网联技术的发展有利于提升商用车的安全性、运输实效性等。(　　)

(4)目前,我国已经开放某些指定区域用以商用车智能网联测试。(　　)

(5)商用车技术在未来会面临更大的革新和挑战。(　　)

任务三　商用车后市场现状与前景

作为一名商用车行业从业人员,我们应对商用车的后市场情况有全面的了解,对后市场的发展前景有清楚的认识和基本的了解,你是否做到了呢?

任务分析:我们需要客观、多方面地了解商用车的后市场发展前景,结合我国国情和实际需要,简析商用车后市场的现状与发展前景。

一 学习目标

通过本任务的学习,应当:

1. 能够了解我国商用车后市场的现状;
2. 能够了解我国商用车后市场的发展前景;
3. 能够通过学生相互之间的交流总结,培养学生的团队合作和语言表达能力;
4. 根据任务的实施情况进行自我评价与总结,培养分析问题、解决问题和归纳总结的能力。

二 学习内容

商用车后市场现状与前景如何?

资讯储备

在我国汽车行业中,商用车后市场明显大于乘用车后市场,商用车后市场的领域较大,包括整车、零部件、维修企业、商用车经销商、维修部门、保险业务等多种行业形态。从2017年开始,商用车后市场产业链也面临产业调整改革,以应对新时代、新市场、新思路的挑战,各个商用车企业也加入寻找新发展路线的行列中。商用车后市场的改革创新,是应当下行业、市场、企业发展所需,是当前中国商用车后市场最贴切的发展趋势。

1. 我国商用车后市场现状

我国重型汽车产业发展虽然已经历了几十年的历史,相比于国外市场仍有很大的发展空间。

由于我国汽车工业起步相对较晚,虽然在近几十年内填补了很多行业后市场的空白,但要想有一套适合我国商用车后市场状况、成熟的运营体系还需要经历一个相对漫长的阶段。但是,随着时间的推移,我国商用车后市场与其他国家成熟的商用车后市场之间的差距会逐渐减小。其次,与商用车后市场相适应的法律法规还不健全,依法治国为我国营造了一个良好的市场环境,汽车行业也同样享受到了相关红利,但更深层次、更加专业、更加细致的专业要求始终无法赶上商用车市场发展的需求,例如在维修项目的品种、收费、服务质量、纠纷处理等方面仍未做到规范统一。

2. 商用车后市场的巨大需求

商用车市场销量的增加使得商用车后市场行情十分火爆,对商用车配件需求的增加则更为明显,售后配件供不应求。截至2016年,商用车的维修配件市场市值就高达6000亿元,这一并带动了与商用车市场相关的售后服务、备件营销、二手车销售、金融、保险等多个业态市场的发展。

2018年至今,中国汽车市场相对趋于平稳,价格竞争为常态,但与乘用车不同的是,商用车受到市场冲击的影响较小,并未出现某些品牌或车型的销量出现断崖式减少的情况,只有略微下滑。这主要是因为货车的中国商用车市场逐渐扩大化,同时商用车的用

途更加广泛,其中重型载货汽车的销量取得了较大的进步,跟其他商用车车型相比遥遥领先,客车市场中所有车型销量均有所下滑。

我国汽车零件供应存在区域产业化现象,主要集中在东北、环渤海、长三角、珠三角、华中和西南六大汽车产业群对应的零部件产业集群。而且我国汽车零部件行业产值在汽车工业总产值中的比重较国际平均水平仍然偏低。但由于我国汽车零部件领域创新环境逐步向好,相关财政和产业政策不断优化、发明专利数量稳步提升,产业链条不断完善,故未来几年我国汽车零部件行业仍有巨大空间。

3. 商用车后市场处于产业改革阶段

据全国商用车配件产销联合会(是长期服务中国商用车后市场的协会组织)执行会长颜立兴介绍:在市场环境变化的影响下,商用车的后市场尤其是配件流通和维修服务环节已经发生了深刻的格局变化。主要体现在市场环境的变化、运输模式的变化、汽配流通领域的变化、社会经销商销售渠道的变化、售后维修领域的变化等方面。

国家政策的颁布催生了商用车系列产品的更新换代,新环保法、国六标准、商用车智能化、轻量化发展带动了一大批企业的转型发展,如比亚迪汽车、宇通汽车等;在运输行驶领域,物流公司、车队、驾驶员依托移动互联网、车联网、导航系统等一系列商用车物流App促进运输行业向智能化、便利化迈进,同时带动维修与配件流通,对传统的商用车后产业链经营模式提出了新的挑战;在汽配流通领域中,整车与发动机后配件企业占据整个配件供应的主体,现在也进行企业改革,已经由原来单纯的服务型转变成经营与服务并重型发展,同时整车厂的配件部门的级别与权限也不断提升,原有仅限于整车厂才可提供售后配件转变成社会经销商来提供售后配件,原有的一家经销商仅限于服务单一的整车厂的代理工作转变为一家经销商可以承担多家品牌代理任务,新的产销格局和模式不断推陈出新。在计划经济向市场经济转型的过程中,整车厂与社会供应商的合作变得尤为默契,减少了零件供应中散、乱、差的行业乱象,筛选社会上有资格、有能力的维修厂,对维修人员进行管理、培训,在层层筛选中推选出技术力量强、服务水平好、经营理念新的维修厂或企业进行进一步整合发展,向连锁、上市、集团化迈进。

4. 商用车后市场的发展前景

我国具有世界上最大的商用车销售市场,后市场发展前景广阔,《汽车产业中长期发展规划》提出:到2020年,智能化水平显著提升,汽车后市场及服务业在价值链中的比例达到45%以上;到2025年,要达到55%以上。巨大的价值空间势必会带来更广阔的发展空间。

(1)提高商用车企业对售后服务的关注度

随着近几年我国经济建设的逐渐提升,商用车销量迅速上升,因此商用车市场的竞争也逐渐加剧,越来越多的国内商用车企业为了提升自身的品牌影响力,采取与国外车企巨头合资、技术引进等方式增强自身的产品研发能力,生产出与国际标准接轨的系列商用车。根据企业发展规律,在一段时间内,车企技术升级常常会遭遇技术壁垒,这也给竞争车企留下了发展时间来缩小技术和质量差距,但由于当技术升级到一定程度后,不同品牌的产品之间在技术和质量等方面的差异逐渐变小,商用车的综合性能难分伯仲。因此,商用车的售前市场竞争逐渐向售后市场竞争过渡,售后市场成为企业竞争的"重点阵地"。

随着商用车市场逐步由扩大型需求向更新型需求转变,大部分已有过购买使用经验的用户必定会将售后服务作为再次购买的重要依据,用户对商用车厂商售后服务的满意程度,在未来的竞争中起到了决定性的作用。根据国外汽车产业发展经验,整车销售占汽车全部利润总额的比例将越来越低,而售后及配件则将成为未来整车企业盈利的重要来源。

正是有了这样的认知,国内乃至世界上的商用车企业由在销售环节发力的经营模式转变成销售和售后环节并重的经营模式,并在短时间内将企业的售后环节完善,迅速建立了与自身企业产品配套的售后服务站,辐射一定区域,满足产品的售后需求;并根据消费者的反馈,做出对应的改进措施,提升服务质量;同时可利用售后市场积攒的口碑,提供区域内与商用车专业相关的学生的就业选择,提升人才储备,实现企业和人才的双赢,让工作人员和客户都感受到品牌的强大凝聚力和全方位的消费体验。

在本任务中,仅对商用车后市场环境的适用人才进行介绍,本科生就业时应着重考虑,商用车后市场就是本科生就业选择的工作领域之一。

近几年,各家商用车企业都自觉地重视售后服务,增建维修站形成"维修连锁"的经营模式,提升维修人员技能,同时开展技工培训,增设配套措施。在开展维修人员技术培训的同时,要伴随着配套零件的投入,做到训练有依据,人人可实战。现代的商用车企业发展模式往往在研发、生产、销售、售后各个环节同时发力,共同提升,尤其将后市场服务、品牌内涵与服务宗旨贯穿其中,因此,提升维修人员的技术显得尤为重要。

(2)提升商用车后市场运行效率

商用车的可靠性和效率影响着所在领域的发展状况,如物流和客运。为了提高可靠性和使用效率,一方面,商用车厂商从产品研发角度,提升产品的稳定性,另一方面,零部件企业也加大对易受损零件或部位的调研,提升后市场的运行效率,实现快速维修。随着商用车在生活中扮演的角色越来越重要,售后环节运行效率成为人们关注的焦点,甚至成了购买车辆时的参照标准之一。

商用车零部件厂商通过对零件产品性能和原理的分析,追求线上和线下渠道共同搭建工作。同时零部件厂商与商用车厂商沟通,在整车销售平台上即可完成售后服务,将线上渠道和线下渠道进一步融合,将商用车售后市场的服务效率提高到一个崭新的层面。

任务四 商用车的行业现状与研发技术现状

任务导入

作为一名商用车行业从业人员,我们应对商用车的行业现状与研发技术现状有全面的了解,你是否做到了呢?

任务分析:我们需要客观、准确地了解我国商用车行业现状与研发技术现状,结合自身实际情况与就业意向,拟寻找符合自身需求的商用车行业工作岗位。

一 学习目标

通过本任务的学习,应当:

1. 能够了解商用车行业现状;
2. 能够了解商用车研发技术现状;
3. 能够通过学生相互之间的交流总结,培养学生的团队合作和语言表达能力;
4. 根据任务的实施情况进行自我评价与总结,培养分析问题、解决问题和归纳总结的能力。

二 学习内容

商用车的行业现状与研发技术现状如何?

1. 商用车行业现状

商用车是经济资源运输的媒介,国家经济发展的调整使得商用车市场的发展方向也随之变化。在2004年之前,国家经济水平较为落后,人民生活水平较差,所以在汽车领域,商用车保有量要明显多于乘用车保有量。在之后的十几年间,人民的生活水平越来越好,为了满足方便与舒适的需要,更多的家庭购买乘用车以满足日常出行需要,使得乘用车占据了市场的主要地位。

商用车主要应用在货运和客运领域,其中货车车型成为商用车主要的销售系列,货车占整个商用车的比重约为80%。

商用车也是各国物流行业主要的运载工具,尤其是重型载货汽车。据悉,由于我国加大了对国家公路网的建设,使得公路运输的效率显著提升,公路货物运输占货运总量的比例也在不断上升。根据交通运输部发布的数据,截至2019年已达72.99%,但物流运输成本居高不下,远远超出发达国家的物流运输成本,其中运输车辆的运载限额与社会对载重汽车的价值认知存在偏差成为影响其发展态势的主要原因。商用车市场的发展受到多方面的制约,相较于国外的商用车发展模式,照搬到国内,未必会产生相同的发展结果,主要是因为各项指标和意识形态有所差异,如排放标准和环保意识等。

近几年,我国基建、物流行业高速发展,这也带动了商用车需求量的显著增加,商用车市场份额也不断变化,品牌、车型不断推陈出新,市场上总能筛选出一系列口碑极佳的车型,如福田欧曼系列、解放J6系列、东风天龙系列等。

物流行业的发展深深地影响着商用车的前景。纵观世界上的发达国家,都有着较为发达的货运体系,带动本国运输业稳步推进。如美国联合包裹运送服务公司(UPS公司),为美国运输行业的龙头企业,指引着运输的发展方向,同时在当地也占据巨大的市场份额。那么,在我国现行的运输环境下,商用车的发展状况是怎样的呢?商用车的竞

争力主要同哪些因素相关呢?

经过几十年发展,我国重型载货汽车市场不断扩大。虽然我国运输行业伴随着商用车市场的崛起取得了长足的进步,但不可否认的是,相较于国际先进水平的物流运输,我国还有很长的路要走。发达国家在进行物资运输时,常常依托于物流公司,庞大的物流公司将运输工具整合,个体运输和企业运输占据很小的部分。发达国家的运输行业与我国的运输行业存在的差异同时还体现在运输部门的规范化和专业化上,运输部门会根据运输的产品对运输公司进行划分,如搬家公司、工业用料运输公司、百货运输公司等;在国外,会更加注重运输的效率和商用车的稳定性,这与我国的城市轨道交通系统类似,一个环节的延误便会对整个环节造成影响。因此,对于成熟的运输体系,商用车的稳定性显得格外重要。在我国现代物流业刚刚兴起之时,常见的运输模式较为单一,进入运输行业的成本和门槛都很低,与之对应的职业规范也未能起到引领作用,因此,造成了交通事故发生率高、运输成本高的现象。体系化的物流运输公司虽然近几年有上升的趋势,但相较于个体和企业运输,占据的体量仍然较小,因此在短期内,降低运输成本,实现高效运输较难。

随着几十年汽车工业的发展,我国已经成为世界上最大的汽车产销国,同时是全球重要的商用车出口国之一。我国出口的商用车具有价格低、功能全、性价比高的特点,因此在世界各国迅速打开市场,占据一定的市场份额。自 2006 年以来,我国商用车主要售往非洲、中东等地的国家。随着出口规模的扩大和产品技术含量的提升,我国出口的商用车也赢得了欧洲、南北美洲发达国家的认可,欧洲、南北美洲也成为我国商用车和零部件为首的自主品牌出口的新市场。截至 2019 年,商用车出口量占总体的 29.3%,虽然,近年来商用车的出口量剧增,但商用车对外出口量占商用车总体销量的比重仍然较小,商用车出口在未来也会存在巨大的发展机遇。

有数据显示,2019 年我国重型载货汽车实现 1180118 辆的销售额,相比于 2018 年的销售总量同比增长 2%。有关专家分析指出:造成这种现象的原因主要是因为治理载重汽车超载政策的颁布、国六标准替换加速,政策的变化引领了重型载货汽车销量的复苏性增长。

我国商用车制造已经经过几十年的发展,建立起众多的自主品牌,如福田戴姆勒汽车、东风汽车、解放汽车、陕汽重卡等,都拥有自己成熟的产品生产线,具备一定的研发能力与产品竞争力。但相比于国外成熟的商用车企业,如梅赛德斯-奔驰集团、沃尔沃集团、曼恩集团,我国的商用车发展还有很长的道路要走。

2. 商用车研发技术现状

由于近些年商用车产品结构调整,商用车销量由前几年增量明显逐渐转化成增量放缓,这也给了新兴商用车车企缩小产品市场占有量差距的机会,使得商用车市场竞争加剧。为保持产品优势,国内原有主要商用车生产厂家通过多种途径,提升主导产品的技术水平和科技含量,维持现有的优势地位,而新加入者也努力使其新产品成为市场中的亮点,通过产品让利和价格战来争取一席之地。

综合分析,以重型载货汽车为例,目前,国内重型载货汽车产品技术的研发重点是:通过加强车辆的行驶系统,实现车辆的高吨位化;通过改进驾驶室的内饰和外观,实现车辆的高档化;通过改进发动机技术,实现车辆的低排放和节能目的,并日趋于大功率化;通过采用机电一体化装置,提高车辆的安全性和轻便性;通过采用多轴行驶系或空气悬架结构,满足车辆的轴荷限值和提高行驶平顺性的要求。

(1)产品高吨位化,底盘及其零部件的强化技术

高吨位化和专用化呈不可阻挡的发展趋势。为了顺应现代生产和运行要求,国内主要重型载货汽车产品均采用了加强型改进设计,如加强型车桥、加强型悬架、加强型车架总成等。

(2)改进内饰和外观,实现驾驶室的高档化,提升操作便利性

国内诸多厂家主推的新型重型载货汽车更加注重内饰和外观的高档化设计,充分满足人体工程学要求,内饰设计充分体现“以人为本”的宗旨。操纵方便性涉及的技术难点一直是我国重型载货商用车研发过程中难以攻克的壁垒,国产车与进口车在驾驶操纵方面的差距很大,经过不懈努力,我国商用车实现了电控发动机控制装置的投产,同时一系列电控装置如雨后春笋般出现在商用车中,提升了产品的操作便利性,如电动车窗、电加热后视镜、电动驾驶室翻转装置及电动备胎升降装置等。此外,集中润滑系统和自动充放气系统装置等有一定批量的应用,通过采用多轴和空气悬架结构,满足车辆的轴荷限值,并提高行驶平顺性的要求。

(3)提升产品实用性、安全性和舒适性

我国经济的发展对国产重型载货汽车的舒适性提出了较高的要求。目前,在国产重型载货汽车上不仅有音响设备、冷暖空调装置和通信设备等,微型冰柜也出现在了部分长途重载车辆驾驶舱中,电视及 GPS 系统的出现也屡见不鲜。另外,例如福田戴姆勒公司生产的欧曼 EST 也选配有电控空气悬架装置,进一步提升了长途驾驶的舒适性。在提升安全性方面,在国产重型载货汽车上,防抱死制动装置(ABS)、驱动防滑控制系统(ASR)核心零部件实现中国产件与进口件并存,电涡流缓速器、自动间隙调整臂、盘式制动器、汽车行驶记录仪等也得到一定程度的应用。

由于我国商用车的发展历程较短,目前各厂家广泛采用引进技术和合资开发的方式来提升产品竞争力,以进一步降低排放和油耗,满足国内日渐严格的环保标准。

在国外,载货汽车机电一体化技术的发展与轿车相比是有过之而无不及的,也就是说,轿车上应用的技术在载货汽车上同样采用,轿车上没有应用的技术在载货汽车上也得以采用。随着我国用户需求的不断提高和技术的不断进步,各厂家都在加紧开发和采用更多的机电一体化技术,以提高产品的技术含量。

由于商用车的特殊性,许多配套供应产品的研发也在持续发展和进行中,以“液力缓速器”为例说明。

在 2016 年全国两会期间,法士特首席技能培训师曹晶提出“为商用车强制配置缓速器”的建议,工信部的答复中指出:争取将具有自主知识产权的缓速器产品列入商用车《重大技术装备推广应用指导目录》。显然,国家相关部门对缓速器的推广和应用十分重视,但同时也不难发现,规模性推广应用尚需时间。

因此,液力缓速器在我国商用车上的大范围使用和推广仍需要一定的缓冲期,随着法律法规和标准的逐渐完善和提高,在不久的将来,商用车核心零部件和配套产品的研发工作定会有突破性的进展。

参考文献

[1] 刘红伟,王圣媛.郭孔辉:汽车梦　中国梦[J].科技创新与品牌,2015(11):30-34.

[2] 张矛.饶斌传记[M].北京:华文出版社,2003.

[3] 柳献初.中国载货汽车工业发展历程——我国商用车发展史回顾之一[J].商用汽车,2009(09):30-34.

[4] 王培祥.中国客车产业发展历程——我国商用车发展史回顾之二[J].商用汽车,2009(09):35-38.

[5] 孙志春,贾敏,汪爱丽.汽车文化与职业素养[M].北京:北京理工大学出版社,2018.

[6] 袁卫华,蒋方平,南楠.装备制造业文化与职业素养[M].北京:北京理工大学出版社,2018.

[7] 陈家瑞.汽车构造[M].3版.北京:机械工业出版社,2009.

[8] 余志生.汽车理论[M].5版.北京:机械工业出版社,2009.

[9] 王望予.汽车设计[M].4版.北京:机械工业出版社,2004.

[10] 姚为民.汽车构造[M].7版.北京:人民交通出版社股份有限公司,2021.

[11] 高亚军.大学生职业生涯规划(职业素养与能力篇)[M].北京:北京理工大学出版社,2015.

[12] 袁国,谢永川.高职大学生职业生涯规划实用教程[M].北京:北京理工大学出版社,2015.

[13] 吴吉明,王凤英.现代职业素养[M].北京:北京理工大学出版社,2018.

[14] 王端民.航空维修差错管理与控制[M].北京:国防工业出版社,2014.

[15] 赵瑞贤,等.航空维修差错管理理论与实践[M].北京:国防工业出版社,2013.

[16] James Reason,Alan Hobbs.维修差错管理[M].徐建新,贾宝惠,等,译.北京:中国民航出版社,2007.

[17] 吴静,李琦.汽车维修专业学生职业生涯规划研究[J].汽车维护与修理,2018(18):54-56.

[18] 廖君.按职业生涯规划构建汽车专业人才培养模式[J].机械职业教育,2010(01):43-44.

[19] 张希海.人为因素造成后桥主减速器损坏故障分析(1例)[J].商用汽车,2007(04):126-127.

[20] 仲昱洁,赵竹青.苏万华院士:燃烧天地梦想　引擎动力人生[EB/OL].(2020-11-05)[2021-03-19].http://scitech.people.com.cn/n1/2020/1105/c434289-31920558.html.

[21] 淮阴资讯.这个湘阴人厉害,当过2所名校校长,曾是中国工程院最年轻的院士[EB/OL].(2019-04-14)[2021-03-19].https://www.sohu.com/a/307903905_205698?_f=index_chan25news_341.

[22] 慧聪机械网.载重汽车的前世今生[EB/OL].(2013-01-08)[2021-03-19].http://

www. 360che. com/news/130108/24459. html.
[23] 微光吹过薄荷绿. 不比不知道国内外卡车文化差别这么大[EB/OL]. (2019-07-08) [2021-03-19]. http://www. 360che. com/news/190708/113686. html.
[24] 卡车之家. 这是我见过最另类的改装车，日本暴走族卡车了解一下[EB/OL]. (2019-08-27) [2021-03-19]. https://baijiahao. baidu. com/s? id = 1642918744208779131&wfr = spider&for = pc10.
[25] 新视线招聘网. 关于世界技能大赛你知道有多少？[EB/OL]. (2019-07-19) [2021-03-19] https://www. sohu. com/a/327943525_100274854.
[26] 洛阳网. 大工匠刘新安：用行动诠释“大国工匠”精神[EB/OL]. (2019-04-19) [2021-03-19] http://www. lysxc. gov. cn/lilun/yixian/20190419/24945. html.
[27] 宁夏教育厅. 大国工匠进校园 | 宁允展：毫厘之间见“匠心”[EB/OL]. (2020-12) [2021-03-19]. https://xw. qq. com/cmsid/20201107a01aoc00.
[28] 中工网. 大国工匠年度人物[EB/OL]. (2018-06) [2021-03-19]. http://character. workercn. cn/2018dggjndrw/index. htm.